Empreendedorismo na educação
física e no esporte

SÉRIE CORPO EM MOVIMENTO

Empreendedorismo na educação física e no esporte

Ary José Rocco Júnior
Flávia da Cunha Bastos
Dilson José de Quadros Martins
Ricardo Gonçalves
Ricardo João Sonoda-Nunes

Rua Clara Vendramin, 58 • Mossunguê • CEP 81200-170 • Curitiba • PR • Brasil
Fone: (41) 2106-4170 • www.intersaberes.com • editora@intersaberes.com

Conselho editorial
Dr. Ivo José Both (presidente)
Dr. Alexandre Coutinho Pagliarini
Dr.ª Elena Godoy
Dr. Neri dos Santos
Dr. Ulf Gregor Baranow

Editora-chefe
Lindsay Azambuja

Supervisora editorial
Ariadne Nunes Wenger

Assistente editorial
Daniela Viroli Pereira Pinto

Preparação de originais
Gilberto Girardello Filho

Edição de texto
Palavra do Editor
Guilherme Conde Moura Pereira

Capa
Laís Galvão (*design*)
Ivan Kurmyshov/Shutterstock (imagem)

Projeto gráfico
Luana Machado Amaro

Diagramação
Charles L. da Silva

***Designer* responsável**
Charles L. da Silva

Iconografia
Regina Claudia Cruz Prestes

Dados Internacionais de Catalogação na Publicação (CIP)
(Câmara Brasileira do Livro, SP, Brasil)

Empreendedorismo na educação física e no esporte/Ary José Rocco Júnior...[et al.]. Curitiba: InterSaberes, 2021. (Série Corpo em Movimento)

Outros autores: Dilson José de Quadros Martins, Flávia da Cunha Bastos, Ricardo Gonçalves e Ricardo João Sonoda-Nunes

Bibliografia.
ISBN 978-65-89818-16-8

1. Atividade física 2. Educação física 3. Empreendedorismo 4. Esportes 5. Esportes – Aspectos econômicos I. Rocco Júnior, Ary José. II. Martins, Dilson José de Quadros. III. Bastos, Flávia da Cunha. IV. Gonçalves, Ricardo. V. Sonoda-Nunes, Ricardo João.

21-61383 CDD-796.07

Índices para catálogo sistemático:
1. Educação física: Esporte 796.07

Cibele Maria Dias – Bibliotecária – CRB-8/9427

1ª edição, 2021.

Foi feito o depósito legal.

Informamos que é de inteira responsabilidade dos autores a emissão de conceitos.

Nenhuma parte desta publicação poderá ser reproduzida por qualquer meio ou forma sem a prévia autorização da Editora InterSaberes.

A violação dos direitos autorais é crime estabelecido na Lei n. 9.610/1998 e punido pelo art. 184 do Código Penal.

Sumário

Apresentação • 9
Como aproveitar ao máximo este livro • 13

Capítulo 1
Fundamentos da economia do esporte e da atividade física • 19
   1.1 Segmentos da indústria do esporte • 22
   1.2 Atividades econômicas do esporte no Brasil • 30
   1.3 Produtos e serviços esportivos • 33
   1.4 Negócios e oportunidades em atividade física e esporte • 39
   1.5 O profissional de educação física e o mercado • 44

Capítulo 2
Empreendedorismo • 57
   2.1 Conceitos de empreendedorismo • 60
   2.2 Tipos de atividade empreendedora • 64
   2.3 Bases legais • 70
   2.4 Modelos de negócios • 76
   2.5 Inovação e tecnologia • 82

Capítulo 3

Empreendedorismo, atividade física e esporte • 91

3.1 Contextualizando o tema: tipos e características do empreendedorismo no esporte • 94
3.2 Empreendedorismo empresarial e empreendedorismo corporativo/institucional • 101
3.3 Empreendedorismo comunitário e empreendedorismo social • 111
3.4 Empreendedorismo internacional • 114
3.5 Empreendedorismo tecnológico • 119

Capítulo 4

O empreendedor • 131

4.1 O empreendedor e sua formação • 134
4.2 Tipos de empreendedores • 139
4.3 O perfil do empreendedor • 144
4.4 Habilidades específicas • 147
4.5 Perspectivas e tendências do empreendedor em atividades físicas e esporte • 153

Capítulo 5

Ferramentas para o empreendedorismo • 163

5.1 Ferramentas para a estratégia organizacional: planejamento estratégico • 166
5.2 Ferramentas para a estratégia organizacional: as cinco forças de Porter • 178
5.3 Ciclo PDCA • 183
5.4 *Project Management Body of Knowledge* (PMBOK) • 186
5.5 Ferramentas da qualidade: gestão • 189

Capítulo 6

Oportunidades e tendências em atividade física e esporte • 215

6.1 Assessorias • 218
6.2 Consultorias, parcerias e alianças estratégicas • 224

6.3 Franquias · 244
6.4 *Startups* · 253
6.5 Negócios digitais · 257

Considerações finais · 269
Referências · 271
Bibliografia comentada · 293
Respostas · 297
Sobre os autores · 299

Apresentação

Atualmente, é muito comum encontrar pessoas que se dizem empreendedoras ou que buscam empreender. Mas o que é empreendedorismo? Para ser empreendedor, basta somente abrir um negócio? É preciso ser necessariamente um comerciante? Por onde podemos começar a empreender?

O tema **empreendedorismo** tem tido espaço crescente em cursos das mais variadas áreas do conhecimento, uma vez que a sociedade cada vez mais percebe a importância de despertar o espírito empreendedor nos mais diversos campos das atividades humanas.

Seja no mundo empresarial, seja no setor público, seja em organizações sociais, há a busca por profissionais dispostos a interagir e capazes de demonstrar atitude e iniciativa, características essenciais do empreendedorismo, pois a concorrência por um cargo ou por uma posição no mercado tem sido mais acirrada.

Para se desenvolver pessoal e profissionalmente, é necessário estar sempre atualizado, independentemente de o indivíduo atuar como educador, gestor, treinador, preparador físico, instrutor ou proprietário de um negócio relacionado à atividade física e ao esporte.

É importante lembrar que pessoas que pensam de forma empreendedora não são apenas aquelas que abrem um negócio, como o proprietário ou o sócio de uma empresa; são também aquelas que estão focadas em melhorar o ambiente em que trabalham, aperfeiçoando administrativa ou tecnicamente a organização à qual estão vinculadas. Ter uma atitude empreendedora leva a novas oportunidades econômicas para si ou para a entidade. Mais ainda, o empreendedorismo também significa a busca de melhorias sociais.

Assim, esta obra possibilitará que você conheça o tema e se estimule a percorrer uma trajetória que se inicia por um entendimento específico do empreendedorismo, examinando a fundamentação econômica, os conceitos, as características e as oportunidades, além das ferramentas mais específicas para empreender. Ainda, promoveremos uma importante ligação do conteúdo organizacional administrativo com o esporte e a educação física, direcionando estrategicamente os principais conceitos para empreender nessa área e ser um profissional de destaque no mercado.

Sob essa ótica, nosso propósito nesta publicação é apresentar a temática do empreendedorismo e contextualizá-la na dimensão das especificidades da área de esporte e atividade física. Partimos do princípio de que esses fenômenos têm extrema relevância nos âmbitos mundial, regional e local. Cada vez mais se entendem o esporte e a atividade física como elementos para o desenvolvimento das relações internacionais, das políticas públicas, da economia e da governança. Assim, ambos estão cada vez mais presentes tanto na esfera acadêmica como na prática do profissional de educação física e esporte, bem como na discussão de questões relativas ao meio ambiente, à saúde, à educação, à tecnologia, entre outras. Enfim, as atividades físicas e o esporte são fenômenos multidisciplinares nos quais as implicações relativas ao empreendedorismo se revelam mais evidentes.

Desse modo, esta obra está organizada da seguinte forma: nos Capítulos 1 e 2, apresentamos os temas *atividade física* e *esporte*, buscando contextualizá-los no ambiente econômico e social e no empreendedorismo e abordar suas principais concepções, ferramentas, teorias e perspectivas de aplicação.

Com base na compreensão desses dois aspectos, nos Capítulos 3 e 4, analisamos os tipos e as características do empreendedorismo, além das interações entre empreendedorismo e empreendedor na área de atividade física e esporte. Ainda, discutimos algumas possibilidades e perspectivas de aplicação em diferentes cenários.

Por fim, nos Capítulos 5 e 6, enfocamos algumas ferramentas de gestão e oportunidades, bem como diferentes alternativas em termos de negócios, para que o profissional de educação física e esporte atue de forma empreendedora na profissão.

Esperamos que o conjunto de conhecimentos aqui apresentados contribua para uma atuação profissional de sucesso na área, fundamentada na proatividade e na criatividade.

É relevante ressaltar ainda que, embora a ética não seja tratada em um tópico específico, ela deve ser o elemento basilar de qualquer ação profissional. No caso do profissional de educação física e esporte, os princípios éticos são regulamentados pelo Conselho Federal de Educação Física (Confef).

Bom estudo!

Como aproveitar ao máximo este livro

Empregamos nesta obra recursos que visam enriquecer seu aprendizado, facilitar a compreensão dos conteúdos e tornar a leitura mais dinâmica. Conheça a seguir cada uma dessas ferramentas e saiba como estão distribuídas no decorrer deste livro para bem aproveitá-las.

Introdução do capítulo

Logo na abertura do capítulo, informamos os temas de estudo e os objetivos de aprendizagem que serão nele abrangidos, fazendo considerações preliminares sobre as temáticas em foco.

Para refletir

Aqui propomos reflexões dirigidas com base na leitura de excertos de obras dos principais autores comentados neste livro.

Indicações culturais

Para ampliar seu repertório, indicamos conteúdos de diferentes naturezas que ensejam a reflexão sobre os assuntos estudados e contribuem para seu processo de aprendizagem.

Síntese

Ao final de cada capítulo, relacionamos as principais informações nele abordadas a fim de que você avalie as conclusões a que chegou, confirmando-as ou redefinindo-as.

Atividades de autoavaliação

Apresentamos estas questões objetivas para que você verifique o grau de assimilação dos conceitos examinados, motivando-se a progredir em seus estudos.

Atividades de aprendizagem

Aqui apresentamos questões que aproximam conhecimentos teóricos e práticos a fim de que você analise criticamente determinado assunto.

Bibliografia comentada

Nesta seção, comentamos algumas obras de referência para o estudo dos temas examinados ao longo do livro.

Capítulo 1

Fundamentos da economia do esporte e da atividade física

Ary José Rocco Júnior

O esporte e a atividade física são cada vez mais vistos por empreendedores, empresas, investidores e organizações como excelentes possibilidades de investimento com retorno financeiro e econômico adequados, movimentando todo o sistema econômico ao seu redor.

Sob essa ótica, neste capítulo, abordaremos os fundamentos da economia do esporte e da atividade física, conteúdos essenciais para todos que, algum dia, pretendem empreender em atividades correlacionadas a essas esferas de atuação.

O objetivo é apresentar a indústria do esporte e seus conceitos, tratando da evolução econômica da área de atividade física e esporte, bem como de seu crescimento, de sua expansão e da diversificação de ofertas relacionadas ao segmento esportivo.

1.1 Segmentos da indústria do esporte

Nos últimos 30 anos, no Brasil, o esporte e a atividade física experimentaram um amplo crescimento e a expansão de suas fronteiras, tanto em termos de participação econômica dos negócios relacionados ao esporte e à atividade física como no que se refere à diversificação da oferta de atividades vinculadas ao segmento esportivo.

Assim como aconteceu em boa parte do mundo, em especial nos Estados Unidos, no Canadá e na Europa, o esporte e a atividade física passaram a participar, cada vez mais, no contexto de um crescimento acelerado, da economia de um país, de uma região, de um continente e, em alguns casos, de todo o mundo.

Especificamente no caso brasileiro, foi possível observar, nesse período, um desenvolvimento do cenário econômico do esporte, "com a expansão das academias voltadas às atividades físicas, dos cursos de graduação em Educação Física, dos números de instalações esportivas, e diversos outros fatores que envolvem o esporte, representando um crescimento do setor muito acima da economia do País como um todo" (Alves, 2006, p. 857).

Para Jose Antonio Barros Alves (2006, p. 857), esse crescimento tem algumas explicações correntes:

(i) A notável velocidade de transformação do Brasil rural para o Brasil urbano, que situa hoje cerca de 81% da população nas grandes cidades. Isto cria uma necessidade por espaços públicos, em maior número e de maior tamanho, para a prática do esporte e da atividade física através de atividades orientadas e com a organização de uma série de projetos e eventos por parte do poder público; [...]

(ii) A conscientização por parte da população da importância da atividade física para uma melhor qualidade de vida [...];

(iii) A importância ganha pelo esporte no mercado promocional, desde que o esporte está se tornando um dos mais efetivos meios de promoção de marcas e produtos em todo mundo e não seria diferente no Brasil, e, por consequência, ganhando grandes e nobres de espaços na mídia, em que se tornou um conteúdo valioso;

(iv) O entendimento, pelas autoridades, de que o esporte tem importância social, política e, obviamente, eleitoral muito significativa [...] (Lei Agnelo/Piva, Leis de Incentivo ao Esporte dos Estados de São Paulo, Rio de Janeiro, Mato Grosso do Sul, entre outros e de vários municípios);

(v) O histórico empreendedorismo existente no esporte nacional que resultou nos milhares de clubes esportivos e academias voltadas para atividades físicas presentes em todo Brasil. [...]

Além dos fatores mencionados, a denominada "década de ouro" do esporte brasileiro – com a realização de grandes eventos esportivos no período compreendido entre os anos de 2007 e 2016, com especial destaque para os Jogos Pan-Americanos do Rio de Janeiro (2007), a Copa das Confederações de Futebol (2013), a Copa do Mundo FIFA de Futebol (2014) e os Jogos Olímpicos e Paralímpicos do Rio de Janeiro (2016) – contribuiu para o aumento da participação do esporte no Produto Interno Bruto (PIB) brasileiro e para a inserção dessa área na pauta das discussões, inclusive econômicas, no país.

Nesse contexto da participação econômica do esporte e da atividade física na economia brasileira, merecem destaque as instituições criadas por iniciativas individuais e coletivas de caráter empreendedor. De acordo com Alves (2006, p. 857), "estas instituições [...] colocam o país entre as nações do mundo com grande número de instituições esportivas".

Em 2017, o Brasil contava com aproximadamente 34 mil academias, sendo o segundo maior mercado do mundo na área, com cerca de 9,6 milhões de usuários (o quarto maior contingente do mundo) (IHRSA, 2020). O futebol brasileiro tem aproximadamente "740 (setecentos e quarenta) clubes profissionais contra cerca de aproximadamente 500 (quinhentos) de toda Europa" (Alves, 2006, p. 857).

Números como esses exemplificam o caráter empreendedor do brasileiro em assuntos relacionados ao esporte e à atividade física.

A indústria do esporte inclui uma ampla variedade de produtos e compradores (empresas e consumidores) orientados ao esporte, em que os produtos e serviços ofertados abrangem atividades e práticas esportivas, de *fitness*, recreativas ou de lazer, bem como outros bens de valor relacionados com essas práticas (Pitts; Fielding; Miller, 1994).

No cenário brasileiro, a indústria esportiva apresentou, no ano 2000, movimentação em torno de US$ 12,71 milhões, o que correspondia a 1,97% do PIB brasileiro. Em 2010, essa quantia alcançou US$ 45,35 bilhões (correspondentes a 2,14% do PIB nacional), demonstrando uma evolução ascendente do esporte em sua participação no PIB brasileiro (Kasznar; Graça Filho, 2012).

O termo *indústria* pode ser entendido como um mercado que oferece produtos e serviços semelhantes ou estreitamente relacionados aos consumidores interessados. De forma geral, uma indústria compreende uma variedade de produtos e serviços dirigidos a uma mesma gama de consumidores potenciais, com perfis demográficos e psicológicos diferenciados em relação a necessidades, vontades, desejos ou exigências (Porter, 1989).

Para Pitts e Stotlar (2002b), o profissional que gerencia os negócios do esporte deve entender o conceito de esporte no âmbito da área de administração esportiva, para que possa obter uma visão realista da indústria do esporte. Para os autores norte-americanos, "a Indústria do Esporte é o mercado no qual os produtos oferecidos aos compradores relacionam-se a esporte, fitness, recreação ou lazer e podem incluir atividades, bens, serviços, pessoas, lugares ou ideias" (Pitts; Stotlar, 2002b, p. 26).

De maneira mais prática, segmentar significa identificar os grupos mais homogêneos e parecidos possíveis. Segundo Rocco Júnior (2012, p. 13), "segmentação de mercado é uma decisão estratégica de marketing que permite às empresas identificarem o perfil de cada grupo de clientes e, assim, implementarem ações de marketing que criem vantagem competitiva".

Segmentação é, portanto, a divisão do todo em partes. No negócio esportivo, "a segmentação envolve dividir uma população (mercado) em segmentos de mercado, ou uma indústria em segmentos de indústria" (Alves, 2006, p. 858). Considerando-se o cenário esportivo, a segmentação corresponde à "divisão dos mercados totais em segmentos relativamente homogêneos. Segmentação da indústria esportiva é a divisão do esporte em segmentos industriais relativamente homogêneos" (Pitts; Stotlar, 2002b, p. 27).

A segmentação do mercado esportivo exige uma atenção à análise do consumidor, para que assim se possa segmentá-lo em estilos e características semelhantes. Também não se limita apenas aos consumidores, mas a todo o mercado consumidor, fornecedor e concorrente.

No contexto da indústria do esporte, Pitts e Stotlar (2002b, p. 28) propõem uma divisão, considerando-se produto e tipo de consumidor (comprador), em três segmentos principais (Figura 1.1): 1) segmento da *performance* (prática) esportiva; 2) segmento da produção esportiva; 3) segmento da promoção esportiva. Na sequência, apresentamos exemplos de cada um deles.

Figura 1.1 – Segmentação da indústria do esporte

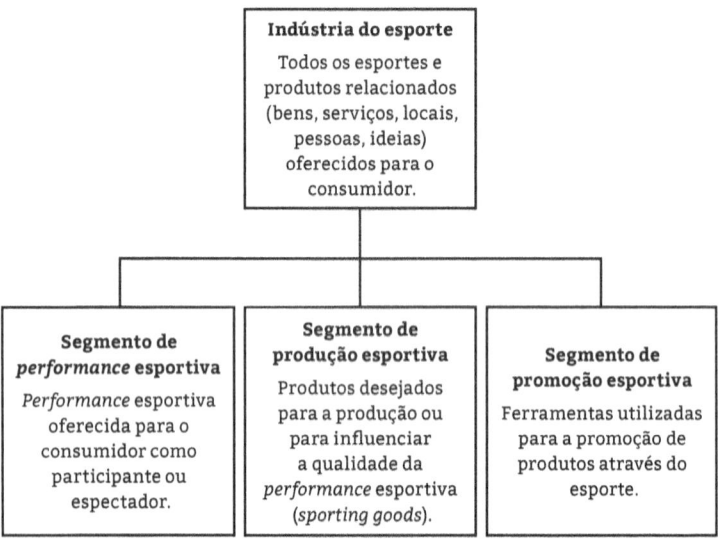

Fonte: Pitts; Stotlar, 2002b, citados por Cardoso; Caballero, 2012.

- Exemplos de segmento de *performance* esportiva: atletas, esporte empresarial privado, impostos para financiar o esporte, torcedores, organizações esportivas sem fins lucrativos, esporte educacional, empresas de *fitness*.
- Exemplos de segmento de produção esportiva: produtos específicos (como equipamentos e vestuário), produtos de produção de desempenho (instrutor de *fitness*, cuidados médicos, instalações esportivas, órgãos de governo e confederações).
- Exemplos de segmento de promoção esportiva: *merchandising*, eventos promocionais, mídia, patrocínio, endosso.

Esses três segmentos, baseados em produtos, serviços, organizações e respectivos consumidores, podem ser assim descritos:

> *O primeiro segmento (de prática esportiva) é composto por organizações que oferecem como serviços a prática esportiva e atividades diretamente ligadas ao entretenimento esportivo, como, por exemplo, clubes, federações, academias, ligas etc. O segundo segmento (de produção) é o das organizações responsáveis pelo fornecimento de produtos e equipamentos esportivos, como, por exemplo, as marcas fabricantes de vestuário esportivo. O terceiro (de promoção) segmento é constituído por organizações responsáveis pela promoção do esporte como um produto, bem como pelos produtos que usam o esporte como um veículo para a promoção e comercialização de produtos, de eventos, ações de mídia e patrocínio.*
> (Pitts; Fielding; Miller, 1994, p. 19, tradução nossa)

Para a indústria, então, o esporte pode ser: "a) o próprio esporte em seu sentido mais estrito; ou b) qualquer exercício físico relacionado ao *"fitness"*, à recreação ou ao lazer" (Slack; Parent, 2006, p. 33, tradução nossa). Assim, para os autores, "uma organização esportiva oferece produtos (bens ou serviços) que se relacionam ao esporte (sentido estrito) ou ao exercício físico" (Slack; Parent, 2006, p. 33, tradução nossa). Cabe observar ainda que "toda indústria emprega insumos, recursos humanos, tecnologias e, de acordo com o segmento, outros diferentes recursos e ações que envolvem desde a infraestrutura da organização até a sua gestão" (Mazzei et al., 2013, p. 184).

Além da segmentação da indústria do esporte proposta por Pitts e Stotlar (2002b), a própria caracterização da gestão do esporte se dá de diferentes maneiras, conforme o contexto cultural de cada país. Dependendo da localidade, as entidades que compõem e gerenciam a indústria do esporte podem contemplar estruturas distintas.

Internacionalmente, há exemplos de caracterização da área estabelecida com base em um conceito amplo de esporte, que engloba todos os segmentos da chamada *indústria do esporte*. Parks e Zanger (1990, p. 43, tradução nossa) definem as áreas de atuação nos Estados Unidos:

no esporte universitário e escolar, no esporte profissional, na gestão de equipamentos esportivos, de programas recreativos, nas agências de esporte comunitário e de participação, em informação e marketing esportivo, no jornalismo esportivo, nos clubes, na indústria esportiva, nos centros de fitness, nas áreas de treinamento atlético e de medicina esportiva, na área de atividades aquáticas e no campo da consultoria e empreendedorismo.

Na Espanha, Roche (2002, p. 102) classifica as organizações esportivas

em quatro grandes grupos – organizações desportivas públicas, as privadas sem fins lucrativos, as empresas de serviços esportivos e as sociedades anônimas desportivas –, destacando os setores de atuação: desenvolvimento de políticas públicas de esporte e construção e gestão de complexos esportivos; clubes esportivos, associações de clubes, ligas e federações esportivas; prestação de serviços de escolas desportivas, acampamentos, esportes ligados à natureza, administração de complexos desportivos, organização de espetáculos, eventos e competições esportivas, consultorias, assessorias e atividades de capacitação.

Por sua vez, Sarmento (2004, p. 11), descreve o sistema desportivo português "como sendo composto pelos órgãos ligados ao estado; pelo associativismo desportivo, englobando federações, associações e clubes; pelo desporto escolar e militar e pelo setor privado".

No Brasil, Rezende (2000, p. 15) apresenta, sob a ótica da organização como unidade social, dois grandes grupos:

aquelas organizações que existem em função da atividade física, esportiva e de lazer – centros de treinamento e escolinhas; academias; clubes e associações exclusivamente esportivas; consultorias e assessorias; ligas, federações e confederações; fundações, instituições e comitês, entre outros – e aquelas que possuem setores voltados para a atividade física, desportiva e de lazer – prefeituras, governos estaduais, governo federal, clubes sociais, entidades representativas (SESC, SESI, sindicatos), hotéis, academias, shoppings etc.

Já Brunoro e Afif (1997, p. 56) definem as áreas de administração esportiva em sua relação com as organizações de atuação do profissional: "gerenciamento de clubes, gerenciamento esportivo geral (entidades públicas; privadas; escolas e universidades; federações, confederações e ligas; Sesc, Senac, Sesi, ACM e área comunitária), supervisão de equipes, chefia de delegações e supervisor de projetos".

Por fim, Oliveira (2011, p. 3) destaca a importância da gestão esportiva e do empreendedorismo para o profissional de educação física e esporte:

> E, como o mais recente e emergente nicho de atuação do profissional de EF e esporte, a – gestão esportiva – (atuando no gerenciamento, na direção, na gestão de pessoas e de recursos humanos, materiais e financeiros de academias, escolas, clubes e entidades esportivas, das mais variadas razões sociais, que prestam serviços na área de atividade física e/ou de esportes).

> É – na gestão esportiva – que tem sido objeto de várias publicações e estudos, da abertura de múltiplos cursos de pós-graduação (lato senso), no sentido de capacitar o profissional de EF, que sempre foi concebido para atuar enquanto licenciado e/ou bacharel, mas, sobretudo, enquanto um empregado (entenda-se funcionário, colaborador) nas instituições que oferecem serviços em EF. E que agora, vislumbra-se a possibilidade do profissional também ser concebido – enquanto um empreendedor – um empresário do ramo da atividade física. Colocado não só como gestor, mas, sobretudo enquanto proprietário desses estabelecimentos.

Assim, pelos diversos conceitos e opiniões apresentados, fica clara a importância cada vez mais crescente e atual das questões relacionadas à gestão no ambiente da educação física e do esporte. O desenvolvimento da indústria do esporte, em seus vários segmentos, fez crescer a necessidade de uma gestão mais profissional dos negócios relativos à área.

1.2 Atividades econômicas do esporte no Brasil

De acordo com Carravetta (1996, p. 52), o esporte moderno "surge do impulso anglo-saxônico e difunde-se fundamentalmente a partir de 1894, através da restauração dos Jogos Olímpicos e do desenvolvimento da produção industrial". Nesse contexto, podemos notar que as mudanças sociais e culturais são processos pluralísticos que modificam as pautas das interações estabelecidas.

A sociedade atual converteu o esporte em um setor economicamente dinâmico e atrativo. Conforme exposto por Carravetta (1996, p. 52),

> O crescente interesse pelo esporte e o desenvolvimento participativo da sociedade em atividades esportivas desencadearam um impacto econômico que incrementa a compra de espetáculos esportivos, serviços, equipamentos, classes, vestimentas, publicidade, patrocínio e outros.

> A pluralidade das atividades esportivas desenvolvidas no marco da coletividade social associa o esporte a outros setores da economia. Os recursos privados ou públicos são usados para as construções de parques esportivos, estádios, academias de ginástica, quadras, piscinas, estradas, clubes, hotéis, serviços de bares e restaurantes, alterando de forma significativa o paisagismo urbano, ampliando em diferentes segmentos o mercado de trabalho e criando um novo estilo de vida às populações.

Marcelo Proni (2014), economista brasileiro especializado em esportes, aponta que existem três tipos básicos de produtos esportivos: "1) equipamentos e artigos (tênis, bola, raquete, bicicleta, maiô etc.); 2) serviços especializados (iniciação esportiva, orientação no treinamento, uso de instalação) e 3) espetáculos". Para o pesquisador, "cada produto tem seu próprio mercado, com uma oferta e uma demanda" (Proni, 2014). Assim, o "'consumo esportivo' é feito por modalidade: vôlei, automobilismo, surfe, judô... As modalidades mais populares são as mais relevantes do ponto de vista econômico" (Proni, 2014).

No caso do futebol, Proni (2014) afirma que existem vários mercados, nos quais "atuam diferentes tipos de empresa". O autor cita os seguintes exemplos:

> fábricas de material esportivo fornecem chuteiras, bolas e uniformes oficiais; ambulantes vendem bandeiras do time e camisas estilizadas na frente do estádio; escolinhas franqueadas treinam meninos e meninas de forma lúdica; grupos informais alugam campos e quadras para a prática semanal; times profissionais tentam atrair torcedores para o estádio; federações negociam o direito de transmissão do campeonato; jornais e revistas veiculam notícias e crônicas. (Proni, 2014)

A fim de demonstrar a amplitude das atividades econômicas ligadas ao esporte, Proni (2014) observa:

> além dos mercados voltados para o consumidor, é importante esclarecer que há também os mercados "secundários" (contratos entre empresas), tais como os associados com o marketing (propaganda, patrocínio, licenciamento etc.), que propicia receitas expressivas para as empresas de comunicação e para os times e federações.

Na primeira década do século XXI, o setor do esporte movimentou recursos econômicos e financeiros a uma velocidade superior à da própria economia do país: "A taxa média de crescimento do PIB do Brasil foi de 3,2%, entre 2000 e 2010, ao passo que a média de crescimento anual do setor esportivo foi de 6,2%" (Kasznar; Graça Filho, 2012, p. 42). O setor dos negócios relacionados ao esporte "mostrou fôlego mesmo durante os anos de crise global, ganhou investimento e aumentou a participação nas despesas das famílias brasileiras" (Spitz, 2012, p. 9). Em valores, o esporte movimentou, em 2010, "R$ 78,6 bilhões e elevou a fatia no PIB de 1,702%, na década anterior, para 1,997%" (Kasznar; Graça Filho, 2012, p. 42).

Proni (2014) explica que, quando os economistas falam em PIB do esporte, "estão se referindo à renda gerada em um conjunto diversificado de ramos econômicos". No Brasil, o "futebol responde por mais de 50% do valor adicionado proveniente da indústria do esporte" (Proni, 2014).

Entre 2000 e 2010, o "setor que experimentou mais ganhos de participação foi o de artigos esportivos, com destaque para roupas, instrumentos e equipamentos esportivos; alimentos, bebidas e vitaminas; além de mochilas, joelheiras e bonés" (Kasznar; Graça Filho, 2012, p. 42). Kasznar e Graça Filho (2012) calculam que os impactos do crescimento do setor do esporte se refletem, ainda, em outras atividades. Para os autores, "cada R$ 1 investido em infraestrutura esportiva mobiliza R$ 6,50 para atividades que não são ligadas ao esporte, como o varejo e o marketing" (Kasznar; Graça Filho, 2012, p. 42).

A realização de torneios, competições e eventos esportivos, por exemplo, pode ter efeitos positivos sobre a economia de um município ou mesmo de um país (no caso de um megaevento como a Copa do Mundo de Futebol e/ou os Jogos Olímpicos).

Para estimar os impactos econômicos de um megaevento esportivo, Proni (2014) afirma que é preciso considerar diversos fatores, tais como:

> 1) os gastos na construção ou reforma das arenas; 2) os investimentos em obras de infraestrutura urbana relacionados com o torneio; 3) os empregos diretos e indiretos propiciados por tais atividades; 4) o impulso no fluxo de turistas durante o torneio e nos anos seguintes; 5) o aumento na dívida pública e/ou na arrecadação fiscal.

Por sua vez, quando analisamos um setor específico do esporte, deparamo-nos, por exemplo, com o "negócio do futebol", movimentado pela atividade econômica dos clubes de futebol profissional. Ainda segundo Proni (2014), os clubes de futebol apresentam cinco frentes principais de comercialização: "a) venda do espetáculo (bilheteria e direito de transmissão); b) negociação da marca (patrocínio, fornecimento de material esportivo e merchandising); c) direitos federativos (transferência de atletas); d) exploração do estádio; e) programa sócio-torcedor". Também há outras fontes de receita para os times brasileiros, "como as loterias e as que provêm do clube social" (Proni, 2014).

A expansão do negócio do futebol, e do esporte por extensão, "contou com avanços na área do 'marketing esportivo', especialmente na adoção de estratégias criativas para conquistar novos clientes, cultivar a simpatia do público e obter uma posição privilegiada no mercado" (Proni, 2014). A finalidade de tais estratégias pode ser resumida em dois pontos: a valorização da marca e a diversificação e ampliação das fontes de receita.

Além das atividades econômicas ligadas ao esporte, recém-mencionadas, é importante destacar o papel econômico da "transmissão pela TV e a presença crescente de patrocinadores", que "tornaram o espetáculo esportivo um produto bastante disputado e rentável, o que exigiu a profissionalização da gestão e a adoção de métodos empresariais no planejamento dos grandes torneios" (Proni, 2014).

Todas as atividades econômicas citadas mostram, de forma clara, objetiva e concreta, a importância da indústria do esporte no contexto global da atividade física e do esporte como negócio, inseridos na moderna indústria do entretenimento e do consumo esportivo.

1.3 Produtos e serviços esportivos

No universo da indústria do esporte e de seu espectro de atividades econômicas ligadas à atividade física e ao esporte, merecem destaque os produtos e serviços esportivos.

Em se tratando de esporte, como afirmam Morgan e Summers (2008, p. 62), "o produto é o jogo propriamente dito, mas há também alguns componentes intangíveis que precisam ser considerados". Os autores acrescentam ainda que

> os elementos tangíveis do produto esportivo são os praticantes de determinado esporte, o tipo de competição ou jogo praticado, as decisões de merchandising (camisetas, bonés, equipamentos etc.) e os locais dos jogos. Os elementos intangíveis são as impressões, experiências, emoções e interpretações demonstradas pelas pessoas em relação ao esporte, sejam elas participantes ou não. (Morgan; Summers, 2008, p. 62)

O produto esportivo é, assim, altamente inconsistente e imprevisível. "Isso o torna atraente, porém, dificulta seu planejamento estratégico" (Rocco Júnior, 2012, p. 46). A falta de previsibilidade do esporte traz ao produto esportivo uma ausência de controle por parte dos gestores que gerenciam sua estratégia.

Como definem Morgan e Summers (2008, p. 63),

> os elementos intangíveis do produto esportivo carregam em si muitas das características encontradas nos serviços, a saber: perecível – uma vez encerrado um evento esportivo, encerram-se também as possíveis vendas "ao vivo"; inseparável – os produtos esportivos são simultaneamente produzidos e consumidos quando jogadores, dirigentes e fãs criam o evento que consomem; heterogêneo – os produtos esportivos são subjetivos e têm como base a experiência do consumidor ou produtor do esporte e, portanto, cada evento ou experiência esportiva será diferente; e, intangível – muitos elementos do produto esportivo são intangíveis.

Na prática, a lista de produtos relacionados à indústria do esporte é imensa: "Qualquer produto que preencha as necessidades ou desejos de um consumidor quanto a esporte, ginástica ou recreação é considerado produto esportivo" (Pitts; Stotlar, 2002b, p. 33).

Contudo, o grande potencial de geração de recursos econômicos e financeiros do produto esportivo reside em seu caráter intangível. A experiência que o esporte, pela sua natureza, propicia ao seu consumidor é que gera imenso potencial de receita para produtores, organizadores e promotores de eventos esportivos, um dos grandes produtos do esporte no atual cenário contemporâneo da indústria do entretenimento e consumo. A qualidade da experiência vivida pelo consumidor do produto esportivo promove riqueza para quem adquire tal produto.

Em razão de tudo o que foi apontado, Morgan e Summers (2008, p. 180) ressaltam que "os profissionais de marketing geralmente decidem estrategicamente sobre a oferta do seu produto ou assuntos relacionados a posicionamento do produto, benefícios por ele oferecidos, atributos e características e a variedade de produtos colocados à venda". Para os autores, "todas essas decisões precisam considerar tanto elementos tangíveis quanto intangíveis do produto, de modo que obtenha dele o resultado mais eficaz possível".

Assim, os profissionais de *marketing* que atuam no ramo do esporte devem considerar também em suas estratégias os componentes exclusivos dos serviços em sua relação com o produto esportivo – intangibilidade, inseparabilidade, heterogeneidade e perecibilidade.

Morgan e Summers (2008, p. 180) afirmam que "muitos produtos esportivos possuem elementos intangíveis, e um evento ou jogo esportivo é intangível em todos os seus aspectos". No que diz respeito à inseparabilidade, os dois autores apontam que "o consumo do produto esportivo não pode ser desvinculado de sua produção". Os atletas produzem o evento ou jogo esportivo no mesmo instante em que a plateia nos estádios ou os espectadores pela televisão consomem o produto.

Outro aspecto importante a ser considerado na gestão do produto esportivo é sua heterogeneidade, exemplificada pela "incerteza do final e a emoção da expectativa do desconhecido" (Morgan; Summers, 2008, p. 182). Por fim, a perecibilidade pode ser caracterizada pela impossibilidade de se "armazenar" ou "estocar" um produto esportivo.

Outro elemento fundamental do produto ou serviço esportivo é o preço. Morgan e Summers (2008, p. 258) explicam que "o preço também pode incluir trocas de outras coisas que as pessoas valorizam, como tempo, esforço, atitudes e mesmo itens de propriedade". Rocco Júnior (2012, p. 37) chama a atenção para o fato de que "a definição de preços é uma questão delicada nas decisões de planejamento estratégico dentro do esporte".

Para o pesquisador brasileiro, "o preço de compra de um ingresso para um evento esportivo tem como base não apenas o valor financeiro daquele ingresso, mas também o valor da experiência e das expectativas de desempenho dos atletas que o público encontrará" (Rocco Júnior, 2012, p. 37). Logo, para diversos produtos esportivos, pode haver estratégias de preço diferentes, em função do benefício pessoal e individual que o consumidor espera obter naquele evento esportivo.

O principal problema enfrentado pela indústria do esporte é que, a rigor, nenhum dos produtos e serviços vendidos pelas empresas ligadas ao esporte é imprescindível para a sobrevivência das pessoas. Assim, determinar o preço de um produto esportivo não é tarefa fácil.

Entretanto, em função de seu caráter intangível, o produto esportivo pode ter seu preço elevado em razão da experiência única que pode proporcionar ao seu consumidor. Tendo em vista o que foi apresentado, Rocco Júnior (2012, p. 41) afirma que "a escolha adequada para a definição do preço no esporte depende sobremaneira da natureza e da forma do produto esportivo". Clubes esportivos, por exemplo, estabelecem os preços dos ingressos para suas partidas de maneira distinta daquela adotada pelas academias de *fitness* que oferecem serviços variados aos seus usuários.

Para Toro (citado por Coelho, 2012), "O produto esportivo tem mais em comum com o ócio do que com os produtos tradicionais de consumo. O consumidor esportivo busca espetáculo, diversão, paixão, sentimento". O fã quer que todas as suas emoções sejam consideradas.

Kotler e Keller (2006, p. 54) esclarecem que o produto "é algo que pode ser oferecido a um, ou mais, mercados para satisfazer uma necessidade ou desejo". Nesse sentido, produtos podem ser "bens físicos, serviços, eventos, pessoas, lugares, organizações, etc." (Kotler; Keller, 2006, p. 54). Tal conceituação pode ser aplicada à definição de Pitts e Stotlar (2002b, p. 160) sobre o produto esportivo: "qualquer produto que preencha as necessidades ou desejos de um consumidor quanto a esporte, ginástica ou recreação é considerado produto esportivo". O produto esportivo pode ser descrito "como um pacote de serviços agregados que visa satisfazer as necessidades dos clientes por meio do esporte" (Stotlar; Dualib, 2005, p. 22).

A construção de um evento esportivo, que apresenta uma ampla oferta de serviços, é caracterizada como um produto esportivo, já que, de acordo com Stotlar e Dualib e Mullin, Hardy e Sutton (2004, citados por Barros; Tegani, 2008, p. 3), visa "atingir a satisfação dos consumidores esportivos e de metas organizacionais".

Dessa maneira, a construção de um evento esportivo necessita, obrigatoriamente, de "uma gestão eficiente de produto esportivo para promover o apoio da comunidade local de forma a estimular a adesão e participação no atendimento aos objetivos propostos" (Barros; Tegani, 2008, p. 4).

Na ótica da promoção social de um evento esportivo público, Wilpert (2005, citado por Barros; Tegani, 2008, p. 4) argumenta que a educação física "possui função de estímulo da convivência social e de formação de caráter entre os jovens alunos desportistas que se integram no esporte como meio de inclusão social".

Ainda que seja comum associar produtos a mercadorias, no esporte, em especial em eventos esportivos, "pode haver elementos de serviços no produto ou inteiramente serviços, isto é, com ausência de oferta de mercadorias ou bens tangíveis para a sua satisfação" (Barros; Tegani, 2008, p. 5). Sob essa perspectiva, "a oferta de um pacote de serviços remete ao conjunto de mercadorias e serviços que são fornecidos ao consumidor para obter sua satisfação" (Fitzsimmons; Fitzsimmons, 2000, citados por Barros; Tegani, 2008, p. 5).

Nesse contexto, Bateson e Hoffman (2011, citados por Barros; Tegani, 2008, p. 5) explicam que

> os serviços inseridos em um produto correspondem a uma situação implícita de benefícios entregues por meio de uma experiência interativa que envolve o consumidor e a organização com maior intensidade e apontam que os serviços possuem certas peculiaridades, tais como: impossibilidade de serem inventariados, dependência de tempo, isto é, o consumo depende quando estará o consumidor e a dependência de lugar, ou seja, o consumo depende onde estará o consumidor.

Isso significa que a estratégia de serviços remete ao projeto, que consiste em "uma série de atividades voltadas a transmissão para os clientes e empregados sobre o que devem receber e dar, respectivamente, para assegurar o valor para o consumidor" (Fitzsimmons; Fitzsimmons, 2000, citados por Barros; Tegani, 2008, p. 5).

Assim, considerando todos os conceitos examinados até aqui, podemos afirmar que o consumo do produto esportivo apresenta, em sua essência, grande intangibilidade e intensa aproximação das características próprias dos serviços, assumindo forte caráter de experiência. "As organizações esportivas que visam satisfazer o novo consumidor de esportes devem atentar-se primordialmente na oferta de pacotes completos de lazer, logo, serviços que maximizam a vivência esportiva" (Kearney, 2003, citado por Barros; Tegani, 2008, p. 5).

A experiência provocada pelo produto ou evento esportivo torna-se, portanto, vantagem competitiva para as organizações que os oferecem a seus consumidores. Quanto maior o diferencial dessa experiência, maior seu consumo por parte do público. Nesse sentido, a qualidade dos serviços prestados tem importante impacto na vivência oportunizada àqueles que apreciam tais elementos.

De maneira bastante sintética, podemos concluir que o produto esportivo tem caráter perecível, subjetivo, imprevisível e heterogêneo – aspectos que lhe conferem características de serviço – e que a qualidade de sua oferta é fator determinante na decisão de compra.

1.4 Negócios e oportunidades em atividade física e esporte

Conforme explicamos, a atividade física e o esporte constituem, atualmente, uma importante indústria do ponto de vista econômico, com diversas possibilidades de atividades, produtos e serviços. Tudo isso oferece, em termos mercadológicos e profissionais, perspectivas de oportunidades e negócios para os indivíduos que trabalham na área.

O esporte, nas últimas três décadas, adquiriu um novo formato, tornando-se parte importante de uma indústria em pleno desenvolvimento econômico: a indústria do entretenimento esportivo. Como principal produto dessa indústria, o esporte assumiu uma nova feição: "de atividade e prática massificada, se tornou um negócio dotado de um grande mercado e de um elevado potencial de venda e comercialização" (Lima; Melo Neto, 2013).

Como já observado, o esporte, visto como produto, não é apenas uma atividade física, mas um complexo "serviço de entretenimento ou um exercício de envolvimento com elevado teor emocional. [...] parte de uma complexa estrutura de mercado com suas características e peculiaridades" (Lima; Melo Neto, 2013).

Enxergado por esse prisma, o esporte tem um mercado que "exige uma estratégia de promoção, comercialização e comunicação" (Lima; Melo Neto, 2013). Lima e Melo Neto (2013) apontam, diante desse cenário contemporâneo do esporte, que "seus praticantes e torcedores devem ser analisados em seus aspectos demográficos, psicográficos e suas preferências e desejos de compra além dos seus elos emocionais que os ligam a determinados entes esportivos e os fazem escolher determinadas modalidades esportivas".

Os autores acrescentam uma característica interessante ao produto esportivo, com sua gama de atributos positivos e sua capacidade de gerar valor – em especial, o valor simbólico –, determinante para a construção de um estilo próprio de vida:

> Como produto, o esporte tem o seu valor. Não apenas o seu valor de comercialização, mas, sobretudo o seu valor simbólico e o seu valor de apropriação de estilos de vida. O esporte tem um custo de oportunidade, pois a sua prática e assistência induz o praticante e torcedor a abrir mão de alternativas de entretenimento. (Lima; Melo Neto, 2013)

Todos esses fatores conferem ao esporte e à atividade física o *status* de bons produtos, que atraem muitos praticantes e torcedores, com ampla capacidade de gerar receitas para todos os envolvidos em sua oferta à sociedade, em especial aos consumidores do esporte. O produto ou serviço esportivo reveste-se de amplas possibilidades de oferta, com excelentes alternativas de aceitação pelos diferentes mercados envolvidos. Ou seja, trata-se de um ótimo negócio, principalmente para os profissionais com ampla capacidade empreendedora.

Os produtos e serviços relacionados à atividade física e ao esporte, por seus atributos e suas características, apresentam em geral, especialmente para o profissional que pretende empreender, custo relativamente baixo para sua oferta à sociedade, alta dose de criatividade e capacidade inovadora, bem como excelentes perspectivas de retorno econômico e financeiro.

De forma sucinta, empreender no esporte é criar um novo negócio destinado a oferecer à sociedade produtos ou serviços esportivos. Empreender, no âmbito do senso comum, significa ter boas ideias e colocá-las em prática de maneira eficiente e eficaz, atendendo a alguma necessidade ou desejo de determinado público consumidor.

Nesse contexto, o empreendedorismo esportivo "é uma necessidade atual do profissional da Educação Física no Brasil, que se encontra diante de novos cenários de atuação profissional no campo da saúde e do lazer, além do esporte" (Gomes, 2012, p. 13), resultado dos diferentes legados dos Jogos Olímpicos e da Copa do Mundo de Futebol realizados recentemente no país, "desafiando estes profissionais não só a desempenharem novos papéis, mas também a inventarem novas inserções no mercado de trabalho" (Gomes, 2012, p. 13).

O esporte, por sua complexidade e amplo espectro de enfoques, "é um campo amplo de oportunidades e, por esse motivo, existem muitas áreas a serem exploradas, a começar pelo tipo de esporte que será o enfoque principal da empresa" (Unisport Brasil, 2017). Além dos diferentes tipos de esportes, os segmentos de negócio podem ser bem distintos e com perspectivas variadas.

Diversas entidades, como universidades, consultorias e empresas especializadas, apontam frequentemente os negócios e as oportunidades mais interessantes e com maior probabilidade de sucesso para profissionais interessados em empreender no esporte.

Vamos, agora, apresentar alguns desses negócios e oportunidades apontados recentemente como de maior perspectiva para a oferta de produtos e serviços esportivos à sociedade no Brasil de hoje.

No contexto do mercado do esporte e da atividade física, um dos principais setores que se destacam como oportunidade de negócio é o *fitness*. A crescente preocupação das pessoas com a saúde e a qualidade de vida tem impulsionado os negócios ligados ao setor, desde academias até empresas que oferecem produtos e serviços complementares, como fábrica de equipamentos, serviços de treinamento, médicos, de nutrição e fisioterapia, lojas (físicas ou virtuais) de vestuário para a prática de atividade física e outras.

Os números mais recentes da Organização Mundial da Saúde sobre sedentarismo no Brasil impressionam: 47% da população não pratica atividade física. A notícia, que tem um viés muito negativo, enche os olhos dos profissionais que atuam nos diversos segmentos do universo fitness, pois atesta que há muito mercado a ser conquistado ainda.

O mundo fitness já representa uma fatia significativa na economia global. Dados da International Health, Racquet & Sportsclub Association (IHRSA) mostram que a receita desse mercado cresce a uma média anual de 8,7% no mundo – e deve alcançar US$ 99,9 bilhões até o final de 2019.

E se na década passada os negócios se resumiam às academias e equipamentos, atualmente impressionam pelo mix, que vai de alimentação a vestuário e se expande pela criatividade dos empreendedores do setor. A cada dia surgem produtos e serviços, aumentando mais e mais o faturamento de empresários brasileiros. (Mercado..., 2020)

A alta no mercado *fitness* estimula as oportunidades de negócio, principalmente os ligados à tecnologia. "Se as academias se expandem, as empresas de equipamentos de ginástica seguem no mesmo ritmo. [...] De acordo com a consultoria GfK, 29% das pessoas que malham utilizam aplicativos móveis e dispositivos vestíveis para monitorar a própria saúde" (Mercado..., 2020).

A Unisport Brasil (2017), consultoria especializada em esporte, aponta como oportunidade de negócio para empreender no esporte a criação de uma agência de *marketing* esportivo. A empresa justifica a ideia informando que "o marketing é um setor empresarial constantemente em alta. É por meio dele que as organizações se tornam conhecidas, aproximam-se dos clientes e obtêm sucesso em seu negócio. Combinar marketing e esportes, portanto, é uma excelente oportunidade" (Unisport Brasil, 2017).

A consultoria chama a atenção para o fato de que

> os empreendedores que desejam explorar esse segmento necessitam ter noções básicas de administração e de marketing. Além disso, é preciso entender de esportes e falar a linguagem do mercado. É importante ressaltar que o empreendedor não precisa necessariamente ter todas as qualidades sozinho: ele pode montar um time de pessoas para ajudá-lo! (Unisport Brasil, 2017)

Entre as atividades que uma agência de *marketing* esportivo realiza, a Unisport Brasil (2017) destaca a gestão de carreiras esportivas e a promoção e organização de eventos esportivos, mercado em expansão e altamente atraente para empresários, empresas e investidores.

Outra boa oportunidade de negócios em esporte, para potenciais empreendedores, apontada pela Unisport Brasil (2017) é a implantação de escolas especializadas em esportes. A consultoria argumenta que "as escolas especializadas em esportes são empreendimentos de sucesso. Com a busca pela qualidade de vida, os pais matriculam as crianças cada vez mais em escolas esportivas. Além do número de crianças ser crescente, a quantidade de esportes que elas experimentam também aumenta" (Unisport Brasil, 2017).

As escolas especializadas na iniciação esportiva ainda oferecem a possibilidade de o empreendedor "redirecionar a aprendizagem para todas as idades, aumentando muito o nicho de clientes e proporcionando mais vantagens para esse setor" (Unisport Brasil, 2017).

Nesse segmento das escolas especializadas em esporte, destacam-se: as escolinhas infantojuvenis de modalidades, em especial o futebol; as escolas especializadas para adultos, como as de tênis, natação e lutas, que se mostram atrativas para essa faixa etária; e as escolas especializadas para idosos, que buscam convívio social e prática de atividades físicas (dança, hidroginástica, pilates, grupo de caminhada, corrida e outras) (Unisport Brasil, 2017).

Apresentamos apenas algumas oportunidades de negócio relacionadas à oferta de produtos e serviços na área de esporte e atividade física. As possibilidades são inúmeras e acompanham o crescimento econômico do setor.

1.5 O profissional de educação física e o mercado

Considerando a importância que a prática da educação física assume na vida de qualquer indivíduo e principalmente em todo o contexto da indústria do esporte, vamos enfocar, nesta seção, os diferentes aspectos e oportunidades que o mercado de trabalho reserva para os profissionais que atuam na área.

Como apontam Bagnara, Mroginski e Balsanello (2010),

> o interesse cada vez maior por novas modalidades esportivas e pelo próprio corpo – basta ver o número sempre crescente de academias de ginástica e de personalidades que têm seu próprio preparador físico, o personal trainer – está fazendo com que sejam abertas novas vagas no mercado de trabalho para os portadores dos diplomas em educação física [e esporte], [...] afinal, é ele quem define a atividade física mais adequada a cada pessoa, orienta posturas corporais, intensidade e frequência de cada exercício e, baseado em conceitos científicos, melhora o condicionamento físico e o desempenho muscular e cardiorrespiratório de alunos e atletas.

Fonte: http://www.efdeportes.com

A expansão da área, exaustivamente descrita no decorrer deste capítulo, levou a *uma ampliação nas áreas de atuação [...] do profissional em Educação Física, como a área escolar, a mais tradicional, na área da saúde, em trabalhos com equipes multidisciplinares em hospitais, clínicas e centros de tratamento. No lazer podem ser desenvolvidos trabalhos em prefeituras, clubes, hotéis, cruzeiros, viagens, empresas ou outros locais que oportunizam o lazer com saúde.* (Bagnara; Mroginski; Balsanello, 2010)

No esporte, as atuações podem ocorrer nos contextos profissional, amador e de iniciação, bem como em academias, escolas de iniciação esportiva, clubes esportivos, federações, confederações e outras entidades que trabalham com o esporte de rendimento.

Com a evolução do mercado da atividade física e, principalmente, do esporte, novas competências e habilidades foram incorporadas à formação e às necessidades de atuação profissional dos indivíduos que trabalham na área.

Segundo Bracht (1999, citado por Bagnara; Mroginski; Balsanello, 2010), historicamente, destacam-se três perspectivas diferentes de caracterização ou de delimitação do campo acadêmico da educação física:

a) tentativa de delimitação de um campo acadêmico que teorize a prática pedagógica que tematiza manifestações da cultura corporal de movimento, ou seja, um teorizar voltado para a construção de uma teoria da Educação Física, entendida enquanto uma prática pedagógica; b) tentativa de construir um campo interdisciplinar a partir das Ciências do Esporte, voltadas para as necessidades da prática esportiva e; c) tentativa de construção de uma nova ciência, a Ciência da Motricidade Humana.

Nesse sentido, a educação física é concebida

como uma área de conhecimento multidisciplinar e de intervenção acadêmico-profissional que tem como objeto de estudo as diferentes manifestações e expressões da cultura corporal do movimento humano tematizadas na ginástica, no esporte, no jogo e na brincadeira popular, na dança, na luta, bem como em outras manifestações emergentes da mesma natureza. (Bagnara; Mroginski; Balsanello, 2010)

Nunes, Votre e Santos (2012, p. 281) propõem, no âmbito de uma visão também clássica da formação na área, que os egressos do bacharelado em Educação Física tenham como referência as seguintes orientações:

> *a) Dimensões socioantropológicas do movimento humano [...];*
>
> *b) Pedagogia do movimento humano: conhecimentos dos princípios gerais e específicos de gestão e organização das diversas possibilidades de intervenção do profissional no mundo do trabalho, articulados ao processo de ensino-aprendizagem em espaços não escolares;*
>
> *c) Dimensões éticas e científico-tecnológicas do movimento humano [...];*
>
> *d) Manifestações da cultura do movimento humano: conhecimentos das diferentes manifestações e expressões da cultura do movimento humano na forma de jogos, esportes, ginásticas, danças, lazer, exercício físico/ atividade física, rendimento físico-esportivo, avaliação e prescrição de exercício, lutas/artes marciais, prevenção, promoção, proteção e reabilitação da saúde;*
>
> *e) Dimensões biodinâmicas do movimento humano.*

Mais modernamente, e conforme a visão apresentada neste capítulo, com o crescimento acelerado da indústria do esporte, uma competência foi adicionada ao universo do profissional de educação física e esporte: a gestão dos negócios relacionados à área.

Rocha e Bastos (2011, p. 96) apontaram essa lacuna na formação do profissional de educação física e esporte:

> *gestores de grandes empresas de material esportivo, tais como Nike, Adidas e Puma, não são gestores esportivos. Gestores de grandes redes de TV também não são gestores esportivos. Contudo, gestores de clubes de futebol profissional deveriam ser gestores esportivos. Gestores de grandes academias de ginástica deveriam ter conhecimento de gestão do esporte.*

Os autores, importantes no contexto da gestão do esporte no Brasil, defendem a ideia de que os "programas para formação de gestores do esporte deveriam se preocupar fundamentalmente em preparar profissionais para gerenciar organizações esportivas" (Rocha; Bastos, 2011, p. 94).

Assim, além de conhecer profundamente sua área de atuação, o profissional interessado em empreender no ramo precisa ter bons conhecimentos de gestão, para o bom entendimento do funcionamento da indústria do esporte, das atividades econômicas relacionadas e dos produtos e serviços que por meio dela podem ser oferecidos à sociedade.

Somando-se aos conhecimentos mencionados, o profissional de educação física e esporte interessado em empreender deve apresentar as características essenciais de qualquer empreendedor em seu negócio. São elas:

> 1. **Iniciativa**: *a busca constante por oportunidades de negócios. Estar sempre atento ao que acontece no mercado em que vai atuar;*
>
> 2. **Perseverança**: *as dificuldades vão acontecer, até porque o empresário de micro e pequena empresa muitas vezes é solitário;*
>
> 3. **Coragem para correr riscos**: *arriscar-se faz parte do ato de empreender [...];*
>
> 4. **Capacidade de planejamento**: *ter a visão de onde está, onde quer chegar e o que é preciso fazer. Criar planos de ações e priorizá-las dentro do negócio. Monitorar, corrigir e rever. Isso pressupõe que se avalie as melhores alternativas para alcançar seus objetivos estabelecidos durante o planejamento;*
>
> 5. **Eficiência e qualidade**: *as pequenas empresas dispõem de menos recursos, então precisam garantir que eles sejam bem aproveitados [...];*
>
> 6. **Rede de contatos**: *é importante participar de eventos e feiras relacionados ao seu produto. Lembre-se também de que ambientes informais ajudam a formar bons contatos;*
>
> 7. **Liderança**: *o empreendedor deve ser o líder na sua empresa* (Pilleggi, 2014, grifo do original)

O mercado para o profissional de educação física e esporte aumentou nos últimos anos, com o surgimento de oportunidades de negócio excelentes. Porém, o mercado, especialmente o esportivo, em virtude do excesso de oferta, é hoje mais exigente, buscando profissionais altamente preparados e com disposição, inteligência e criatividade para empreender.

Síntese

O objetivo deste capítulo foi apresentar as amplas possibilidades oferecidas pela indústria do esporte aos indivíduos empreendedores ou que tenham a intenção de empreender no ramo de produtos e serviços relacionados ao setor de educação física e esporte.

Nesse sentido, iniciamos com uma apresentação da evolução econômica da área de atividade física e o esporte, mostrando seu amplo crescimento e a expansão de suas fronteiras nos últimos 30 anos, tanto em termos de participação econômica dos negócios relacionados ao esporte e à atividade física como em relação à diversificação de ofertas no segmento esportivo.

Em seguida, explicamos os conceitos de indústria do esporte e de cada um de seus segmentos, com as organizações e entidades que atuam em cada um deles, a saber: *performance* (prática) esportiva, produção esportiva e promoção esportiva.

Também apresentamos brevemente como a indústria do esporte se manifesta em alguns países, com especial destaque para o desenvolvimento e o crescimento dessa indústria no Brasil.

Na sequência, traçamos um painel das principais atividades, do ponto de vista econômico, no âmbito do esporte no Brasil, como os setores de equipamentos e artigos (tênis, bola, raquete, bicicleta, maiô etc.), serviços especializados (iniciação esportiva, orientação no treinamento, uso de instalação) e espetáculos.

Como decorrência das atividades econômicas, abordamos as características do produto esportivo, especialmente seu caráter intangível, que potencializa suas possibilidades econômicas na medida em que propicia ao consumidor atributos emocionais que agregam valor ao produto adquirido.

Com base em toda essa conceituação, relacionando a indústria do esporte aos seus segmentos econômicos de atuação, bem como às atividades que geram recursos e aos produtos que criam valor para o consumidor, indicamos algumas possibilidades para indivíduos empreendedores, geradas pelas amplas e crescentes oportunidades de negócio em atividade física e esporte.

Por fim, na parte final do capítulo, apresentamos um perfil moderno e atual do profissional que pretende empreender na área de atividade física e/ou esporte. Além dos atributos tradicionais, como capacidade de inovação e criatividade, conhecer as modernas ferramentas de gestão passa a ser um dos principais caminhos para o sucesso em empreendimentos na área.

Esperamos, com isso, permitir que você adéque seu perfil às amplas perspectivas e possibilidades de empreender oferecidas pela indústria do esporte.

Atividades de autoavaliação

1. Conforme exposto neste capítulo, a indústria do esporte inclui ampla variedade de produtos e compradores (empresas e consumidores) orientados ao esporte, em que os produtos e serviços ofertados abrangem atividades e práticas esportivas, de *fitness*, recreativas ou de lazer e outros bens de valor relacionados com essas práticas (Pitts; Fielding; Miller, 1994). Tendo como referência essa informação, analise as assertivas a seguir e marque V para as verdadeiras e F para as falsas:

    ( ) A utilização do termo *indústria* se refere ao mercado de produtos e serviços esportivos oferecidos por organizações e empresas que atuam no universo do esporte para consumidores interessados nesses itens.

( ) O segmento de prática esportiva é composto por organizações que oferecem como serviços a prática esportiva e atividades diretamente ligadas ao entretenimento esportivo, como emissoras de TV, portais de internet e organizadoras de eventos.

( ) O segmento de produção esportiva é formado, entre outras, por organizações e empresas responsáveis pelo fornecimento de produtos e equipamentos destinados à prática esportiva, como Adidas e Nike.

( ) O segmento de promoção esportiva é composto, entre outras, por empresas que organizam eventos esportivos e atuam no esporte com informação e mídia.

Agora, assinale a alternativa que indica a sequência correta:

a) V, V, F, F.
b) F, V, V, F.
c) V, F, V, V.
d) V, V, V, V.
e) V, F, V, F.

2. A sociedade atual converteu o esporte em um setor economicamente dinâmico e atrativo. Como expõe Carravetta (1996, p. 52), "o crescente interesse pelo esporte e o desenvolvimento participativo da sociedade em atividades esportivas desencadearam um impacto econômico que incrementa a compra de espetáculos esportivos, serviços, equipamentos, classes, vestimentas, publicidade, patrocínio e outros. A pluralidade das atividades esportivas desenvolvidas no marco da coletividade social associa o esporte a outros setores da economia". A esse respeito, avalie as assertivas a seguir:

I. Na indústria do esporte, podemos encontrar, basicamente, três tipos de produtos esportivos: equipamentos e artigos para a prática; serviços especializados de apoio à prática; espetáculos.

II. Os clubes de futebol apresentam duas frentes principais de comercialização: venda do espetáculo (bilheteria e direitos de transmissão) e direitos federativos (transferência de atletas).
III. Para estimar os impactos econômicos de um megaevento esportivo, é preciso considerar apenas dois fatores: os gastos na construção ou reforma das arenas e o impulso no fluxo de turistas durante o torneio e nos anos seguintes.
IV. O consumo esportivo é feito por modalidade (vôlei, automobilismo, surfe, judô etc.). As modalidades mais populares são as mais relevantes do ponto de vista econômico.

Agora, marque a alternativa que apresenta apenas as assertivas corretas:

a) I, II e IV.
b) I e IV.
c) II, III e IV.
d) II e IV.
e) III e IV.

3. Pitts e Stotlar (2002b, p. 33) propõem a divisão da indústria do esporte, por produto e tipo de consumidor (comprador), em três segmentos principais: 1) segmento da *performance* (prática) esportiva; 2) segmento da produção esportiva; e 3) segmento da promoção esportiva". Considerando o exposto, indique à qual dessas três categorias cada um dos itens listados a seguir corresponde:

I. Prática esportiva
II. Produção esportiva
III. Promoção esportiva

( ) Atletas, torcedores e empresas de *fitness*.
( ) Equipamentos, vestuários e instrutores de *fitness*.
( ) *Merchandising*, mídia e patrocínio.

Agora, assinale a alternativa que apresenta a correspondência correta:

a) I, II, III.
b) I, III, II.
c) II, I, III.
d) II, III, I.
e) III, II, I.

4. Conforme mencionado no capítulo, o esporte, nas últimas três décadas, adquiriu um novo formato: "de atividade e prática massificada, se tornou um negócio dotado de um grande mercado e de um elevado potencial de venda e comercialização" (Lima; Melo Neto, 2013). Tendo como referência essa citação, analise as assertivas a seguir e marque V para as verdadeiras e F para as falsas:

( ) O esporte, visto como produto, não é apenas uma atividade física, mas uma experiência complexa, em que ao serviço relacionado à atividade física o gestor deve somar o entretenimento e uma forte dose de emoção; assim, o esporte é parte de uma complexa estrutura de mercado, com suas características e peculiaridades.

( ) Na indústria do esporte, os consumidores (praticantes e torcedores) devem ser entendidos em seu aspecto mais amplo, ligado não somente à prática da atividade física e do esporte, mas também às suas preferências de modalidade, seus desejos de consumo, além de aspectos mais racionais que os vinculam aos clubes e entidades esportivas e os fazem escolher determinadas práticas esportivas.

( ) Os produtos e serviços relacionados à atividade física e ao esporte, pelos seus atributos e características, apresentam, para o profissional que pretende empreender, um custo relativamente baixo para sua oferta à sociedade, alta dose de criatividade e capacidade inovadora, bem como excelentes perspectivas de retorno econômico e financeiro.

( ) O empreendedorismo esportivo vem se destacando como excelente possibilidade de mercado, apesar do fracasso econômico dos grandes eventos recentes no Brasil, como a Copa do Mundo de Futebol e os Jogos Olímpicos, e da necessidade, cada vez mais premente, da população de aderir aos jogos eletrônicos.

Agora, assinale a alternativa que indica a sequência correta:

a) V, V, F, F
b) F, V, V, F.
c) V, F, V, V.
d) V, V, V, V.
e) V, F, V, F.

5. Como apontam Bagnara, Mroginski e Balsanello (2010),

o interesse cada vez maior por novas modalidades esportivas e pelo próprio corpo – basta ver o número sempre crescente de academias de ginástica e de personalidades que têm seu próprio preparador físico, o personal trainer – está fazendo com que sejam abertas novas vagas no mercado de trabalho para o portador do diploma em educação física.

Fonte: http://www.efdeportes.com

A esse respeito, avalie os itens a seguir:

I. Com a estagnação do mercado da atividade física e, principalmente, do esporte, as competências e as habilidades permanecem inalteradas na formação e nas necessidades de atuação profissional dos indivíduos que trabalham na área.

II. Mais modernamente, e com o crescimento acelerado da indústria do esporte, uma competência foi adicionada ao universo do profissional de educação física e esporte: a gestão dos negócios relacionados à área.

III. Os programas para a formação de gestores do esporte deveriam preocupar-se fundamentalmente em preparar profissionais para gerenciar grandes empresas de material esportivo e gestores de grandes redes de comunicação e mídia.

IV. O mercado para o profissional de educação física e esporte aumentou nos últimos anos, com o surgimento de oportunidades excelentes de negócio. Porém, o mercado, especialmente o esportivo, em virtude do excesso de oferta, é hoje mais exigente, buscando profissionais altamente preparados e com disposição, inteligência e criatividade para empreender.

Marque a seguir a alternativa que apresenta apenas as assertivas corretas:

a) I, II e IV.
b) I e IV.
c) II, III e IV.
d) II e IV.
e) III e IV.

▪ Atividades de aprendizagem

Questões para reflexão

1. Nos últimos meses, você tem pensado seriamente em empreender nas áreas de atividade física e esporte? Considerando tudo o que foi apresentado neste capítulo, defina: Em qual segmento da indústria do esporte você empreenderia? Defina, também, quais seriam as atividades e os produtos e/ou serviços que você ofereceria para a sociedade. Justifique cada uma de suas opções.

2. Faça uma reflexão crítica sobre suas competências e habilidades atuais. Quais seriam suas virtudes e limitações para se tornar um empreendedor de sucesso na área? Justifique.

Atividade aplicada: prática

1. Para o início e o desenvolvimento desta atividade prática, primeiramente você deverá selecionar três modalidades esportivas e/ou atividades físicas com as quais tem afinidade.

   Após essa etapa, reflita e escolha apenas uma sobre a qual você tenha mais conhecimento ou que gostaria de conhecer melhor, no que se refere a empreendimentos. Reflita bem, a escolha é sua! A partir dessa definição, você desenvolverá as atividades práticas no decorrer dos demais capítulos.

   Neste primeiro capítulo, considerando a atividade/modalidade escolhida, responda às seguintes questões:

   a) Em qual segmento da indústria do esporte a modalidade que você escolheu está posicionada? Se precisar, consulte a internet ou converse com alguém que atua nesse campo.
   b) Relacione os produtos e/ou serviços que existem no mercado.
   c) Qual(is) é(são) o(s) público(s)-alvo em termos de idade e nível socioeconômico?
   d) Com qual(is) público(s)-alvo você gostaria de atuar?
   e) Quais possibilidades e lacunas no mercado existem em termos de serviços e/ou produtos nessa atividade/modalidade?

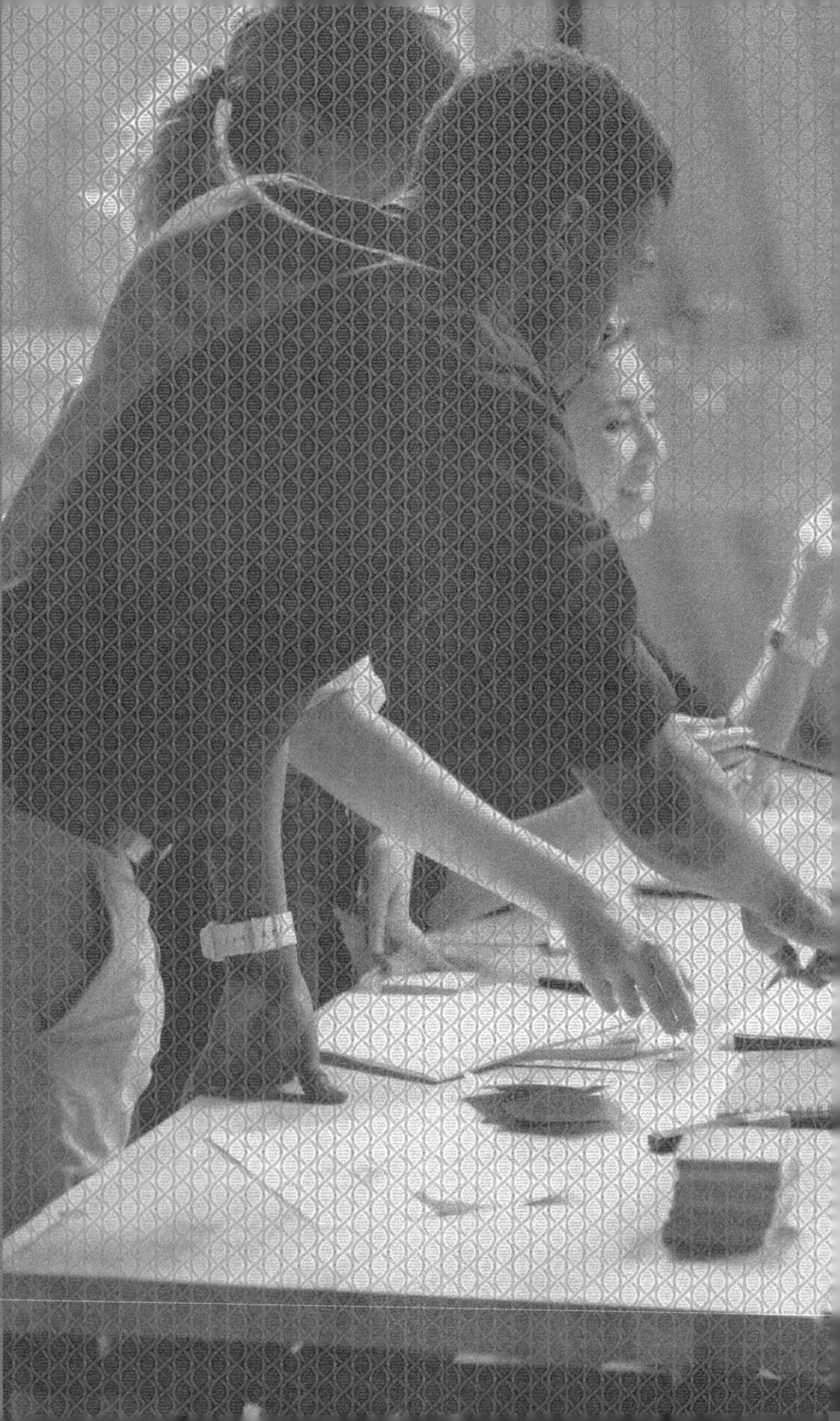

Capítulo 2

Empreendedorismo

Ricardo Gonçalves

Atualmente, muito se tem falado sobre empreender, o que se expressa em frases como "O Brasil é o pais do empreendedorismo" ou "Cada vez mais surgem novos empreendedores". Mas o que é empreender? O que é empreendedorismo?

Muitas pessoas conceituam *empreendedorismo* como o ato de abrir o próprio negócio. Porém, devemos entender que esse conceito vai muito além de apenas desenvolver uma atividade comercial própria. Trata-se de aplicar conhecimentos administrativos voltados à melhor eficiência da gestão de um empreendimento.

Assim, neste capítulo, o objetivo é analisar as noções de empreendedorismo, abordando as atividades e os modelos de negócios relacionados ao assunto, além de examinar a legislação que envolve esse segmento e as tecnologias direcionadas para esse mercado, em especial as possibilidades relacionadas à educação física e ao esporte. Dessa maneira, poderemos enfocar os valores inerentes à área de atuação do profissional de educação física, dando-lhe o suporte necessário em suas atividades e empreendimento.

2.1 Conceitos de empreendedorismo

Empreender é um conceito que não pode ser entendido somente como abrir o próprio negócio, mas também como unir pessoas e processos para a construção de negócios de sucesso. Ora, raramente ouvimos alguém falar que uma pessoa empreendedora não obtive sucesso em seu negócio. Sempre relacionamos o empreendedorismo com pessoas que obtiveram sucesso no mercado e, ainda, que se portaram de maneira inovadora nesse mercado de negócios.

Assim, é um pouco complicado definir de forma simples o que é ser empreendedor. Nuth (2017) explica, ao citar o economista Joseph A. Schumpeter, que o empreendedorismo tem a capacidade de alavancar o desenvolvimento econômico ou financeiro.

Analisando a etimologia da palavra, Baggio e Baggio (2014, p. 25) mencionam que

> o vocábulo é derivado da palavra imprehendere, *do latim, tendo o seu correspondente, "empreender", surgido na língua portuguesa no século XV. A expressão "empreendedor", segundo o Dicionário Etimológico Nova Fronteira, teria surgido na língua portuguesa no século XVI. Todavia, a expressão "empreendedorismo" foi originada da tradução da expressão* entrepreneurship *da língua inglesa que, por sua vez, é composta da palavra francesa* entrepreneur *e do sufixo inglês* ship. *O sufixo* ship *indica posição, grau, relação, estado ou qualidade, tal como, em* friendship *(amizade ou qualidade de ter amigo). O sufixo pode ainda significar uma habilidade ou perícia ou, ainda, uma combinação de todos esses significados como em* leadership *(liderança=perícia ou habilidade de liderar.*

Fica evidente que o empreendedorismo tem muita relação com as ideias de *posição* e *inovação*, ou seja, com o mercado de negócios, e que o empreendedor busca uma constância em seu sucesso nesse mercado.

Ao pensamos em termos de Brasil, podemos afirmar que ainda estamos no começo da caminhada empreendedora, uma vez que países como Estados Unidos e alguns da Europa já incentivam esse tipo de atividade há muito tempo.

Segundo Sentanin e Barboza (2005), o conceito de empreendedorismo tem sido muito difundido no Brasil, principalmente nos últimos anos. Nos Estados Unidos, o empreendedorismo (*entrepreneurship*) já é muito mais explorado e conhecido na sociedade, em razão da força do capitalismo. Já no Brasil, a exortação à criação de pequenas empresas duradouras e a necessidade da diminuição das altas taxas de fechamento desses empreendimentos são, sem dúvida, motivos para a popularidade do termo *empreendedorismo*.

Nuth (2017) completa essa análise trazendo dados do governo federal. Em 2017, surgiram cerca de 600 mil empreendimentos, e já existia mais de 1,5 milhão de microempreendedores em todo o território brasileiro.

De acordo com o estudo Demografia das Empresas 2014, do Instituto Brasileiro de Geografia e Estatística (IBGE), "de cada dez empresas, seis não sobrevivem após cinco anos de atividade [...]. Das 694,5 mil empresas abertas em 2009, apenas 275 mil (39,6%) ainda estavam em funcionamento em 2014. Após o primeiro ano de funcionamento, mais de 157 mil (22,7%) fecharam as portas" (UOL, 2016).

O empreendedor é aquele que detecta uma oportunidade e cria um negócio para capitalizar sobre ela, assumindo riscos calculados. Em qualquer definição de *empreendedorismo*, encontram-se pelo menos os seguintes aspectos referentes ao empreendedor: "Iniciativa para criar um novo negócio e paixão pelo que faz" (Sentanin; Barboza, 2005, p. 3).

Agora, pensando propriamente em uma abordagem econômica vinculada ao empreendedorismo, à inovação e ao desenvolvimento econômico, podemos conceituar o empreendedorismo, de modo geral, como a introdução de uma nova técnica, um novo produto, novas fontes de recursos ou, ainda, uma nova forma de organização industrial. Assim, a essência do empreendedorismo está na percepção e no aproveitamento das novas oportunidades no âmbito dos negócios, em uma nova maneira de combinar e utilizar os recursos (Schumpeter, 2003).

Nesse contexto, verificamos que o sistema capitalista pode ser explicado pelas condições criadas pelo empreendedorismo, ou seja, que proporcionam novas formas de organização industrial. Pode, pois, ser tratado como um reflexo da sociedade, embora também esteja inserido nela, e representa a cultura em que o movimento acontece (Souza; Fracasso; Lopez Júnior, 2008).

O bom empreendedor, ao agregar valor a produtos e serviços, está permanentemente preocupado com a gestão de recursos e com os conceitos de eficiência e eficácia. Dessa maneira, não vemos os empreendedores causando mudanças, mas explorando as oportunidades que as mudanças criam (na tecnologia, na preferência dos consumidores, nas normas sociais etc.). Isso define *empreendedor* e *empreendedorismo*: o empreendedor busca a mudança, responde a ela e a explora como uma oportunidade (Baggio; Baggio, 2014).

O empreendedor tem como papel coordenar os projetos a serem inseridos, mas, para que isso aconteça, deve, primeiramente, ter automotivação e objetivos próprios (Sentanin; Barboza, 2005).

Indicação cultural

Saiba mais sobre a atuação do empreendedor diante de uma crise econômica acessando o texto a seguir.

TSCHERNE, N. **O empreendedor e a crise**. 13 fev. 2015. Disponível em: <https://portalsublimatico.com.br/o-empreendedor-e-crise/>. Acesso em: 7 fev. 2021.

Desse modo, percebemos que o empreendedor é uma pessoa diferenciada, que se destaca no mercado geralmente pela inovação, podendo esta se referir ao produto ou ao processo. Enfim, o empreendedor faz aquilo que ninguém faz, ou faz diferente o que todos fazem. Assim, conquista o mercado e os clientes, sobressaindo-se na selva mercadológica.

Vale ressaltar que não nescessariamente o empreendedor é o proprietário do negócio. Ele pode ser empreendedor dentro de uma organização, atuando na condução do fluxo ou na melhor forma de abordar o processo. Ou seja, o método de apreensão do conhecimento é mais importante do que o próprio conhecimento. E isso implica todo um rol de características e habilidades: inovação, negociação, criatividade, assunção de riscos, relações interpessoais, solução de problemas, motivação, entre outras (Dias, 2010).

Baggio e Baggio (2014, p. 26) acrescentam ainda que "o empreendedorismo é o despertar do indivíduo para o aproveitamento integral de suas potencialidades racionais e intuitivas. É a busca do autoconhecimento em processo de aprendizado permanente, em atitude de abertura para novas experiências e novos paradigmas".

Nesse sentido, o empreendedor deve fazer as escolhas corretas de acordo com suas possibilidades ou afinidades. Quando falamos de empreendedorismo na educação física, percebemos que o profissional deve se destacar de maneira mais harmoniosa, considerando suas possibilidades internas e o mercado no qual está inserido, pois, graças ao perfil desse profissional, uma grande gama de possibilidades empreendedoras pode se abrir.

Dias (2010) argumenta que, quando analisamos a área de educação física, vemos que o empreendedorismo tem se manifestado de duas maneiras: no âmbito da licenciatura, em uma atuação voltada para a escola, ou no âmbito da formação em bacharelado, com a criação do próprio negócio, como academias de ginástica e de musculação, clínicas e empresas de eventos. Assim, "visualiza-se no futuro o profissional de Educação Física como um empreendedor vendendo serviços no mercado" (Dias, 2010, p. 161).

2.2 Tipos de atividade empreendedora

Compreendido o conceito de empreendedorismo, podemos começar a classificá-lo ou, ainda, a diferenciá-lo de acordo com a atividade exercida. Para isso, é preciso conhecer as possibilidades de empreendimento.

Vamos tomar como exemplo uma pessoa que pretende abrir um restaurante noturno, onde serão servidas especialidades em comida italiana. Trata-se da mesma atividade considerada no caso de um empreendedor que está prestes a inaugurar uma *startup* voltada ao mercado de games *on-line*? Certamente, os perfis dessas empresas serão diferentes. Por isso, elas deverão ser encaradas também de formas distintas.

As relações entre as características das culturas e os processos empreendedores constituem componentes subjetivos dos macrossistemas, assim como dos microssistemas empreendedores, que são relativamente pouco explorados em empreendedorismo.

Segundo Filion e Lima (2009, p. 96),

> em uma perspectiva macroscópica, as representações dos atores sobre a relação entre uma pequena empresa e seu ambiente externo influenciarão fortemente as fronteiras de suas ideias sobre o espaço que esta empresa deve ocupar no ambiente. Em uma perspectiva microscópica, as representações que têm os atores empreendedores das estruturas hierárquicas influenciarão os tipos de estrutura escolhidos, o que provocará efeitos na crença das organizações em questão.

Assim, devemos entender que, em essência, esses empreendimentos surgem por meio das experiências já vividas pelo agente que pretende empreender, as quais se transformam em *cases* de sucesso ou fracasso no novo negócio que se inicia.

A Figura 2.1 mostra que os contextos e as respectivas culturas influenciam os tipos de atores empreendedores neles inseridos. Tais atores escolhem processos que são fortemente influenciados por essas culturas, e os resultados obtidos em seus processos empreendedores não são fruto do acaso, mas a consequência de um conjunto de fatores sociais e individuais moldados por fatores culturais (Filion; Lima, 2009).

Figura 2.1 – Influências do contexto macrossistêmico sobre o processo empreendedor

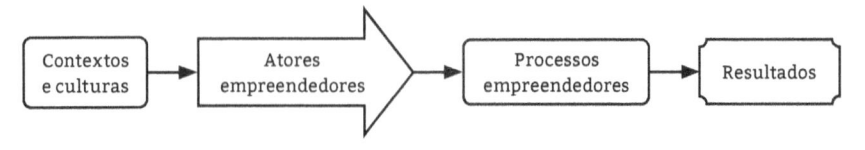

Contextos e culturas → Atores empreendedores → Processos empreendedores → Resultados

Fonte: Filion; Lima, 2009, p.96.

Sob essa ótica, podemos identificar o contexto e as culturas como elementos que influenciam totalmente os atores empreendedores e, por fim, direcionam as atividades e os resultados, levando-nos a uma reflexão e a um entendimento macro do empreendedorismo na busca de sua essência.

No cenário atual da economia, a atividade empreendedora tem se mostrado como uma das mais essenciais forças impulsionadoras e estimuladoras de mudanças econômicas, principalmente quando consideramos a alta competitividade do mercado e sua incidência globalizada (Nassif; Ghobril; Amaral, 2009).

Como comprovação dessa afirmação, podemos analisar o aumento das atividades empreendedoras no Brasil, a crise dos últimos anos e o elevado grau de desemprego no país.

Conforme uma pesquisa apresentada no relatório Global Entrepreneurship Monitor (GEM) de 2007, o Brasil, como em anos anteriores, demonstrou grande capacidade empreendedora de sua população, ao conquistar a 9º colocação entre os 42 países que participaram do estudo globalizado (Nassif; Ghobril; Amaral, 2009).

> *O valor da Taxa de Empreendedores em Estágio Inicial – TEA, para 2007, foi de 12,83, que se comparado com os países que participaram de todas as coletas de 2001 a 2007, pode-se observar que a taxa média brasileira permanece sistematicamente acima da média mundial. Ou seja, segundo o GEM 2007, a população brasileira é em média 87,61% mais empreendedora do que o grupo de países que participaram das edições da pesquisa de 2001 a 2007.* (Nassif; Ghobril; Amaral, 2009, p. 146)

Nesse contexto, o GEM classifica as atividades empreendedoras de acordo com os países ou com a economia de tais nações.

O GEM de 2008 definiu três categorias de países para agrupá-los conforme suas características econômicas e empreendedoras. Essa divisão é pertinente, pois a economia regional de cada país produz características empreendedoras diferentes nas respectivas regiões (Nogami; Machado, 2011), a saber:

- **Empreendedorismo em países *innovation-driven***: são países ricos que têm uma economia já desenvolvida, estabelecida e equilibrada, em que os investimentos em pesquisa e desenvolvimento, inovação e alta tecnologia são sua grande força, caso dos EUA.
- **Empreendedorismo em países *efficiency-driven***: são os países que apresentam um alto crescimento e desenvolvimento econômico nos últimos anos. É possível verificar um certo fortalecimento do setor privado, com incentivos públicos voltados para o desenvolvimento da economia nessa categoria, tratando-se, assim, de países emergentes, como no caso da China.
- **Empreendedorismo em países *factor-driven***: são países com baixos níveis de desenvolvimento econômico, geralmente voltados para o setor agrícola, fornecendo subsistência para grande parte da população, que, em maioria, ainda vive no campo. Exemplos são alguns países do continente africano.

Segundo Nogami e Machado (2011), como ilustra a Figura 2.2, a primeira etapa ou o primeiro grupo de empreendedores se refere aos empreendedores potenciais, que ainda estão no reconhecimento das necessidades ou ainda estão com as ideias na cabeça. Passando pelo processo de concepção, o empreendimento avança para a fase nascente, quando os aspectos de abertura do negócio já estão em vigência (de 0 a 3 meses).

Após o nascimento da empresa, podemos afirmar que a nova fase é também um novo negócio, que compreende a organização dos 3 até os 42 meses de vida. Por fim, depois do processo de persistência, alcança-se finalmente a etapa do estabelecimento, com empreendimentos com mais de 42 meses de vida. Ou seja, a empresa se consolida no mercado com pelo menos 3 anos e meio de existência (Nogami; Machado, 2011).

Figura 2.2 – O processo empreendedor (GEM)

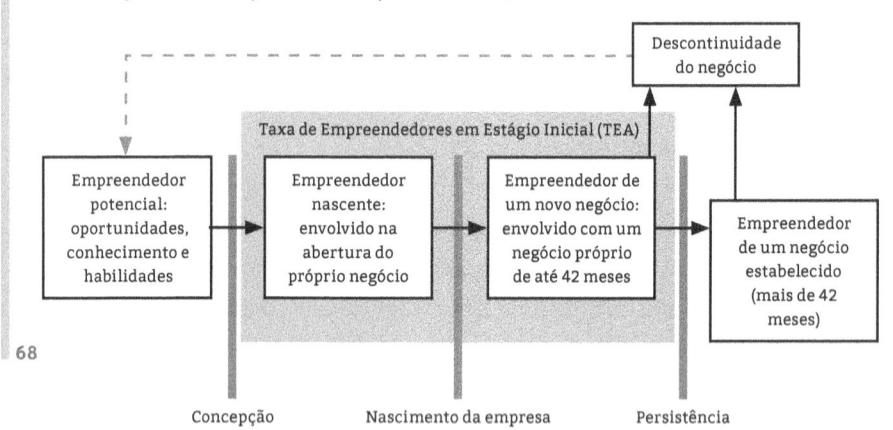

Concepção	Nascimento da empresa	Persistência	
Empreendedor potencial: oportunidades, conhecimento e habilidades	Empreendedor nascente: envolvido na abertura do próprio negócio	Empreendedor de um novo negócio: envolvido com um negócio próprio de até 42 meses	Empreendedor de um negócio estabelecido (mais de 42 meses)

Taxa de Empreendedores em Estágio Inicial (TEA) — com saída para Descontinuidade do negócio.

Fonte: Nogami; Machado, 2011, p. 118.

Desse modo, podemos perceber claramente que o empreendedor e sua atividade apresentam duas grandes relações: a primeira diz respeito às experiências vividas pelo ator, as quais podem ser pessoais ou profissionais e certamente influenciarão nas decisões e nos resultados do negócio; a segunda se refere ao peso da economia em que o ator está inserido. Nesse sentido, ela pode possibilitar uma maior ou menor propensão ao empreendedorismo e, até mesmo, influenciar o ramo de atividade econômica que o agente desenvolverá.

Sob essa ótica, podemos classificar o empreendedor em três tipos: o empreendedor coorporativo; o empreendedor de *startup*; o empreendedor social.

O **empreendedor coorporativo** é aquele que realiza a atividade empreendedora internamente, ou seja, voltando-se às atividades empresarias internas ou aos processos. Ele busca a inovação no fluxo ou processo das atividades, podendo até inovar nos produtos das instituições. Porém, a diferença é que ele se encontra no quadro de colaboradores da organização, e não como empresário do negócio.

Segundo Batista (2005), o empreendedorismo corporativo pode ser definido como um processo de identificação, desenvolvimento, captura e implementação de novas oportunidades de negócio dentro de uma empresa existente.

> É o processo pelo qual um indivíduo ou um grupo de indivíduos, associados a uma organização existente, criam uma nova organização ou instigam a renovação e inovação dentro da organização existente. A renovação estratégica refere-se aos esforços empreendedores da organização que resultam em significativas mudanças no negócio ou na estrutura corporativa, bem como em sua estratégia. É a soma da inovação que a organização pratica e desenvolve; de sua renovação; e dos esforços para implementação de novos negócios. (Batista, 2005)

Já o **empreendedor de *startup*** é aquele que surgiu primeiro e que originou toda a discussão do empreendedorismo, pois essa é a classificação para quem abre um novo negócio e entra no mercado.

Batista (2005) explica que no empreendedorismo de negócios são evidentes os seguintes desafios:

- assegurar a competitividade do negócio;
- buscar os diferenciais competitivos;
- vencer a concorrência;
- conquistar clientes;
- alcançar a lucratividade e a produtividade necessárias à manutenção do empreendimento.

Por fim, há o **empreendedor social**, que se volta para a criação de empreendimentos com fins sociais. Essa característica é, conforme (2005),

> um misto de ciência e arte, racionalidade e intuição, ideia e visão, sensibilidade social e pragmatismo responsável, utopia e realidade, força inovadora e praticidade. O empreendedor social subordina o econômico ao humano, o individual ao coletivo e carrega consigo um grande 'sonho de transformação da realidade atual'.

Nessa discussão, podemos verificar que os tipos de atividades empreendedoras não são escolhidos por mera vontade pessoal, e sim influenciados por vários fatores.

2.3 Bases legais

Primeiramente, devemos entender que vivemos em um país com normas e regras para o bom convívio em sociedade. À medida que se desenvolveu, a sociedade foi se tornando cada vez mais complexa, e assim surgiram leis aplicáveis a todas as possibilidades de relações, tais como leis criminais, leis cíveis, leis trabalhistas e até a Lei Maior, que é a Constituição Federal.

Para refletir

Segundo o dicionário *Michaelis*, *lei* é uma "regra jurídica, de enunciado claro e conciso, estabelecida por uma autoridade constituída, o legislador, que tem seu poder delegado pela soberania popular: Todos os cidadãos devem respeitar a lei" (Michaelis, 2021).

Em nosso caso, podemos analisar as leis de mercado, que regem as relações comerciais; as leis do consumidor, as quais direcionam a relação venda/serviço e consumidor; e as leis empresariais, que ditam como se constitui, se mantém e se relaciona um empreendimento. Nessa perspectiva, de acordo com Leite (2013),

> Originalmente a burguesia sempre foi composta por uma classe de poupadores, de pessoas que honravam seus compromissos e cumpriam a palavra dada, respeitavam as avenças verbais, os contratos e possuíam forte ligação com a família. Preocupava-se mais com o bem-estar de seus filhos, com trabalho e com a produtividade do que com o prazer individual e o lazer.

A autora complementa afirmando que o comércio é mais antigo que o direito comercial. Realmente, o comércio existia já na Antiguidade. Entre os povos mais antigos que praticavam essa atividade, destacam-se os fenícios, que até mesmo contavam com leis esparsas que regulavam o comércio, apesar de propriamente não haver, à época, um direito comercial (entendido como um regime sistematizado com regras e princípios próprios) (Leite, 2013).

Assim, conforme a complexidade das relações comerciais foi evoluindo, também a legislação passou a ser cada vez mais elaborada, definindo como tais relações deveriam acontecer. Prova disso foi a criação da Lei n. 8.934, de 18 de novembro de 1994, que versa sobre o registro público de empresas mercantis e atividades afins:

> Art. 1º O Registro Público de Empresas Mercantis e Atividades Afins, observado o disposto nesta Lei, será exercido em todo o território nacional, de forma sistêmica, por órgãos federais, estaduais e distrital, com as seguintes finalidades: (Redação dada pela Lei nº 13.833, de 2019)
>
> I – dar garantia, publicidade, autenticidade, segurança e eficácia aos atos jurídicos das empresas mercantis, submetidos a registro na forma desta lei;
>
> II – cadastrar as empresas nacionais e estrangeiras em funcionamento no País e manter atualizadas as informações pertinentes;

III – proceder à matrícula dos agentes auxiliares do comércio, bem como ao seu cancelamento.

Art. 2º Os atos das firmas mercantis individuais e das sociedades mercantis serão arquivados no Registro Público de Empresas Mercantis e Atividades Afins, independentemente de seu objeto, salvo as exceções previstas em lei. (Brasil, 1994a)

Podemos considerar essa lei como uma das primeiras a regulamentar a atividade empresarial no Brasil, direcionando o entendimento acerca da empresa comercial e de como esta deve se manifestar, bem de como seus direitos e deveres.

Indicação cultural

Para entender melhor essa lei comercial, sugerimos a leitura de seu texto na íntegra, com suas alterações e atualizações.

BRASIL. Lei n. 8.934, de 18 de novembro de 1994. **Diário Oficial da União**, Poder Executivo, Brasília, DF, 21 nov. 1994. Disponível em: <http://www.planalto.gov.br/ccivil_03/leis/L8934.htm>. Acesso em: 7 fev. 2020.

Nesse contexto, é importante entender como se caracterizam os vários tipos de empresas que a legislação permite constituir, tal como descreve o Portal ContabNet (2017).

- Sociedade Empresária Limitada (Ltda.)

Essa empresa pode ter dois ou mais sócios – por isso o nome *sociedade*. Já o termo *limitada* se refere ao fato de que os sócios são responsáveis financeira e administrativamente pela empresa, conforme o capital social que aplicaram e a cláusula de exercício de administração do contrato social.

Desse modo, os sócios não respondem pelas dívidas empresariais com todos os seus bens pessoais. Os patrimônios de pessoa jurídica e pessoa física são legalmente separados.

O Portal ContabNet (2017) apresenta o seguinte exemplo:

se o negócio não pagar um empréstimo bancário de R$ 100 mil e um dos sócios tiver participação de R$ 50 mil no capital, esse é o limite da sua responsabilidade. Então, se ele tiver um patrimônio pessoal de R$ 80 mil, o valor total não será considerado para honrar a dívida – apenas R$ 50 mil dele.

Agora, quando falamos na tomada de decisão pela empresa, o mesmo sócio apenas poderá tomar decisões sozinho se essa possibilidade estiver prevista no contrato. Se a cláusula de exercício da administração definir que as decisões, como assinaturas de contratos, deverão ser tomadas em conjunto pelos empresários, isso terá de ser respeitado.

- Empresa Individual de Responsabilidade Limitada (Eireli)

A Eireli não é muito conhecida no âmbito da educação física, mas existem muitas empresas nesse formato, que funciona da mesma forma que a Limitada, porém com a exigência por lei de um capital mínimo de 100 salários mínimos, 100% integralizado na abertura. A diferença é que a Eireli sempre é formada por apenas um sócio: "Ele toma decisões sozinho, por ser o único envolvido; Tem seu patrimônio separado daquele da empresa; Responde financeiramente por ela até o limite do capital social; E usa na empresa um nome empresarial, não o seu nome" (ContabNet, 2017).

- Empresa Individual (EI)

Mais comum na área, nesse modelo o empresário não é sócio, mas proprietário da empresa. Assim, o nome empresarial tem de ser o mesmo do empresário, apenas com a opção de se escolher o nome fantasia. Por exemplo: nome empresarial: João da Silva; nome fantasia: Fitness de Sucesso.

Nesse cenário, mesmo que exista um capital social, o proprietário responde 100% pelo negócio, podendo ter todo o seu patrimônio pessoal tomado para cobrir dívidas empresariais em aberto, misturando-se, dessa forma, o capital da pessoa física com o da pessoa jurídica.

Outra diferença relevante é que a EI não tem contrato social. Por não haver sócios, apenas um requerimento de empresário é formalizado com os dados de empreendedor e empresa – pois não há necessidade de haver cláusulas restritivas para a atuação do proprietário, a considerar somente um proprietário.

Microempreendedor Individual (MEI)

É a mais nova forma de pessoa jurídica, também considerada uma EI. Nela, o proprietário dá seu nome ao negócio e, consequentemente, é totalmente responsável por ele. Dessa forma, estão envolvidos seus bens pessoais.

Os MEIs, logo na abertura, são automaticamente enquadrados no Simples Nacional, não tendo liberdade de escolha em relação ao regime tributário. Além disso, não podem faturar mais de R$ 86 mil anualmente. Caso ultrapassem o valor, devem fazer a transição para EI.

Uma restrição que se deve levar em conta é quanto ao número de funcionários, que não pode passar de um, ou seja, o empresário e um colaborador. Por isso, se o empreendedor tiver a necessidade de contar com mais mão de obra, será preciso mudar o tipo de empresa para fazer a contratação.

Sociedade Simples (SS)

A SS, considerando-se isoladamente sua constituição, seu contrato social e sua formalização nos órgãos públicos, tem algumas semelhanças com a Sociedade Limitada; contudo, a característica específica de uma SS está na finalidade, sendo uma empresa que une prestadores de serviços para atividades intelectuais, técnicas e científicas. Podemos citar como exemplos arquitetos, advogados etc. que tenham sócios da mesma área.

Sociedade Anônima (SA)

A SA demanda o conhecimento sobre o mercado de bolsa de valores, uma vez que possui capital social dividido em ações, diferente do sistema de quotas utilizado por outros tipos de empresas.

A SA é dividida ainda em dois subtipos:

- **SA de capital aberto**: vende ações na bolsa de valores ao público geral por intermédio de instituições financeiras, como bancos e corretoras.
- **SA de capital fechado**: possui o capital dividido em ações internamente entre os sócios e outros interessados ou convidados e não dispõe de capital aberto ao público em bolsa de valores.

Outra divisão importante diz respeito ao porte da empresa, que pode ser micro, de pequeno, médio ou grande porte, de acordo com seu faturamento, como veremos na sequência.

Microempresa (ME)

De acordo com o Portal ContabNet (2017), "conforme a Lei Complementar n. 123, de 2006, o porte micro diz respeito às empresas que faturam no máximo R$ 360 mil por ano. Elas podem, desde que não exerçam atividade impeditiva, optarem pelo Simples Nacional".

Empresa de pequeno porte (EPP)

Trata-se da organização que "fatura acima de R$ 360 mil por ano até o limite de R$ 3,6 milhões anuais. Como a ME, pode estar enquadrada no Simples se não desenvolver alguma atividade que o regime não permita" (ContabNet, 2017).

- **Empresas de médio e grande porte**

Conforme apresentado no Portal ContabNet (2017), "Para a classificação de portes de empresas maiores, os órgãos públicos e de fiscalização utilizam diferentes critérios, como de número de funcionários". O Banco Nacional do Desenvolvimento (BNDES), por exemplo, usa o seguinte critério de faturamento:

- "Acima de R$ 16 milhões até R$ 90 milhões por ano: média;
- Acima de R$ 90 milhões até R$ 300 milhões anualmente: média-grande;
- Após os R$ 300 milhões anuais: grande" (Contabnet, 2017).

Empresas que faturam entre R$ 3,6 milhões e R$ 16 milhões anuais ainda são EPPs. "Mesmo assim, pela receita, não são autorizadas a optar pelo Simples" (Contabnet, 2017).

Na área de educação física, existem muitas pessoas jurídicas optantes pelo MEI, considerado o melhor modo de iniciar a formalidade nos negócios. Por outro lado, em 2018, a Receita Federal excluiu o *personal training* do rol de atividades aptas a ingressar no MEI.

2.4 Modelos de negócios

Depois de examinarmos o perfil de empreendedor e seus tipos, as atividades empreendedoras e a legislação sobre o tema, podemos direcionar nossa atenção para os diversos modelos de negócios que compõem o empreendedorismo.

Considerando-se a estrutura de mercado atual, alguns modelos ou áreas podem se destacar. Não se trata, portanto, de uma verdade imutável ou inalterável. As leis e o mercado mudam constantemente.

O Portal Endeavor indica seis modelos empreendedores que estão "na crista da onda", ou seja, que oferecem grande probabilidade de sucesso. Tais modelos estão descritos a seguir.

Para refletir

Muitos brasileiros precisam encarar o temido desemprego. Para alguns, a maneira de sair desse contexto tem sido aventurar-se pelo empreendedorismo. "Diferente do que muitos podem pensar, mesmo com todas as turbulências, existe sim espaço no mercado para novas empresas, basta saber onde procurar" (Endeavor, 2021).

- **Manutenção de bens**

Conforme o Portal Endeavor (2021), com base em dados do IBGE, um dos melhores ramos de empreendedorismo no momento é o de manutenção de bens, tendo em vista que os brasileiros estão freando o consumo e utilizando por mais tempo bens mais caros, como carros, celulares e computadores, tudo isso devido à crise econômica.

Assim, desde 2016, investir na área de reparos e consertos é um bom caminho para quem quer empreender. Afinal, se os consumidores não estão adquirindo novos produtos, fatalmente acabarão precisando de manutenção quando seus equipamentos deixarem de funcionar adequadamente. Como o atendimento ao consumidor no Brasil não costuma corresponder às expectativas da maioria, "investir em um atendimento de excelência pode ser um bom primeiro passo" (Endeavor, 2021). Vejamos alguns exemplos de negócios nesse ramo:

- "oficinas mecânicas de carros ou motos;
- profissionais de serviços gerais, como encanador e eletricista;
- conserto de computadores e informática;
- recarga de cartuchos para impressoras;
- conserto de ar-condicionado e eletrodomésticos;
- consertos e reformas em imóveis" (Endeavor, 2021).

Alimentação e conveniência

A alimentação representa um nicho ao qual as pessoas simplesmente não podem parar de recorrer, mesmo em meio a uma crise. A diferença é que o consumidor tende a comer mais em casa em vez de gastar dinheiro com restaurantes, por exemplo, ou seja, "estabelecimentos que vendem comida muito sofisticada, a altos custos, tendem a perder espaço" (Endeavor, 2021).

Uma opção interessante para o empreendedor que deseja entrar nesse setor é investir em *delivery* de marmita, tipo de negócio que vem crescendo bastante pela praticidade e pelos preços baixos.

Bebidas funcionais

Uma ideia de negócio que ainda é pouco explorada no Brasil é a de bebidas funcionais. Quanto mais trabalham, menos tempo as pessoas têm, e mais estressadas ficam. Assim, a solução encontrada por alguns empreendedores no exterior, especialmente nos Estados Unidos, foi a fabricação e venda de bebidas funcionais. "Esses drinks naturais prometem auxiliar o organismo a conquistar determinado objetivo, que pode variar entre dormir melhor ou desenvolver um pouco mais sua musculatura" (Endeavor, 2021).

Ainda de acordo com o Portal Endeavor (2021), "outra opção para quem não tem tanta familiaridade em trabalhar com produtos naturais, mas deseja entrar no mercado, é investir no modelo de franquia". Aliás, esse modelo tem crescido muito nesse e em vários outros mercados, como os de esporte e *fitness*. As vantagens são que, com o modelo de negócio pronto, o processo de vendas fica mais simples e dinâmico. "Como esse mercado ainda está começando a crescer no Brasil, a concorrência é baixa e as empresas que souberem explorar suas oportunidades poderão se tornar referência" (Endeavor, 2021).

Beleza e estética

Um ramo interessante que vem tendo grande aceitação no mercado de negócios é o dos salões de beleza, clínicas de estética, venda de cosméticos e clínicas funcionais e academias. Segundo dados da Associação Brasileira da Indústria de Higiene Pessoal, Perfumaria e Cosméticos (ABIHPEC, citada por Endeavor, 2021), "o setor cresce de maneira estável desde 1996, sem sinais de frenagem por conta da crise". O portal cita que a venda de cosméticos rendeu em 2014 aproximadamente R$ 43,2 bilhões.

Varejo de moda

Seguindo os conceitos do modelo anterior, "o mercado de confecção e venda de roupas é um dos poucos que vêm se mantendo estável também" (Endeavor, 2021). Em 2012 e 2013, conforme a Associação Brasileira da Indústria Têxtil e de Confecção (Abit), "o setor de varejo de vestuário cresceu 5,64%. Quando o assunto é moda as mulheres não só lideram o setor como também são a aposta de investimento de muitas novas empresas" (Endeavor, 2021).

De acordo com o texto usado como base aqui, "para quem quer se diferenciar da concorrência, produzir roupas e acessórios de nicho é uma ótima saída" (Endeavor, 2021). Nessa linha de raciocínio, podemos trazer para a reflexão o mercado de roupas e acessórios *fitness*, quem vem tendo um crescimento ainda mais exponencial e abrindo espaço dentro da área, em academias e clínicas. Como em outros ramos, é bom "prestar muita atenção ao atendimento e fazer bom uso dos canais disponíveis para conhecer e engajar seus clientes" (Endeavor, 2021).

- ### Negócios *on-line*

Evidentemente, com o advento das redes sociais e a digitalização dos negócios, o mercado *on-line* surgiu e se consolidou. Grande parte das vendas de vários tipos de produtos passa pelo ambiente digital: propaganda, descrições e opiniões dos clientes, efetividade da venda e relação com o cliente/fornecedor. Assim, percebemos que esse mercado apresenta uma forma indiscutível de economizar, pois as lojas virtuais não têm custo de espaço físico, dispensam equipe de vendas no local e têm o potencial de atender o país todo e até o mesmo o exterior, denotando que os negócios digitais são oportunidades emergentes atualmente e que, ao mesmo tempo, "exigem muita divulgação e estratégias bem pensadas de logística para satisfazer o cliente" (Endeavor, 2021). Ainda de acordo com o Portal Endeavor (2021),

> Além das lojas virtuais, a internet oferece uma série de serviços inovadores por meio da criação de aplicativos para celulares e dispositivos móveis, ou mesmo softwares na nuvem, que podem inclusive atender empresas. [...] As possibilidades online são imensas, mas lembre-se de começar por onde você conhece e de conversar com muita gente para entender que problemas você precisa solucionar, dentro da área que escolher.

Pensando na área de educação física, podemos verificar grandes possibilidades referentes ao ramo de beleza e estética, no qual a demanda tem sido satisfatória para o profissional e ainda está em crescimento. Outro modelo de negócio que tem se destacado e faz parte do rol de atividades da área é o do mercado *fitness*, pois cada vez mais as pessoas têm procurado profissionais da área de qualidade de vida para buscar saúde, condicionamento ou beleza. Trata-se de um mercado com muitas opções. Logo, o profissional empreendedor deve ser também muito inovador e criativo para atrair seu cliente e mantê-lo fidelizado.

Como já explicado, até 2018 todo profissional de educação física poderia empreender como MEI, porém uma nova resolução direcionou o ofício de *personal training* para a microempresa, o que dificultou um pouco o início desse tipo de empreendimento.

Considerando-se exclusivamente esse mercado, o Serviço Brasileiro de Apoio às Micro e Pequenas Empresas (Sebrae) divulgou alguns dados que mostram o momento promissor do mercado de qualidade de vida e saúde:

> *O Brasil é o segundo mercado mundial em número de academias e o primeiro da América Latina, atingindo a marca de 31.809 unidades de negócios espalhadas pelo país, perdendo apenas para os Estados Unidos (36.180 academias), de acordo com dados do The IHRSA Global Report 2016. [...] entre 2009 e 2016, o país cresceu 127% no número de academias, enquanto o crescimento mundial foi de 50% no mesmo período.* (ASN, 2017)

Sob essa ótica, de acordo com Costi (2016),

> *O profissional de Educação Física deve analisar estruturas, mercado e viabilidade de um empreendimento na área, para aproveitar oportunidades que foram geradas pelos Grandes Eventos esportivos que nosso país recebeu (Copa do Mundo FIFA e Jogos Olímpicos). Empresas investindo, Leis de incentivo e a mídia voltada para o esporte aquecem um mercado já movimentado, segundo os dados apresentados anteriormente.*

Tendo em vista esse modelo de mercado de qualidade de vida e *fitness*, podemos afirmar que algumas particularidades são inerentes ao profissional de educação física e que, em um mercado extremamente competitivo, ser empreendedor é de fundamental importância para a sobrevivência, além de ser necessário para se destacar dos demais profissionais.

Casemiro (2017) aponta as características que esse profissional deve ter para ser um empreendedor de sucesso:

- "visão diferente e aberta
- pensamentos inovadores
- criatividade estratégica
- atitude positiva
- coragem para arriscar
- espirito marqueteiro
- capacidade para resolver frustrações
- inteligência emocional".

Além disso, o empreendedor ainda precisa "de capital para investir ou obter financiamento com banco", dependendo do ramo que escolheu, além de acrescentar "a certeza que poderá com sua ideia, cumprir com seus compromissos financeiros" (Casemiro, 2017).

2.5 Inovação e tecnologia

Empreendedorismo e inovação são como dois lados de uma mesma moeda, que, se estiver parada, não tem valor algum. Para empreender, é preciso ter espaço para criar, colocar ideias em prática e, de fato, inovar. Nenhuma empresa que fique "engessada" no tempo conseguirá sustentar-se a longo prazo e continuar crescendo no mercado (Oda, 2019):

> Basta observar alguns empreendimentos que foram atingidos por novas tecnologias, como as locadoras de filmes: com os serviços de streaming e assinaturas online, muitos estabelecimentos fecharam. No entanto, **aqueles que resolveram inovar oferecendo novas experiências aos clientes, com espaços diferenciados ou investindo em nichos específicos**, como de filmes clássicos ou de outras nacionalidades, têm sobrevivido. (Oda, 2019, grifo do original)

Sob essa ótica, o empreendedor pode ter todas as características positivas para a atividade, como a propriedade de se modificar e entender o fluxo do mercado. Contudo, uma das mais importantes é o poder de inovar e se adaptar às tecnologias mais atuais, uma vez que somente assim poderá destacar-se no mercado e fazer a diferença diante da concorrência, conquistando o cliente e fidelizando-o.

Quanto ao mercado, Dias (2016) expõe que o atual cenário se apresenta cada vez mais competitivo, pois são muitos empreendedores ou empreendimentos em busca dos mesmos consumidores. Nesse contexto, "para se destacar no mercado é necessário ser um empresário inovador, que ofereça algo diferente" (Dias, 2016), não só no produto ou no serviço, mas também no processo, de modo que esse "algo novo" possa ser um "elemento de promoção da mudança e do desenvolvimento econômico" (Dias, 2016).

Podemos verificar essa situação no caso de profissionais que atuam por anos no mercado e, muitas vezes, acabam se acomodando ou ignorando as mudanças promovidas por novos negócios, o que pode levar à perda de clientes e relações comerciais. "Um exemplo claro é o **não uso das redes sociais ou páginas na internet** para a divulgação de serviços e relacionamento com clientes" (Oda, 2019, grifo do original). Devemos considerar esse tipo de tecnologia como uma excelente forma de inovar nos negócios e incrementar as vendas. "No entanto, para adotar novas ferramentas e diferentes tipos de inovação, o empresário deve ter um olhar empreendedor, capaz de identificar oportunidades e desenvolver boas ideias" (Oda, 2019).

"Esse empreendedor é, portanto, um indivíduo que reúne as características de **gestor eficaz e inovador sistemático**, contribuindo com suas ideias e sua maneira de administrar e tomar decisões para o sucesso da sua empresa" (Dias, 2016, grifo nosso).

Segundo Bessant e Tidd (2009, p. 6), a "inovação não só requer a abertura de novos mercados, mas também exige a implementação de novas formas de servir àqueles já estabelecidos e maduros".

Assim, a inovação não acontece apenas no segmento de produtos manufaturados. A esse respeito, *inúmeros exemplos de mudanças radicais podem ser encontrados no setor de serviços. Em geral, nas grandes economias, o setor de serviços representa a maioria esmagadora de atividades comerciais e laborais, o que significa que nele há potencial significativo. E os baixos custos de capital frequentemente implicam em oportunidades para novos entrantes e introdução de inovações radicais mais promissoras no setor de serviços.* (Bessant; Tidd, 2009, p. 23)

Nesse sentido, é preciso entender a dimensão dos trabalhos na área de saúde e esporte, mais especificamente de educação física, na qual quase a totalidade dos profissionais se volta para a prestação de serviços, o que explica o grande crescimento de empreendedores nesse mercado. Em seguida, cabe observar o leque de opções disponíveis e quem está no mercado escolhido, identificando-se os principais nomes que se destacam nesse segmento e o que é possível fazer para ser diferente. Esses são os primeiros passos para empreender no mercado de serviços da qualidade de vida.

A inovação na área administrativa é conhecida como a ferramenta por meio da qual os empresários se valem da mudança como oportunidade para um negócio ou serviço diferente ou, ainda, a ação que confere aos recursos uma nova capacidade, a qual possibilita à organização criar riqueza (Abrantes, 2014).

Já Bessant e Tidd (2009) mencionam que a inovação é um processo nuclear relacionado à renovação da oferta da organização (produtos e/ou serviços) e ao modo como esta os constrói e fornece.

De acordo com Simões (1999, citado por Abrantes, 2014, p. 26), inovar "é fazer coisas diferentes ou de outra maneira. É sair da rotina e experimentar novas soluções para os mesmos problemas. Ou, melhor ainda, formular novos problemas e procurar responder-lhes". Além disso, trata-se de "uma atitude, um estado de espírito que perpassa toda a organização e se exprime em dois planos: no desenvolvimento e lançamento de novos produtos e processos, e no reforço e revitalização constante da base de conhecimento da empresa" (Simões, 1999, citado por Abrantes, 2014, p. 26).

Nessa perspectiva, conforme Dias (2016),

> Atualmente, inovar em produtos e serviços tem sido o objetivo de qualquer empresa em todo o mundo. As empresas de maior porte estão criando equipes para cuidar da inovação, contratando consultorias especializadas e investindo em treinamento e capacitação de suas equipes para o gerenciamento da inovação.

Em resumo, nesse mercado, é possível tomar duas decisões para obter sucesso. A primeira é dedicar-se para fazer diferente, ou seja, apropriar-se de uma prestação de serviço exclusivo. Isso fará com que essa prestação de serviço atraia os clientes. Mas tal ação não poderá parar por aí, isto é, deverá sempre estar em mudança, uma vez que os concorrentes logo se apropriarão desse diferencial. A outra decisão é fazer o mesmo serviço que o mercado já está acostumado a disponibilizar, mas de forma distinta, com processos e fluxo inovadores, de modo a diferenciar-se no mercado. Nesse contexto,

> os empresários que querem ser reconhecidos como empreendedores inovadores devem adotar o hábito de usar as capacidades colaborativas de pessoas que estão no ambiente da empresa, apropriando-se de todas as oportunidades de criação e melhoria de seus produtos e serviços. O resultado disso será o melhor desempenho e a maior competência empresarial. (Dias, 2016)

Podemos citar como exemplos práticos na área de qualidade de vida o surgimento de academias diferenciadas nos últimos anos, tais como as de *crossfit*, funcional ou *parkour*, uma vez que os resultados dessas práticas se assemelham aos de atividades tradicionais, embora os processos sejam diferentes.

Nesse processo, verificamos, ainda, que o mercado se renova com o tempo, pois serviços que eram muito procurados nos anos 1970 e 1980, atualmente, estão voltando a fazer sucesso. Logo, a inovação também requer que se entenda o momento certo para aplicar os processos consolidados. Nesse sentido,

> Uma forma de obter ideias de soluções criativas é **observar iniciativas de concorrentes, empresas de outros segmentos e nacionalidades** – por meio da internet, torna-se cada vez mais fácil encontrar exemplos de sucesso ou fracasso nos negócios. [...] Também com filmes, documentários, séries, vídeos, revistas, livros ou outros materiais é possível descobrir novas formas de empreender em seu próprio negócio. (Oda, 2019, grifo do original)

Dessa forma, compreender a dinâmica do mercado, como se posicionam os concorrentes e o que está acontecendo no mundo é uma forma de se manter atualizado e "surfar na crista da onda".

Algumas inovações recentes nesse campo impactam fortemente a gestão das empresas. Vejamos, a seguir, as seis principais tendências de tecnologia para as empresas do futuro (Tendências..., 2021; Transformação..., 2021):

1. **Automatização de processos**: é a tendência de automatizar todos os processos possíveis, a fim de acelerar os negócios com eficiência e rapidez.
2. **Inteligência artificial (IA)**: a IA nas empresas auxilia na tomada de decisões, reinventando modelos e negócios de modo a melhorar a experiência do consumidor.
3. **Omnichannel**: é o uso, de forma integrada, de todos os canais disponíveis pela empresa para se conectar com o cliente.
4. **Computação em nuvem**: trata-se da integração de todas as informações da empresa em um único sistema que pode ser acessado de qualquer lugar.
5. **Big data e analytics**: compila e organiza todos os dados gerados interna e externamente pelas empresas, fazendo também a análise destes.

6. **Realidade aumentada**: essa tecnologia auxilia simulando ambientes e situações, podendo ser utilizada tanto para aumentar as vendas quanto para realizar treinamentos internos.

Desse modo, percebemos que a tecnologia se transforma e evolui em uma velocidade impressionante. O projeto que não se adaptar ou não se utilizar dessas inovações pode ser ultrapassado pelos concorrentes e tornar-se obsoleto no mercado.

Síntese

Neste capítulo, apresentamos noções de empreendedorismo, examinando as atividades e os modelos de negócios relacionados ao assunto. Abordamos aspectos legais da atividade empreendedora no país, que norteiam as formas de se empreender. No universo do empreendedorismo, discutimos exemplos em diversos segmentos, com destaque para aqueles referentes a tecnologias voltadas para o mercado.

Nos próximos capítulos, tais temas serão enfocados de modo a relacioná-los mais especificamente à atuação do profissional de educação física, para que ele possa obter o suporte necessário em suas atividades profissionais.

Atividades de autoavaliação

1. A ação de empreender não pode ser entendida somente como abrir o próprio negócio; trata-se de unir pessoas e processos para a obtenção de negócios de sucesso. Por isso, é um pouco complicado definir de forma simples o que é ser empreendedor. Segundo o economista Joseph A. Schumpeter, como podemos definir o empreendedorismo?

a) A ação de abrir uma empresa.
   b) O desenvolvimento de um setor empresarial.
   c) A criação de um novo produto ou serviço.
   d) A capacidade de alavancar o desenvolvimento econômico.
   e) O desenvolvimento econômico de um mercado não explorado.

2. Podemos classificar o empreendedor em três diferentes tipos. Quais são eles?

   a) Cooperativo, competitivo e mercadológico.
   b) Coorporativo, de *startup* e social.
   c) Colaborativo, de negócios e interno.
   d) De produto, de processos e de serviço.
   e) Mercadológico, interno e processual.

3. Considere uma empresa individual, pela qual o proprietário – que dá seu nome ao negócio – é totalmente responsável, inclusive com seus bens de pessoa física. Essa empresa está situada em qual categoria?

   a) Empresa Individual (EI).
   b) Empresa Individual de Responsabilidade Limitada (Eireli).
   c) Microempreendedor Individual (MEI).
   d) Sociedade Simples (SS).
   e) Sociedade Anônima (SA).

4. Leia a citação a seguir:

   O profissional de Educação Física deve analisar estruturas, mercado e viabilidade de um empreendimento na área, para aproveitar oportunidades que foram geradas pelos Grandes Eventos esportivos que nosso país receberá (Copa do Mundo FIFA e Jogos Olímpicos). Empresas investindo, Leis de incentivo e a mídia voltada para o esporte aquecem um mercado já movimentado. (Costi, 2016)

   A seguir, assinale a alternativa que **não** corresponde a uma das características que esse profissional deve ter, conforme Casemiro (2017):

a) Cautela em arriscar.
b) Visão diferente e aberta.
c) Pensamentos inovadores.
d) Criatividade estratégica.
e) Atitude positiva.

5. Leia a citação a seguir:

> *Profissionais que atuam por anos no mercado, muitas vezes acabam se acomodando ou ignorando as mudanças lançadas por novos negócios – o que pode representar um grande erro, com a perda de clientes e recursos para a empresa. Um exemplo claro é o **não uso das redes sociais ou páginas na internet** para a divulgação de serviços e relacionamento com clientes.* (Oda, 2019, grifo do original)

Nesse sentido, o empreendedor deve ser inovador em sua atuação. Assinale a alternativa que faz referência à relação entre empreendedorismo e inovação:

a) Um produto é um objeto que é colocado/disponibilizado em um mercado com a intenção de satisfazer aquilo que um consumidor necessita ou deseja.
b) Sequência contínua de fatos ou operações que apresentam certa unidade ou que se reproduzem com certa regularidade.
c) Entidade social formada por duas ou mais pessoas que trabalham de forma coordenada em determinado ambiente externo, visando a um objetivo coletivo.
d) O produto é produzido ao mesmo tempo em que é consumido – não implica a posse de algum bem por parte do cliente.
e) A inovação não requer somente a abertura de novos mercados; exige também a implementação de novas formas de servir àqueles já estabelecidos e maduros.

Atividades de aprendizagem

Questões para reflexão

1. De acordo com Baggio e Baggio (2014, p. 26), "O Brasil está sentado em cima de uma das maiores riquezas naturais do mundo ainda relativamente pouco explorada: o potencial empreendedor dos brasileiros". Desse modo, converse com alguém que você considere empreendedor e relate as informações obtidas nessa entrevista, mencionando qual é o ramo de atuação, quanto tempo a pessoa entrevistada está nesse mercado e qual é a visão dela a respeito da relação empreendedora.

2. No contexto dos tipos de atividades empreendedoras, reflita sobre os fatores que podem influenciá-las, considerando o ambiente (sociedade) e suas experiências. Depois, indique a melhor forma para você empreender.

Atividade aplicada: prática

1. Dando prosseguimento à atividade proposta no Capítulo 1 e considerando o conteúdo desenvolvido neste segundo capítulo, pesquise, reflita e responda:
    a) Qual modelo de negócio você considera mais viável para empreender?
    b) Quais aspectos de inovação estão presentes?
    c) **Algum elemento tecnológico pode ser utilizado nesse empreendimento?**
    d) Tendo em vista a base legal do empreendedorismo e os tipos de empresa, discuta com um colega qual seria a melhor opção de empresa para se abrir um empreendimento na área do esporte ou da educação física.

Capítulo 3

Empreendedorismo, atividade física e esporte

Flávia da Cunha Bastos

Está cada vez mais claro que devemos dar atenção à interação entre a teoria e a prática do empreendedorismo esportivo. Esse tem sido um tema que gera interesse no contexto do apelo global do esporte no mercado e na qualidade de tópico importante na criação de uma comunidade de pesquisa e conhecimento. Trata-se de um tema fortemente imbricado na vida real das organizações esportivas. Isso significa que o conhecimento teórico e as pesquisas acadêmicas podem ser utilizados para explicar a prática e o desenvolvimento de empreendimentos esportivos.

Neste capítulo, o objetivo é possibilitar que você conheça as relações entre empreendedorismo, atividade física e esporte, com base na literatura e em situações práticas de empreendedorismo, além de entender como os teóricos e os estudos na área estão abordando o tema. Você perceberá que as tendências do setor no esporte refletem uma necessidade crescente de empreender na oferta de produtos e serviços e no desenvolvimento de tecnologias.

3.1 Contextualizando o tema: tipos e características do empreendedorismo no esporte

Depois de discutirmos, nos capítulos anteriores, as dimensões econômicas dos produtos e serviços relativos à atividade física e ao esporte e os princípios do empreendedorismo, neste capítulo o foco é o empreendedorismo e sua aplicação no esporte e na atividade física.

Como foi apresentado anteriormente, o universo das atividades físicas e do esporte tem estreita conexão com a economia e, por consequência, com a sociedade como um todo. Paralelamente, podemos considerar que, em termos gerais, as atividades empreendedoras provocam impacto na economia da sociedade em que elas se estabelecem. Nesse sentido, o empreendedorismo auxilia na abertura de novas empresas, criando novos postos de trabalho, e essa cadeia alimenta a economia de um país (Baron; Shane, 2007).

Da mesma forma, podemos afirmar que o empreendedorismo está cada vez mais presente na sociedade brasileira e, no que se refere ao esporte e às atividades físicas, tem sido foco recente de estudo no país. Mesmo internacionalmente, o tema tem sido tratado há poucos anos. Alguns estudiosos têm procurado verificar as relações e aplicações pertinentes e sistematizar o conhecimento acerca do empreendedorismo relativo às atividades físicas e ao esporte (Ratten, 2010, 2011, 2012; Ratten; Ferreira, 2017; Silva, 2009).

Inicialmente, chama a atenção o fato de que as referências feitas a essas atividades na literatura aparecem sob a nomenclatura geral *esporte*. Assim, neste capítulo, utilizaremos o termo *esporte* para fazer referência conjunta aos serviços de atividade física, atividade esportiva, lazer e recreação.

Quanto ao significado de *empreendedorismo esportivo*, a autora Vanessa Ratten (2010) tem estudado o tema nos últimos anos com vistas a defini-lo. Ela parte do conceito de empreendedorismo como atividade que diz respeito à mentalidade de pessoas ou organizações que estão ativamente engajadas na busca de novas oportunidades e criam ou desenvolvem atividades inovadoras no contexto esportivo. Ou seja, o empreendedorismo esportivo corresponde a atividades inovadoras no esporte com o fim de aprimorar sua gestão e sua prática, envolvendo proatividade e risco.

Embora a pesquisa e o desenvolvimento teórico do tema sejam recentes, o empreendedorismo no esporte há tempos tem sido considerado no sentido de que pode ocorrer de múltiplas formas. Nas últimas décadas, Hardy (1986, 1996) já caracterizava o empreendedorismo no esporte como vinculado a pessoas e organizações de esporte e atividades físicas com vistas à obtenção de lucro – o esporte como negócio. No entanto, o autor destacava também que, quando os interesses econômicos não estão envolvidos, o empreendedorismo no esporte é desenvolvido por comunidades e governos. Em ambos os sentidos, o autor já apontava que a inovação e o empreendedorismo cresciam como uma forma de oferecer produtos e serviços com maior qualidade aos consumidores.

Como oportunidades em atividade física e esporte, Ratten e Ferreira (2017) entendem que, assim como em outros segmentos, há diferentes fatores contextuais a serem levados em conta, incluindo desenvolvimento institucional, tendências de mercado e disponibilidade de infraestrutura.

Quando consideramos esse cenário nas organizações, vemos que tais fatores contextuais influenciam a competitividade global e a capacidade de empreender. Ratten e Ferreira (2017) ressaltam que os contextos estão se alterando, dependendo da novidade das atividades empreendedoras. Quanto às oportunidades, elas surgem de várias maneiras, incluindo o acaso ou mediante a avaliação deliberada de tendências futuras. As oportunidades não planejadas de empreendedorismo são chamadas de *acaso* e são altamente influenciadas por fatores contextuais, exigindo dos indivíduos capacidade de escolher as alternativas mais adequadas conforme o contexto. Por outro lado, a análise das tendências do cenário relativo ao segmento em que se quer empreender deve ser ponto de partida do planejamento e das ações de empreendedorismo.

Ratten (2011) identificou e descreveu diversos tipos de empreendedorismo que ocorrem no esporte, entre eles: empreendedorismo de base comunitária; empreendedorismo corporativo; empreendedorismo étnico/imigrante; empreendedorismo institucional; empreendedorismo internacional; empreendedorismo social; empreendedorismo tecnológico (Figura 3.1).

Figura 3.1 – Categorias de empreendedorismo baseadas no esporte

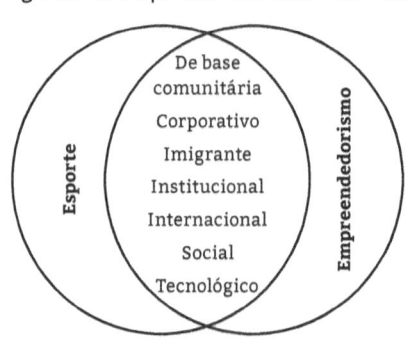

Fonte: Ratten, 2011, p. 64, tradução nossa.

Antes de tratarmos de algumas dessas categorias neste capítulo, precisamos analisar os aspectos relevantes das características do empreendedorismo – inovação, proatividade e risco –, relacionando-as ao esporte e à atividade física (Ratten, 2011; Ratten; Ferreira, 2017).

Inovação

É importante termos em mente que a inovação está no centro do processo empreendedor esportivo e se concentra na criação de novos empreendimentos ou no gerenciamento e sobrevivência de uma organização. Tjønndal (2018), ao estudar o tema recentemente, propõe uma tipologia da inovação englobando diferentes tipos de inovação que ocorrem no esporte: a inovação social, a tecnológica, a comercial, a baseada na comunidade e a organizacional.

Dessa forma, a inovação ocorre de várias formas em organizações esportivas, equipes, ligas e, também, com os próprios atletas (temática abordada no próximo capítulo). Uma evidência de inovação está relacionada ao fato de as equipes esportivas sempre buscarem novas estratégias para aumentar seu desempenho. Sob essa ótica, a utilização e o desenvolvimento da tecnologia têm tido papel expressivo no campo de materiais e equipamentos, por exemplo, possibilitando o desenvolvimento de modalidades esportivas. Nas empresas de material esportivo, o setor de vestuário investe em novos materiais, com tipos de roupas sendo desenvolvidos para serem usados por esportistas e praticantes de atividades físicas em academias, bem como por corredores, ciclistas etc. O mesmo ocorre em termos de pisos, arbitragem e implementos, como raquetes e equipamentos de atletismo. Outra vertente de aplicação de novas tecnologias está relacionada à criação de novos esportes, como alguns esportes radicais – parapente, montanhismo, *rafting*, escalada em rocha, mergulho etc.

A criação de franquias por empresas ou, como acontece no esporte norte-americano, pelas ligas esportivas é um exemplo de inovação. O mercado tem oferecido exemplos em academias de *fitness* e lojas de materiais esportivos. Outra forma de inovação é a inovação social, que tem envolvido ações de atletas renomados e organizações esportivas em ações sociais e comunitárias (Ratten, 2011). Esses temas serão desenvolvidos nos tópicos relativos aos tipos de empreendedorismo no esporte, mais adiante neste capítulo.

Proatividade

As organizações que atuam em modalidades esportivas, por meio de seus dirigentes/proprietários, devem ser proativas no gerenciamento de suas equipes e no desenvolvimento do desempenho geral delas. Parte do gerenciamento de uma equipe ou organização esportiva corresponde a desenvolver ações proativas em termos de ações adequadas de *marketing*.

Particularmente em megaeventos esportivos, como os Jogos Olímpicos, os comitês organizadores têm sido proativos em combater o *marketing* de emboscada, que diz respeito a ações de *marketing* realizadas por outras organizações que não os patrocinadores oficiais de um evento esportivo, sem ter direitos sobre os espaços publicitários – por exemplo, usar o símbolo de um evento em uma campanha sem ser patrocinador desse evento ou posicionar-se fisicamente próximo ao local do evento (*stands*, pontos de venda) para associar-se a ele.

Outra forma de proatividade tem se manifestado nas organizações mediante a ênfase em ações relativas ao meio ambiente e sua difusão entre os consumidores. Tais ações têm aumentado nos últimos anos, e esse tema está bastante relacionado à sustentabilidade e à responsabilidade ambiental, que estão cada vez mais presentes em organizações esportivas e de atividades físicas (por exemplo, uma academia baseada no conceito de sustentabilidade) ou em empresas que usam ações de sustentabilidade ambiental ligadas ao esporte em programas elaborados em parceira com federações esportivas.

Além disso, a busca por novas oportunidades de negócio se configura como proatividade de empreendedores e acontece no âmbito de diferentes organizações, públicas ou privadas, com ou sem fins lucrativos. Tais instituições são proativas quando criam e desenvolvem ações complementares à sua finalidade para se diferenciarem no mercado e potencializarem sua imagem. Exemplos de ações podem estar relacionados a competições e eventos diferenciados, implantação de novas atividades, atendimento a diferentes públicos, construção de instalações/estádios/arenas multiuso compartilhados com outras atividades (culturais ou corporativas), difusão de atividades em canais de mídia e redes sociais, entre outros.

No Brasil, podemos considerar como proativos empresários, atletas e ex-atletas que lideram empreendimentos sociais, como fundações e entidades sociais voltadas ao ensino e à orientação de práticas de atividade física e de modalidades esportivas, algumas delas atuando com finalidade educacional ou cultural.

Risco

O nível de comportamento de risco nas atividades físicas e no esporte depende de traços de personalidade e inclui risco emocional e físico dos envolvidos. Entre as diferentes pessoas relacionadas a essas atividades estão atletas, clientes, proprietários de empresas, investidores, supervisores, coordenadores, dirigentes de organizações, técnicos, árbitros, enfim, todos aqueles que estão envolvidos na prática e na administração de atividades da área.

As atividades que implicam risco no âmbito comercial são aquelas desenvolvidas por proprietários e gestores das organizações – por exemplo, ao abrir ou expandir o negócio. Criar uma rede de franquias de uma academia, fundar uma escolinha de esporte, abrir uma empresa de assessoria de prática de atividade física, desenvolver um *software* de análise de jogo ou de prescrição de treinamento são exemplos de atividades que envolvem riscos diretamente ligados a investimentos e recursos. Nas atividades esportivas, um exemplo bem comum é relativo ao futebol, no qual clubes investem na contratação de jogadores, e o risco pode se apresentar tanto em relação à *performance* do atleta como em termos de sua condição física, lesões etc.

O empreendedorismo esportivo é dinâmico e impacta uma série de áreas de gestão, tanto na criação como no gerenciamento de projetos e organizações. Inicialmente, estão envolvidos os processos, as práticas e as atividades de tomada de decisão que levam ao desenvolvimento de produtos, serviços ou mercados (Ratten, 2012). Para Ratten (2012), as empresas esportivas precisam ser sustentáveis, concentrando-se em três eixos, chamados *triple bottom line*: social, ambiental, financeiro). Portanto, as organizações esportivas devem incentivar a inovação como resposta aos desafios que enfrentam. A inovação inclui, ainda, perspectivas, comportamentos, estratégias e operações (Chell; Nicolopoulou; Karataş-Özkan, 2010).

No âmbito das organizações, Ratten (2011) identifica que o empreendedorismo esportivo é dinâmico e impacta inúmeras áreas relacionadas à gestão das organizações. A autora sintetiza a análise apontando os aspectos presentes no empreendedorismo esportivo: a estratégia de negócio, a gestão de crise, o desenvolvimento de novas modalidades ou atividades, a gestão de desempenho, a inovação de produtos, as estratégias promocionais, as questões sociais, as preocupações com a sustentabilidade e o desenvolvimento tecnológico (Figura 3.2).

Figura 3.2 – Aspectos dinâmicos do empreendedorismo baseado no esporte

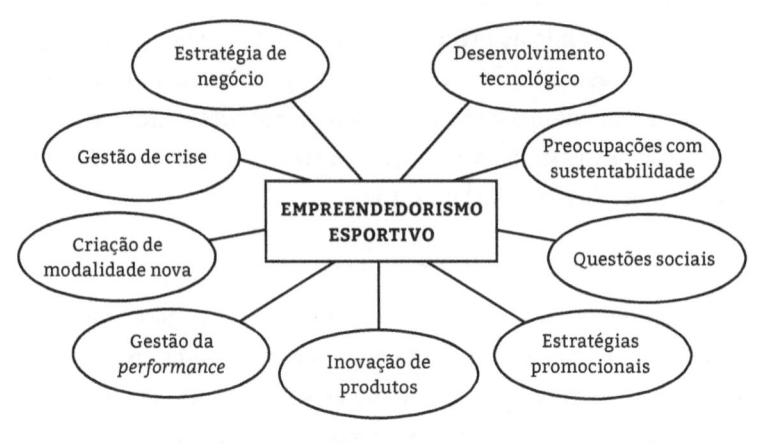

```
           Estratégia de        Desenvolvimento
             negócio              tecnológico

                                      Preocupações com
   Gestão de crise                     sustentabilidade
                      EMPREENDEDORISMO
   Criação de            ESPORTIVO
  modalidade nova                      Questões sociais

      Gestão da                         Estratégias
    performance      Inovação de       promocionais
                      produtos
```

Fonte: Ratten, 2011, p. 63, tradução nossa.

Alguns desses aspectos já foram mencionados quando abordamos as três características do empreendedorismo em atividades físicas e esporte e serão tratados mais especificamente em relação aos tipos de empreendedorismo.

Uma vez consideradas as relações e os aspectos referentes ao empreendedorismo, passaremos a abordar alguns dos tipos de empreendedorismo no esporte: o empreendedorismo empresarial e o corporativo/institucional; o internacional; o comunitário e social; e o tecnológico.

3.2 Empreendedorismo empresarial e empreendedorismo corporativo/institucional

No âmbito das organizações, é por meio do empreendedorismo que o mercado se expande e as empresas buscam a inovação, preocupando-se em transformar conhecimentos em novos produtos. Como mencionado no Capítulo 2, esse pensamento surgiu e começou a ser difundido em 1950 por Joseph A. Schumpeter e tem fundamentação na teoria econômica.

Considerando as principais características do empreendedorismo (inovação, proatividade e risco), podemos afirmar que elas estão presentes e são importantes nos diferentes tipos de organizações esportivas que fazem parte da indústria do esporte: as privadas e as sem fins lucrativos.

Empreendedorismo empresarial

O empreendedorismo empresarial é aquele relativo ao ato de criar uma empresa com o objetivo de oferecer produtos ou serviços ao público consumidor. No âmbito do esporte e da atividade física, tem a finalidade de prestar serviços ou desenvolver produtos relativos aos diferentes segmentos da indústria do esporte.

No Brasil, como abordado no capítulo anterior, a criação de uma empresa pode ocorrer de diferentes formas legais, levando-se em conta os limites tributários. Não é nosso objetivo, nesta obra, apresentar as leis, mas é importante considerarmos algumas formas pelas quais elas configuram a atividade empresarial, seja de forma individual, seja como sociedade.

O regime de Microempreendedor Individual (MEI) refere-se ao profissional que trabalha por conta própria; a Empresa Individual diz respeito ao profissional que exerce uma atividade empresarial em nome próprio; a Empresa Individual de Responsabilidade Limitada (Eireli) é constituída apenas pelo titular da totalidade do capital social investido, devidamente integralizado. São formatos diferentes de empreendimento: nos dois primeiros casos, a pessoa é o empresário, enquanto a Eireli tem o formato de uma empresa.

O microempreendedor individual e o empresário que atuam prestando serviços de atividade física e esporte geralmente são da área de educação física e empreendem atividades relativas a esses segmentos.

No universo das empresas, também já comentamos que há diferentes formatos possíveis previstos na legislação brasileira. Além da Eireli, que é constituída apenas pelo titular da totalidade do capital social investido, há a microempresa, a empresa de pequeno porte (EPP) e a Sociedade Empresária Limitada (Ltda.).

Um exemplo de Sociedade Limitada no esporte é o clube Desportivo Brasil (DB), que tem como sócio majoritário o Grupo Luneng, fornecedor de energia elétrica da província de Shandong, na China, que, por sua vez, é subsidiária da companhia estatal State Grid Corporation of China (SGCC), maior empresa do setor elétrico da China (Desportivo Brasil, 2021). No âmbito do *fitness*, existem diversas academias que se constituem como Sociedade Limitada.

A Sociedade Anônima (SA) é a sociedade empresária que limita a responsabilidade de seus sócios, chamados de *acionistas*, até o valor da emissão de suas ações. Tem seu capital dividido por ações, as quais são negociáveis entre os acionistas ou interessados em participar da companhia, ou seja, a participação do sócio ou acionista se dá por meio da subscrição ou aquisição de ações. As SAs podem ser de dois tipos: as de capital aberto (quando seus valores mobiliários podem ser negociados no mercado de valores – bolsa de valores ou mercado de balcão) e as de capital fechado (seus valores mobiliários não passam por negociações na bolsa ou no mercado de balcão).

No esporte, existem exemplos no futebol. Equipes foram transformadas em SA em países em que a legislação permite, como Alemanha, Espanha, Portugal e Chile.

Como indicam esses exemplos, o empreendedorismo empresarial está presente nos diferentes segmentos da indústria do esporte (de prática, de produção e de promoção). Podemos considerar que praticamente não há limites para que se empreenda nessa área.

No segmento de prática esportiva, um dos setores em que o empreendedorismo empresarial se manifesta com grande número de organizações é o de *fitness*. Nesse setor, existem organizações de diferentes naturezas e modelos de negócios e com objetivos e finalidades diversas. A Associação Brasileira de Academias (Acad) reconhece e descreve os modelos de negócios no mercado brasileiro de academias: *low cost*, *high end*, *middle market*, *studio*, digital e butique (Acad, 2017).

As *low cost* são academias focadas em equipamentos de ergometria e musculação de ponta; as *high end* são academias que oferecem uma excelente oferta e qualidade em equipamentos e serviços; o modelo *middle market* representa 80% das academias no Brasil, mas, segundo especialistas, tende a desaparecer no futuro. É um modelo de academia que atende bairros e tem pouca estrutura orçamentária; um *studio* normalmente usa espaços reduzidos, presta atendimento em pequenos grupos e serviço personalizado, com foco específico, e geralmente abrange um mesmo perfil de cliente; já o digital é reconhecido como um modelo de soluções *mobile*, que poderá, em um futuro próximo, ditar novas regras ao mercado *fitness*; por fim, as butiques são academias que, além de equipamentos de ponta, oferecem uma gama considerável de serviços e diferenciais para um público *premium*, disposto a pagar valores altos por mês.

As escolas de esporte, considerando-se as modalidades esportivas tradicionais (natação, judô, esgrima, futsal, entre outras) ou práticas como escalada, *parkour*, assessorias de prática de corrida, ciclismo e condicionamento físico, também são exemplos em que ocorre o empreendedorismo empresarial.

O serviço prestado por um *personal trainer* é outro exemplo de empreendedorismo empresarial. Nesse caso, o *personal*, na legislação atual, não pode se enquadrar como empreendedor do tipo MEI, mas pode se formalizar como trabalhador autônomo, Eireli/empresário individual.

No Brasil, o empreendedorismo sob a forma de cooperativa não é muito comum no esporte e na atividade física, mas configura-se como uma opção para empreender na área. Caracteriza-se como uma sociedade de natureza civil, gerida de forma democrática e participativa, com objetivos econômicos e sociais comuns. A finalidade é colocar os produtos e serviços de seus cooperados no mercado em condições melhores do que eles teriam isoladamente. O Portal da Educação Física (2018) considera a cooperativa como uma associação autônoma formada por profissionais de uma mesma área ou segmento, que se unem para melhorar suas condições de trabalho e renda. Por meio dessa união, eles conseguem se tornar mais competitivos no mercado de trabalho, por conta da redução de impostos e de encargos sociais em sua operação.

O profissional de educação física tem como opção atuar na forma de cooperativa para atender às oportunidades no mercado. Entre elas, existe a prestação de serviços em academias, condomínios e empresas.

Outros tipos de empreendimento que são mais frequentes em atividade física e esporte são as assessorias e consultorias esportivas. No cotidiano, percebemos que os termos *assessoria* e *consultoria* podem ser usados como sinônimos. Todavia, alguns autores os diferenciam. Para Oliveira (2007), uma assessoria é responsável por auxiliar um cargo superior em suas funções, isto é, fornecer um auxílio ou, ainda, fazer um acompanhamento e monitoramento de determinada atividade exigida por um grupo ou vários grupos. Já a consultoria é formada por pessoa(s) qualificada(s) que proporcionam pareceres técnicos sobre sua área de especialidade, envolvendo-se em processos que levantam necessidades do cliente, indicam soluções, recomendam ações e as instituem.

Segundo o Serviço Brasileiro de Apoio às Micro e Pequenas Empresas (Sebrae, 2021a), a consultoria consiste em "um serviço de aconselhamento, onde o consultor ajuda o cliente a potencializar sua capacidade para atingir os objetivos da organização". Ou seja, o consultor trabalha com o conhecimento, a capacidade de análise e a proposição e implantação de soluções para um conjunto de problemas apresentados pelos seus clientes. Essas atividades podem ser remuneradas por hora ou projeto, dependendo de cada cliente.

Existem empreendimentos de organizações especializadas em atividades físicas esportivas que prestam assessoria a pessoas, condomínios residenciais ou empresas de outros ramos de atividades ou indústrias, no desenvolvimento de treinamentos, orientação, programas ou eventos de atividades esportivas, recreativas e de lazer, dependendo das necessidades de cada contratante e de suas características (de público e estrutura). É possível notar que nesse mercado esportivo não se distinguem as nomenclaturas *assessoria* e *consultoria*.

Por sua vez, *startups* caracterizam-se como novos empreendimentos, de tamanho relativamente pequeno, que se situam em mercados em construção, isto é, a proposta de valor e o modelo de negócios ainda não são completamente moldados por experiências passadas do mercado, o que gera uma série de incertezas que interferem no modo como desenvolverão seu negócio replicável e escalável.

Uma *startup* também é considerada o resultado de um empreendimento de um grupo de pessoas à procura de um modelo de negócios repetível e escalável, trabalhando em condições de extrema incerteza. Ou seja, a inovação, o risco e a proatividade são características desse empreendimento. Muitas vezes, as *startups* estão ligadas a uma empresa de tecnologia – apesar de isso não ser uma regra –, pois tal característica permite muito mais facilmente o ganho de escala e replicabilidade do negócio.

Um exemplo de *startup* no ramo de atividade física e esporte são os aplicativos que visam reunir praticantes de modalidades para fins recreativos e no mercado *fitness*. Tais aplicativos oferecem assessoria a praticantes de atividades físicas por meio de profissionais que prescrevem e acompanham a atividade, com possibilidade de interação através de *chats*. Outro exemplo é a criação de plataformas com conteúdos em vídeo, com aulas de treinadores pessoais para a prática de exercícios em casa, contando com programas personalizados para os usuários. Atletas também já começaram a investir em *startups*:

> O pentacampeão Edmílson anunciou no final do ano passado o Campeão, Programa Inteligente. A startup conecta consumidores com empresas parceiras do programa de fidelização. Ao invés de acumular pontos, os consumidores recebem de volta parte do valor da compra (cashback). O atacante Alexandre Pato investiu no Soccer-1, aplicativo que ensina os princípios básicos do futebol para treinar crianças e adolescentes. (Santos, 2018)

Ainda no universo dos novos empreendimentos, o Sebrae (2021b) caracteriza as incubadoras e as aceleradoras: as incubadoras apoiam pequenas empresas de acordo com alguma diretiva governamental ou regional e têm gestores com experiência em mediar interesses de diferentes segmentos; as aceleradoras são focadas em empresas que têm o potencial para crescer rápido.

Recentemente, a associação de jogadores profissionais da National Football League (NFL), liga esportiva de futebol americano, lançou uma aceleradora de *startups* que atuam no esporte. "A empresa, que tem na sua direção líderes da indústria da tecnologia e um Conselho de jogadores e ex-jogadores da NFL, incentiva a troca de ações por direitos de imagem, um ativo valioso para ganhar visibilidade na mídia em campanhas de marketing e relações públicas" (Santos, 2018).

■ Empreendedorismo corporativo/institucional

Quando nos referimos ao empreendedorismo corporativo/institucional, a abordagem é um pouco diferente, pois, embora também se refira ao universo das organizações, o empreendedorismo se manifesta nas mudanças internas que ocorrem em tais instituições. Portanto, o empreendedorismo corporativo/institucional acontece dentro de uma corporação existente, ou seja, há um trabalho desenvolvido por uma pessoa que não tem a obrigação nem a necessidade de montar um negócio.

Para que esse tipo de empreendedorismo aconteça, a pessoa pode ser a dona da empresa, um gestor, um diretor, um líder e, até mesmo, um colaborador que está ali para auxiliar nos processos da organização, orientando e contribuindo para a melhoria institucional. Independentemente de sua posição na empresa, ele deve ter uma visão geral e sistêmica do negócio.

O empreendedorismo corporativo se manifesta em organizações envolvidas com atividades inovadoras. Para que ocorra, é necessário que a cultura organizacional seja favorável a mudanças, reforçando a importância e, principalmente, a possibilidade de os colaboradores colocarem ideias em prática e criarem novos processos e produtos dentro da empresa. Sabemos que qualquer alteração na cultura da organização é uma tarefa complexa e que demanda grande esforço e atenção do líder da entidade, seja ela uma empresa privada, pública ou privada sem fins lucrativos.

Indicação cultural

Acesse o *link* a seguir para saber mais sobre a cultura organizacional de uma empresa.

MARQUES, J. R. **Importância da cultura organizacional de uma empresa**. 12 dez. 2017. Disponível em: <http://www.ibccoaching.com.br/portal/rh-gestao-pessoas/importancia-cultura-organizacional-empresa/>. Acesso em: 7 fev. 2021.

Obviamente, além da proatividade, a inovação e o risco são pontos a serem considerados nas mudanças, e nas organizações do esporte e de atividades física o processo de implantação de atividades inovadoras não é tão comum. Algumas empresas esportivas adotam um estilo de propriedade e estrutura diferente, mais burocrático, o que pode restringir a criatividade e o desenvolvimento da inovação. Apesar da estrutura formal mais burocrática, empresas com grandes dotações de recursos têm maior facilidade em inovar (Ratten; Ferreira, 2017).

Como podemos perceber, a inovação no esporte pode ser baseada em produto ou processo e, muitas vezes, incorpora ambos. Ratten (2011), baseada nas observações de Desbordes (2002), destaca que, em esportes que estão se expandindo e crescendo, como *snowboard*, *mountain bike* e ciclismo, há mais inovação nas empresas em relação a produtos; por sua vez, em esportes como o esqui, existe mais inovação nas corporações em termos de processos.

A inovação implementada por corporações envolvidas no esporte muitas vezes se relaciona à forma como os produtos e processos esportivos são comercializados. As corporações esportivas anunciam seus produtos de maneiras inovadoras para capturar o mercado jovem.

Já o empreendedorismo institucional no esporte envolve a criação de novas atividades pelas organizações. Ratten (2012) exemplifica o caso citando a Major League Baseball (MLB) norte-americana, na qual o empreendedorismo institucional inclui testes padronizados *antidoping* e uniformes inovadores de beisebol.

Um dos aspectos presentes no esporte se refere à busca das equipes esportivas por novas estratégias para aumentar seu desempenho. Nesse sentido, o desenvolvimento de um método de treinamento por um preparador físico ou um time de profissionais de uma equipe esportiva é um exemplo de empreendedorismo.

No âmbito das atividades físicas, são inúmeros os exemplos de novas modalidades ou métodos de condicionamento físico, criados e implementados por empresas da área de *fitness*, assim como de modelos de negócios que se fundamentam em oferecer esses métodos.

Ainda no que se refere a esse setor, os próprios modelos de negócios desenvolvidos por empresas se configuram como empreendedorismo institucional – por exemplo, os licenciamentos e as franquias, como em academias, produtos de clubes e ligas esportivas.

Em termos de desenvolvimento de tecnologia, também encontramos exemplos, a maior parte deles advinda de organizações-satélites de organizações esportivas, como as fabricantes de materiais e equipamentos, que possibilitam avanços no desenvolvimento de modalidades.

Com relação à inovação, há casos em que as novas tecnologias são desenvolvidas nas próprias organizações de prática e de administração do esporte, como ocorre na criação de novos esportes – por exemplo, os esportes radicais.

Outra vertente é a criação de novas provas ou modalidades que determinadas entidades de administração do esporte desenvolvem para atingir metas esportivas, sociais ou comerciais. Certas provas do atletismo para mulheres, o voleibol de praia, o basquete 3×3, o *beach soccer*, entre outros, são exemplos de empreendimentos corporativos.

Ainda quanto a entidades de administração do esporte, os eventos têm sido um caminho de inovação, caracterizando-se como empreendedorismo; é o caso dos Jogos Olímpicos da Juventude, por exemplo. Porém, há cenários que não são necessariamente de sucesso, o que nos indica claramente que a situação de risco está presente também no empreendedorismo corporativo. A Federação Internacional de Futebol (Fifa) lançou e realizou o Campeonato Mundial de Clubes em 2000 no Brasil, e desde então a competição sofreu diversas mudanças e descontinuidades, não se configurando como um evento tradicional.

No âmbito das organizações, um caso que foi estudado por meio de pesquisa refere-se à inovação para o aumento e a diversificação de receitas dos clubes. Programas de sócio-torcedor foram estudados por Cardoso e Silveira (2014), os quais verificaram que 12 clubes de futebol podem conseguir um aumento significativo e constante nas receitas com esse tipo de ação. Eles constataram que a receita proveniente do programa mudou de patamar e, no período analisado, não retornou mais aos níveis anteriores à implantação (Cardoso; Silveira, 2014).

Outro exemplo recente no Brasil foi a criação de um serviço diferenciado no âmbito de uma entidade de administração do esporte. A Confederação Brasileira de Desportos na Neve (CBDN) elaborou e implantou um programa de vantagens e benefícios exclusivos para integrar as principais ofertas do turismo de neve e oferecer descontos exclusivos aos associados, destinado a servir a todo brasileiro interessado, independentemente de seu nível esportivo. Um dos objetivos é reinvestir todo o valor arrecadado no desenvolvimento dos esportes de neve no Brasil.

3.3 Empreendedorismo comunitário e empreendedorismo social

Nesta seção, o objetivo é examinar o papel do empreendedorismo como filantropia e responsabilidade social nas organizações esportivas e sua associação a grupos comunitários locais para atuar em questões sociais.

Empreendedorismo comunitário

Como abordamos, o empreendedorismo no esporte é dinâmico e impacta a economia e a sociedade, mediante o desenvolvimento da comunidade. O empreendedorismo comunitário envolve filantropia e responsabilidade social, em um modelo no qual organizações esportivas se associam a grupos comunitários locais para incentivar e desenvolver ações com foco em questões sociais.

Outra visão, citada por Ratten (2010), com base no trabalho de Peredo e Chrisman (2006), considera que o empreendedorismo comunitário diz respeito a uma comunidade organizada que atua corporativamente tanto como empreendedora quanto como uma empresa em busca de um objetivo comum. Além disso, citando Long e Sanderson (2001), a autora aponta as possibilidades do que o esporte pode fazer por uma comunidade: lazer, recreação, participação comunitária, aumento da confiança e da autoestima, redução do crime, incentivo ao orgulho da comunidade, e assim por diante.

Para Ratten (2011), no contexto esportivo, o empreendedorismo comunitário ocorre quando equipes, organizações esportivas ou jogadores fazem parcerias com organizações comunitárias. Nesse caso, são consideradas organizações comunitárias escolas, faculdades, universidades, organizações sem fins lucrativos (ONGs, fundações e institutos, por exemplo) e organizações governamentais locais (prefeituras, secretarias etc.).

Parcerias desse tipo podem ocorrer com foco em questões sociais, como obesidade infantil, crianças e jovens em risco social, prevenção e reabilitação de doenças, entre outras. Ratten (2010) apresenta alguns exemplos de organizações, como a National Basketball Association (NBA), que desenvolve a ação NBA Cares, a qual, entre outras finalidades, incentiva os jovens a se envolverem em sua comunidade local por meio do basquete.

No Brasil, organizações esportivas também atuam inovando em termos de ações sociais. Um exemplo é o projeto Adote um Pequeno Torcedor, desenvolvido pelo Sport Club do Recife, uma ação de inovação social de apoio ao Tribunal de Justiça de Pernambuco na inserção de crianças disponíveis para adoção em famílias substitutas (Sport Club do Recife, 2018). Outro exemplo é a rede de academias Curves, que, no Brasil, desenvolve ações na área de solução de problemas, realizando campanhas filantrópicas, campanhas anuais de prevenção ao câncer de mama e de arrecadação de alimentos, agasalhos e brinquedos, incentivando a participação com descontos na adesão de planos (Mascarenhas et al., 2007). Há, também, ações de entidades públicas (centros esportivos) ou privadas com e sem fins lucrativos, como clubes, faculdades e universidades (mediante programas e projetos de extensão universitária), que atuam em comunidades, diretamente ou por meio de serviços públicos de saúde, com vistas a oferecer serviços de prevenção e reabilitação da saúde de cidadãos, além da aprendizagem de esportes.

Empreendedorismo social

O conceito de empreendedorismo social ou empreendedorismo cívico no âmbito da área de atividade física e esporte tem sido abordado em diferentes obras recentes, sendo considerado o ato de criar valor social fornecendo soluções para problemas sociais (Dacin; Dacin; Matear, 2010; Ratten, 2011, 2014). No entanto, Ratten (2011) destaca que o envolvimento de pessoas e organizações no empreendedorismo social com a finalidade de contribuir com a sociedade de forma positiva por meio do esporte é relatado há décadas. Hardy (1986) já registrava em sua obra a existência de empreendimentos filantrópicos ou organizações caritativas baseadas no esporte.

Para Ratten (2014), o empreendedorismo social acontece quando metas ou objetivos que não estão direcionados a fins lucrativos estão associados a ideias de negócios.

É importante relembrarmos que a indústria do esporte é uma das maiores do mundo e impacta outras indústrias, como a do turismo e a têxtil. Algumas delas têm demonstrado ações no âmbito do empreendedorismo social em associação com o esporte e a atividade física. Ou seja, ações de responsabilidade social corporativa de empresas e organizações de outros segmentos se configuram como empreendedorismo social por meio do esporte.

É relativamente comum nos depararmos com eventos esportivos criados exclusivamente para o apoio a causas sociais ou mesmo com a previsão dessa finalidade entre seus objetivos. Também é usual haver ações de empresas privadas nesse sentido, desenvolvidas pelo departamento de *marketing*, seja por meio de eventos ou campanhas relacionadas a causas não esportivas, seja por meio de apoio a organizações esportivas ou programas específicos.

Ratten (2011) cita a campanha de fita rosa que a Reebok patrocinou para apoiar a consciência sobre a prevenção do câncer de mama, bem como o empreendedor T. Boone Pickens, que inovou no setor do esporte escolar americano doando dinheiro para o Departamento Esportivo da Universidade Estadual de Oklahoma. Há também o exemplo de organizações como o Fundo de Emergência Internacional das Nações Unidas para a Infância (Unicef), o qual incentivou o empreendedorismo em programas sociais que promoveram a reconstrução das comunidades por meio do esporte em países como Uganda.

Exemplos no Brasil vêm de organizações do setor financeiro (bancos, financeiras etc.) ou empresas estatais (como a Petrobras), que desenvolvem ou apoiam projetos de natureza social.

3.4 Empreendedorismo internacional

A visão estratégica, que cada vez mais se torna imprescindível na gestão das organizações esportivas, tem sido aplicada em função das constantes transformações do mundo moderno na gestão empresarial e de organizações públicas de qualquer área. As tendências observadas para o futuro das organizações têm implicações oriundas do processo de globalização e competitividade (Chiavenato, 2014).

Nesse sentido, o sucesso das organizações está atrelado à capacidade de seus gestores de observar e avaliar a realidade externa, de modo a identificar nela as oportunidades e, ao mesmo tempo, as ameaças que podem, respectivamente, alavancar seu negócio ou levar a ações que as neutralizem.

Atualmente, entre as variáveis externas que condicionam fortemente a atividade das organizações, destacam-se a globalização e a competitividade. Existe uma competição sem precedentes no mercado mundial, nos mais diversos setores, entre eles, o das organizações esportivas.

Ações de internacionalização no âmbito das organizações esportivas também podem ser observadas em entidades como clubes e empresas de *fitness*, por exemplo (Chelladurai, 2013; Hums; MacLean, 2009; Walker; Tehrani, 2012).

O empreendedorismo internacional ocorre quando as organizações se expandem para novos mercados internacionais. Essa tem sido uma tendência nos diferentes segmentos da indústria do esporte, ou seja, organizações esportivas privadas, com ou sem fins lucrativos, têm buscado essa expansão.

No esporte, o empreendedorismo internacional é evidente, ao observarmos ligas e clubes entrando em novos mercados no exterior. Ratten (2011) exemplifica isso citando a NBA e a MLB, que se expandiram para a China em busca de novas oportunidades de mercado, com ênfase na comercialização e profissionalização de esportes coletivos para atrair um público global mais amplo.

Mediante a expansão global, as organizações podem adquirir fontes financeiras adicionais – por exemplo, em uma situação em que as condições econômicas no mercado local são incertas e um intercâmbio internacional pode ser favorável. Por meio de empreendimentos no exterior, uma organização esportiva pode escolher se expandir para um mercado mais estável a fim de fortalecer suas operações ou levar vantagem nas taxas de câmbio.

Em modalidades específicas, como o golfe, esportistas profissionais se beneficiaram da expansão internacional da indústria desse esporte com a criação de eventos internacionais. Tais eventos não só trouxeram novas oportunidades para os golfistas ganharem mais dinheiro, como também resultaram em novas possibilidades de patrocínio. Outro exemplo vem de times europeus de futebol que realizam pré-temporadas e excursões a outros países, provocam exposição na mídia e aumentam a popularidade do esporte, do time e da competição, inserindo-se em novos mercados.

Os meios de internacionalização e empreendedorismo internacional desenvolvidos pelas organizações da indústria do esporte acontecem também por meio de alianças estratégicas e de investimentos diretos (Slack; Parent, 2006; Walker; Tehrani, 2012).

As alianças estratégicas representam ações de colaboração mútua entre organizações, para aumentar o controle no segmento da indústria e da competição e compartilhar os custos e riscos da expansão global. É preciso considerar essa alternativa cuidadosamente, identificando-se e negociando-se fatores políticos, culturais, éticos, logísticos e econômicos envolvidos no processo. As principais alianças estratégicas na indústria do esporte são o licenciamento, a franquia, o patrocínio e as *joint ventures*.

■ Licenciamento

O licenciamento ocorre pela transferência de recursos para outra organização – a licenciada –, conferindo a esta o direito de produzir e comercializar um produto por um tempo determinado e em troca de remuneração. Os recursos podem ser a marca, a imagem ou a propriedade intelectual e artística registrada de uma organização. Essa estratégia pode se tornar uma fonte de receita significativa para a organização por meio da criação de programas de produtos licenciados oficiais e/ou aliados a patrocínio.

As ligas americanas NBA e NFL, por exemplo, além de clubes de futebol e de várias outras organizações, mantêm diversos produtos licenciados, como uniformes, camisas, chaveiros, entre outros. Muitas vezes, essas estratégias, comumente utilizadas pelas organizações (e eventos) esportivas, são desenvolvidas em conjunto com patrocinadores de outros segmentos, como as empresas do setor de bebidas (Coca-Cola, Gatorade, entre outras) (Walker; Tehrani, 2012). No Brasil, temos exemplos de licenciamento em produtos e em escolinhas de times de futebol, bem como no setor de *fitness*, como o caso da primeira rede de academias, a Runner, e mais recentemente o *crossfit*.

Um dos benefícios desse tipo de estratégia para as organizações esportivas é que elas se tornam capazes de aumentar o reconhecimento da marca e construir participação de mercado mediante terceirização.

Franquia

A franquia se caracteriza pela extensão do direito legal de utilizar a marca de uma empresa, o padrão de condução do negócio e uma gama de produtos a ser franqueada (Walker; Tehrani, 2012). É desenvolvida pelo proprietário de um negócio que deseja expandir suas atividades em outros pontos de um bairro, de uma cidade e/ou de outros estados e, até mesmo, países.

No caso da franquia, diferentemente do que acontece no licenciamento, o franqueador fornece um pacote completo de serviços e materiais que incluem equipamentos, marca, direitos de marca, assessoria, administração de sistemas padronizados de operação etc. (Chiavenato, 2014). Um exemplo é a Curves, uma das franquias globais da área de *fitness*, presente em mais de 27 países.

- **Patrocínio**

O patrocínio corporativo (ou programas de parceria) permite tanto à organização esportiva como ao patrocinador criar oportunidades para alcançar as metas de seus negócios (aumento de vendas, conquista de mercado, lançamento de produto, aumento de audiência, relacionamento etc.). Para as empresas que querem se lançar em mercados internacionais ou incrementar suas operações internacionalmente, o esporte é um dos meios mais poderosos de atingir esses objetivos. Para as organizações esportivas, as diferentes modalidades de patrocínio, como o *naming rights* e a colaboração em vendas promocionais, assim como ações em eventos, são as formas mais comuns em seus programas (Rocco Júnior, 2012).

- **Joint venture**

A estratégia de *joint venture* envolve duas organizações (ou, em alguns casos, uma entidade governamental) que, juntas, contribuem em recursos e *expertise* para desenvolver um produto ou serviço. Elas compartilham também os riscos e os custos da operação. No nível internacional, são prevalentes as *joint ventures* que envolvem *marketing*, como aconteceu, por exemplo, entre o Chelsea FC e a Samsung, que dá suporte financeiro para a participação do clube em *tour* internacional, no qual oferece programas de treinamento e clínicas para jovens (Walker; Tehrani, 2012). Outros exemplos são as federações nacionais de esqui do Canadá, da Suécia e da Itália, que se uniram para compartilhar conhecimento sobre treinamento, ciências do esporte e instalações de treinamento (Slack; Parent, 2006).

As atividades de empreendedorismo internacional por meio de investimento direto no estrangeiro de uma organização esportiva podem ser representadas pelo controle de ativos em outro país, pela gerência de atividades no exterior, bem como pela busca de novos mercados e de fontes de recursos adicionais para mercados existentes. São realizadas principalmente por empresas de manufatura de artigos esportivos e por organizações esportivas, como vimos no exemplo da NBA, que promove clínicas e eventos em outros países.

O empreendedorismo internacional no esporte também ocorre a partir do nível individual. Alguns jogadores têm sido empreendedores, incentivando a globalização de diferentes tipos de esporte, comercializando e/ou cedendo o uso de sua imagem. Ligas e equipes de vários esportes em todo o mundo têm inovado e empreendido nas últimas décadas, incorporando e promovendo um maior número de jogadores nascidos no estrangeiro, estimulando o recrutamento de jogadores internacionais e ampliando o foco em fãs internacionais.

3.5 Empreendedorismo tecnológico

O empreendedorismo tecnológico acontece especificamente quando a inovação ocorre no âmbito da tecnologia, seja aplicada a materiais e equipamentos, seja aplicada a produtos, serviços, ferramentas de gestão e comunicação. A importância do empreendedorismo tecnológico, em particular para a inovação e introdução no tecido econômico de tecnologias de vanguarda, além de novos produtos/serviços e novas formas de organização, é reconhecida nos diferentes setores da atividade econômica e social (Schumpeter, 2003).

A tecnologia gera constantes oportunidades para inovações profundas e descontínuas, propiciando o desenvolvimento de novos produtos e modelos de negócios. O impacto da tecnologia vai além da novidade e da sofisticação de um produto ou serviço, e seu sucesso é comprovado, considerando-se o valor diferencial que traz para o consumidor nesse contexto.

Um dos aspectos mais relacionados ao empreendedorismo, obviamente, é a inovação, ou seja, uma atividade empreendedora na área tecnológica tem, fundamentalmente, características inovadoras.

Uma manifestação do empreendedorismo tecnológico ocorre com a finalidade de modificar, criar ou ampliar um negócio na área da tecnologia. Podemos tomar como exemplo a transformação dos conhecimentos do empreendedor em novos produtos ou serviços e a implantação de ideias que não existam no mercado ou que melhorem o modo como determinada ação é executada.

A tecnologia e seu desenvolvimento têm resultado em empreendimentos em diferentes sentidos em relação à atividade física e ao esporte, tanto para o praticante como para o espectador. Empreendimentos tecnológicos são desenvolvidos nas mais diferentes áreas, como nutrição esportiva, confecção de equipamentos, medicina do esporte e mídia.

Além dos aspectos citados em relação ao desenvolvimento do desempenho esportivo, há também a visão focada nas questões clássicas em que se relacionam economia industrial e gestão de tecnologia. Para Desbordes (2002), a ligação entre a estrutura industrial e o desempenho se caracteriza pelo fato de este estar ligado essencialmente à tecnologia.

Quanto a materiais e equipamentos, nos últimos 40 anos, os produtos esportivos evoluíram muito em termos de estrutura ou *design*. Porém, segundo Desbordes (2002), algumas inovações não apareceram por duas razões principais: a resistência dos consumidores desportivos, que têm uma imagem "histórica" de seu produto, e as regras das federações internacionais.

Os usuários de equipamentos esportivos são integrados logo no início do processo inovador, ao se envolverem em pré-testes em eventos de competição, porque, para serem aceitos, tais produtos precisam ser tecnologicamente eficientes, bem projetados e propostos a um preço de mercado razoável (Desbordes, 2002).

Um exemplo da importância do consumidor no desenvolvimento de um produto refere-se à indústria do setor de ciclismo, que é capaz de produzir bicicletas feitas apenas de plástico, mas não o fazem, pois elas não corresponderiam à imagem do consumidor de uma bicicleta de metal sólido. Outro exemplo vem do tênis (o comprimento da raquete é limitado pela Federação Internacional de Tênis – ITF) (Desbordes, 2002).

Outro aspecto em que se evidenciam a inovação e o empreendedorismo tecnológico vem do desenvolvimento de produtos de análise de vídeo, que permitem em detalhes a visão tática da atuação de jogadores e das estratégias de equipe, com base em medições eficazes. Assim, todos os lances são mapeados (no futebol, por exemplo, gols, tiros, passes, cruzamentos, folgas, ganhos e perdas de bola, corridas com a bola, dribles, cabeceios, arremessos, cobranças de falta, impedimentos, cobertura de zona, posicionamento do jogador etc.), o que possibilita, ainda, comparar a atuação tática de jogadores ou fazer uma análise individual de cada jogador.

Com relação ao desempenho individual, há produtos que permitem a análise da aptidão física, que envolve medições da distância total de corrida, caminhada e *sprints* em campo, além de perfil de movimento, velocidades média e máxima, tempo médio de recuperação entre os *sprints* etc. É possível comparar os jogadores em jogos diferentes, os jogadores de uma mesmo equipe ou, ainda, os adversários. Esse tipo de produto pode ser usado para intervalos de tempo curtos (uma competição) ou em intervalos maiores (temporada), para detectar e prevenir lesões, criar planos de treinamento individuais, entre tantas outras aplicações (Barneva; Hite, 2017; Petrovic; Milovanovic; Desbordes, 2015).

Mas não é apenas no universo das modalidades esportivas que há empreendimentos tecnológicos voltados ao desempenho. A corrida de rua, atividade largamente praticada, conta com uma gama de *softwares* e aplicativos que ajudam a monitorar a atividade do corredor em vários níveis, como o tempo gasto, a distância percorrida e a quantidade de calorias eliminadas, além de acompanhar o progresso obtido ao longo das semanas. Da mesma forma, equipamentos de condicionamento encontrados em academias ou de uso pessoal têm sido desenvolvidos com sofisticados recursos tecnológicos, alguns deles promovendo a interatividade com instrutores.

Uma das tendências mais inovadoras em termos de empreendedorismo tecnológico voltado à prática de atividades de condicionamento físico corresponde ao chamado *coaching digital*. Os usuários de tecnologias de esporte e bem-estar têm aumentado, e a indústria desse setor tem se desenvolvido fortemente. Tais soluções são muito novas, e os estudos sobre o tema ainda são bastante limitados. O que tem sido observado é que, entre os jovens, o uso da internet e da tecnologia os motiva a ter um estilo de vida mais saudável (Kettunen; Kari, 2018).

No âmbito da própria gestão das organizações, a tecnologia da informação tem sido amplamente difundida como um condutor de informação, e empreendimentos tecnológicos são necessários para o desenvolvimento e o sucesso de todas as organizações, incluindo as esportivas (Barneva; Hite, 2017).

Vários programas e *softwares* têm sido desenvolvidos no sentido de fornecer instrumentos a empresas e organizações de administração do esporte para dar suporte à sua gestão. No mercado, são encontrados *softwares* de: gerenciamento de equipes; comunicação e *marketing*; análise de dados; contabilidade e finanças; gestão de pessoal; tomada de decisão; gerenciamento de eventos; e instalações esportivas (Barneva; Hite, 2017). As autoras mencionam que empreendimentos tecnológicos baseados nesses *softwares* proporcionam a aplicação no gerenciamento da documentação de times e empresas em relação a opções de plano de pagamento, preparação de relatórios financeiros etc.

Especificamente quanto à gestão de equipes de clubes e ligas, existem ferramentas para o gerenciamento de áreas como jornalismo, *marketing* e relações públicas, assim como para a construção de *sites*, o gerenciamento de campanhas de *marketing*, a melhoria do *marketing* de mídias sociais, a preparação de planos de vendas, o incremento de anúncios e o impulsionamento da adesão de fãs e consumidores. Os avanços na tecnologia durante as últimas décadas, como o uso da internet e de *podcasts*, inovaram a forma como as pessoas consomem esporte. Com a crescente popularidade dos *smartphones*, os meios citados se tornaram importantes para aumentar o engajamento dos fãs de esportes, requerendo desenvolvimento tecnológico compatível.

As aplicações relativas ao gerenciamento de eventos e de instalações esportivas dão suporte quanto ao agendamento e gerenciamento de torneios, de arenas e de equipes, assim como para o acompanhamento de receita, de venda de ingressos, entre outros.

Soluções tecnológicas inovadoras ajudam a impulsionar novas experiências e crescimento, conectando competições esportivas, equipes, fãs e comunidade de maneiras inteiramente novas, muito importantes para o futuro dos eventos esportivos (Petrovic; Milovanovic; Desbordes, 2015).

Os autores destacam ferramentas de *software* de análise disponíveis por meio da simples implementação de uma câmera e da geração semiautomática de informações relevantes, apresentadas aos usuários por meio de um sistema de interface gráfica baseado em um conjunto fixo de câmeras sincronizadas ou de imagens de TV individuais. O exemplo mais recente é o VAR, tecnologia de vídeo no futebol, utilizado pela Fifa a partir da Copa do Mundo de Futebol realizada na Rússia, em 2018. Esse tipo de tecnologia já vinha sendo adotado em eventos de outras modalidades, como o tênis e o voleibol.

As perspectivas de empreendedorismo tecnológico também estão voltadas aos negócios digitais. Empreendimentos dessa natureza têm sido desenvolvidos de diferentes formas, entre as quais está o desenvolvimento de infoprodutos. Trata-se de produtos intangíveis em formato de informação digital e que podem ser disponibilizados gratuitamente ou vendidos na forma de arquivos para *download* na internet. Esses produtos podem ser filmes, músicas, *ebooks*, palestras etc.

Nas áreas de educação física, atividades físicas e esporte, os infoprodutos podem ser comercializados tanto na forma de palestras e cursos informativos para complementar a formação do profissional quanto, conforme abordamos, na forma de disponibilização do serviço oferecido pelo profissional (treinos e orientações de preparação e condicionamento físico, por exemplo). Além disso, a disponibilização do serviço via infoproduto também é considerada uma ferramenta de *marketing* de grande alcance.

O e-*commerce (*comércio eletrônico) é um modelo de negócio que se desenvolve por meio de dispositivos eletrônicos. Esse tipo de comércio se tornou possível com o desenvolvimento da internet, facilitando a compra e venda de produtos e serviços. Inicialmente, eram comercializados apenas pequenos produtos, como livros e DVDs. Contudo, com o avanço tecnológico, vários bens, como os de vestuário esportivo e acessórios para a prática da atividade física e de modalidades esportivas, passaram a ser oferecidos em plataformas *on-line*. Esse tipo de comércio tem como vantagens a oferta de uma variedade de opções e preços ao consumidor e a facilidade de acesso e comparação, permitindo uma compra rápida sem a necessidade de o consumidor se deslocar a uma loja física. Para produtos como calçados, vestuário e equipamentos, algumas empresas fornecem, nas próprias páginas oficiais, orientações a respeito dos produtos conforme o perfil do consumidor; já outras empresas que mantêm lojas físicas estimulam o consumidor a experimentar e a receber orientações sobre os produtos na loja, para que a decisão de compra seja feita posteriormente por via digital.

Outro tipo de meio digital para se empreender é o *blog*, uma espécie de diário *on-line* no qual uma ou mais pessoas podem administrar um espaço em que é possível inserir textos, fotos, reportagens, músicas etc. A busca por esses espaços na internet é muito simples, por não exigir linguagens complexas. Seus autores são chamados de *blogueiros*.

Conforme comentamos, um *blog* pode conter qualquer tipo de tema, seja amplo, seja específico, e pode, até mesmo, não apresentar um tema predefinido. Outra característica marcante dessa mídia consiste na possibilidade de os leitores se comunicarem com os autores, por meio de comentários deixados nos textos ou nas fotos do *blog*.

Por sua vez, o *site* se refere a estruturas mais tradicionais da *web*, correspondendo a uma linguagem mais formal, e em geral representa oficialmente uma empresa ou produto. O *site* normalmente não é atualizado com muita frequência, e a interação é mais rígida quando comparada com a do *blog*, usado para se obter maior interatividade. A criação e a estruturação de um *site* também são um pouco mais complexas, sendo que tais ações são realizadas, na maioria das vezes, por agências especializadas. Existem *blogs* e *sites* que oferecem conteúdos específicos, bem como aqueles que diversificam suas atividades, fornecendo conteúdos abertos e produtos e serviços comercializados, como cursos, livros e vídeos.

Para refletir

Como se trata de um tema relativamente novo, também é importante acompanhar a produção acadêmica na área (livros e pesquisas) e o que revistas especializadas em negócios têm divulgado sobre os tipos de empreendedorismo no esporte, com a discussão de novas abordagens. Fique atento, pois o conhecimento acadêmico sobre o assunto também está crescendo, a exemplo de estudos e obras ligados ao empreendedorismo feminino, temática abordada no próximo capítulo.

Outro tipo de empreendimento em negócios digitais e que se aplica às atividades físicas e ao esporte diz respeito à produção de vídeos tutoriais ou institucionais, normalmente desenvolvidos por agências ou profissionais de comunicação.

Síntese

Considerando-se as vertentes possíveis no campo da gestão de organizações e programas, fica evidente que se trata de uma esfera em constante evolução, na qual emergem diversas oportunidades de empreendedorismo. Sob essa ótica, neste capítulo, abordamos algumas delas, como o empreendedorismo no esporte, o empreendedorismo empresarial e corporativo/institucional, o empreendedorismo comunitário e social, o empreendedorismo internacional e o empreendedorismo tecnológico.

Essa diversidade de oportunidades evidencia que os profissionais envolvidos na prática ou na gestão de organizações ou programas devem continuar se atualizando e desenvolvendo as próprias capacidades, por meio das possibilidades acadêmicas de desenvolvimento profissional.

Atividades de autoavaliação

1. Considerando as opções a seguir, assinale com V (verdadeiro) as que se aplicam ao empreendedorismo e com F (falso) as que não abrangem o empreendedorismo:

( ) Inovação
( ) Proatividade
( ) Risco
( ) Desempenho
( ) Ousadia

A seguir, indique a alternativa que apresenta a sequência obtida:

a) F, V, V, F, F.
b) V, V, F, F, F.
c) V, F, V, V, V.
d) V, V, F, V, V.
e) V, V, V, F, F.

2. Tomando como base o que discutimos neste capítulo a respeito do empreendedorismo corporativo/institucional, assinale com V (verdadeiro) as opções cabíveis e com F (falso) os itens que não se aplicam:

( ) Visão geral e sistêmica do negócio
( ) Cultura organizacional favorável a mudanças
( ) Visão específica do negócio
( ) Obrigatoriedade e necessidade de montar um negócio
( ) Criação de novos processos e produtos

A seguir, indique a alternativa que apresenta a sequência obtida:

a) V, F, V, V, V.
b) F, V, F, V, F.
c) V, V, V, F, V.
d) F, F, V, V, V.
e) V, V, F, V, V.

3. Conforme Ratten (2011), são aspectos do empreendedorismo baseado no esporte:

a) Estratégia de *marketing*, gestão de riscos e gestão de *performance*.
b) Estratégia de negócio, inovação de produtos e criação de modalidade.
c) Estratégia de *marketing*, gestão de crise e gestão de *performance*.
d) Estratégia de *marketing*, inovação de produtos e gestão de *performance*.
e) Estratégia de negócio e gestão de *performance*.

4. A seguir, marque a alternativa que apresenta alianças estratégicas na indústria do esporte no empreendedorismo internacional:

a) Licenciamento, patrocínio, *joint venture* e franquia.
b) Licenciamento, marketing, *joint venture* e franquia.
c) Franquia, licenciamento, inovação e patrocínio.
d) Licenciamento, patrocínio, *marketing* e franquia.
e) Franquia, licenciamento, criatividade e *joint venture*.

5. Voleibol de praia, basquete 3x3 e *beach soccer* são exemplos de empreendimento:

a) internacional.
b) corporativo.
c) social.
d) empresarial.
e) tecnológico.

Atividades de aprendizagem

Questões para reflexão

1. Quais são as duas melhores oportunidades de empreendedorismo em atividades físicas e esporte para as próximas décadas no Brasil considerando-se as tendências populacionais?

2. Em qual categoria do empreendedorismo haverá mais oportunidades para se empreender? Justifique sua reflexão com base em dados de uma pesquisa feita por você sobre essa categoria.

Atividade aplicada: prática

1. Continuando a atividade prática desenvolvida nos capítulos anteriores, agora vamos levar em conta o conteúdo desenvolvido neste capítulo. Pesquise, reflita e responda:
    a) O que está prioritariamente envolvido no empreendimento que você está propondo: estratégia de negócio, gestão de crise, desenvolvimento de novas modalidades ou atividades, gestão de desempenho, inovação de produtos, estratégias promocionais, questões sociais, preocupações com a sustentabilidade, desenvolvimento tecnológico ou outro aspecto?
    b) O empreendimento que você está construindo se enquadra em qual tipo de empreendedorismo esportivo?
    c) Compare suas respostas com os exemplos do capítulo e formule o objetivo de seu empreendimento.
    d) Quais são os serviços/produtos principais a serem oferecidos?

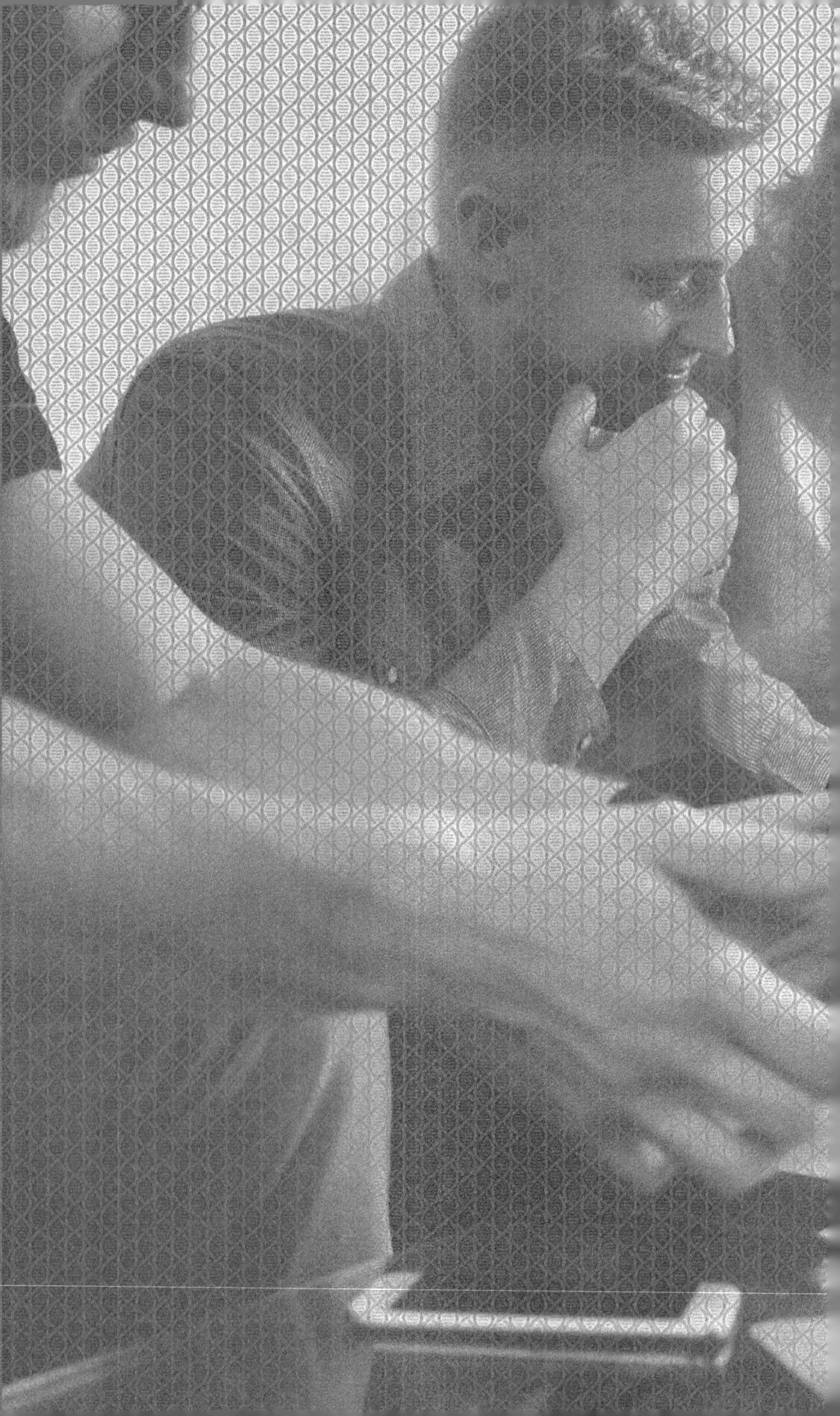

Capítulo 4

O empreendedor

Flávia da Cunha Bastos

Falar sobre o empreendedor nos dias atuais pode ser relativamente fácil, pois dispomos de informações e conceitos provenientes de diversas fontes, acadêmicas ou não, e na sociedade capitalista a figura do empreendedor tem um papel relevante em praticamente todas as economias, impulsionado e desenvolvido pela globalização econômica.

Neste capítulo, o objetivo é apresentar informações e conhecimentos que lhe possibilitarão compreender o que é ser empreendedor e qual é o perfil para essa finalidade. Também descreveremos os tipos de empreendedores, as habilidades específicas que devem ter e as possibilidades de formação para o empreendedorismo. Apresentaremos, ainda, as oportunidades disponíveis para o empreendedor em atividades físicas e esporte.

4.1 O empreendedor e sua formação

Iniciamos este capítulo formulando a seguinte pergunta: Afinal, o que é preciso para se tornar um empreendedor?

Dados sobre essa atividade, referentes aos anos de 2019 e 2020, coletados pelo Global Entrepreneurship Monitor (GEM), apontam que 57% dos empreendedores brasileiros afirmaram estar desempregados ou procurando por um emprego três meses antes de iniciarem seus negócios. Além disso, em 2019, as taxas de empreendedores por gênero eram 23,1% para mulheres e 23,5% para homens (GEM, 2020).

Para caracterizar o empreendedor, Halicki (2012, p. 42) propõe a seguinte descrição:

> sujeito criativo, ousado, persistente, inovador e atento às informações atuais, em constante busca por caminhos e soluções que superem os obstáculos apresentados, sempre amparados na identificação das necessidades dos indivíduos envolvidos, de modo a gerar empregos, valor e contribuir para o crescimento econômico e social.

Dolabela (2008), outro autor que estuda o tema, enfatiza a atuação do empreendedor na geração de riqueza, por meio do conhecimento e da inovação, no sentido de criar produtos e serviços nas mais diversas áreas.

A integração desses fatores é proposta por Julien (2010), segundo o qual os empreendedores precisam considerar o tempo, o ambiente e o meio, para aproveitar melhor as informações e atuar em redes de relacionamento a fim de desenvolver a inovação, garantindo, assim, a sobrevivência de seus negócios.

Como exposto no capítulo anterior, o empreendedorismo é o guia para a mudança, a inovação e a geração de empregos também nos campos da atividade física e do esporte. Dessa forma, para a indústria do esporte, constitui-se em fator crucial para atender rapidamente à demanda dos consumidores de esporte.

Consequentemente, o empreendedor esportivo deve ser alguém com alta capacidade de percepção das necessidades dos clientes, que frequentemente exigem novos tipos de produtos e serviços, o que cria novas oportunidades para inovações.

É preciso deixar claro que o empreendedor nessa área não é necessariamente um profissional formado em educação física/esporte ou um ex-atleta/praticante. Isto é, o empreendedor esportivo é aquele que vê oportunidades de negócio relacionadas aos segmentos da indústria do esporte, independentemente de sua área de formação. Pode ser um apaixonado por uma modalidade, um praticante que enxerga uma necessidade ou, mesmo, um profissional de formação totalmente distinta, que vê nessas atividades oportunidades para empreender.

No que se refere especificamente ao empreendedor de negócios esportivos, Borgese (2007) define que o empreendedor esportivo é a pessoa que organiza, opera e assume o risco de um negócio esportivo. Apesar de sua contribuição sobre o tema, tal definição está muito mais voltada para o empresário, o indivíduo que aplica seus recursos financeiros em empresas (Borgese, 2007).

No entanto, como vimos, a definição mais abrangente de *empreendedor* difere da de *empresário* justamente pelo fato de que o primeiro é quem faz as coisas acontecerem trabalhando diretamente com o empreendimento (inovação, risco e proatividade).

Nessa ótica, o empreendedor esportivo pode ser definido e classificado como aquele que transforma ideias e oportunidades direta ou indiretamente vinculadas à oferta de atividade física e ao esporte (organizações esportivas primárias e satélites, citadas anteriormente).

Para refletir

Como mencionado no Capítulo 3, são exemplos de organizações-satélites: produtores de equipamentos e de acessórios esportivos; empresas de consultoria em gestão do esporte; produtores de alimentos específicos para a prática esportiva; empresas organizadoras de eventos esportivos; agentes de jogadores; construtoras de espaços esportivos; mídia especializada em atividade física e esporte.

Já as organizações primárias são aquelas que abrangem negócios que oferecem serviços voltados à prática de atividade física, tais como: escolas de esporte; academias de ginástica; de *personal training*; empresas que fornecem atividades físicas como ioga, ginástica laboral e treinos de corrida.

Outro ponto importante que se tem discutido a respeito do empreendedor é se ele já nasce empreendedor ou se é possível e/ou necessário ter alguma formação específica. São dois pontos de vista sobre o mesmo assunto:

- Existem características, habilidades e perfis de empreendedores que se manifestam segundo sua personalidade e vocação. Trataremos desses aspectos nas seções seguintes.
- A formação é um tema cada vez mais explorado, seja na literatura, seja na prática, em cursos superiores ou por entidades que dão suporte às atividades empreendedoras. Há, pois, uma tendência de se considerar que é possível aprender a ser empreendedor.

A formação empreendedora tem como maior objetivo despertar o espírito empreendedor, que proporcionará ao indivíduo mudanças comportamentais, preparando-o para assumir riscos e inovar continuamente, de modo a passar de simples trabalhador a empreendedor.

Dornelas (2015), um dos autores clássicos sobre o tema, sugere uma classificação para a fonte de formação do empreendedor, dividida em três níveis:

- Primário: familiares e conhecidos; ligações em torno de mais de uma atividade.
- Secundário: ligações em torno de determinada atividade.
- Terciário: cursos, livros, viagens, feiras e congressos.

Podemos afirmar que o nível primário corresponde à fonte mais acessível de formação de empreendedores, mas os níveis secundário e terciário também podem ser importantes nessa formação. Neles se enquadram o aprender fazendo, a exploração de problemas a partir de múltiplos pontos de vista e a criação de redes de relacionamento.

Outro aspecto fundamental referente à formação do empreendedor é o desenvolvimento da criatividade e da inovação. Tais habilidades devem ser desenvolvidas em qualquer nível de formação e implicam que o interessado busque diferentes formas para obter conhecimento em relação à atividade.

Esse desenvolvimento é um processo que ocorre em etapas. Primeiramente, é preciso que o empreendedor identifique e avalie a oportunidade para empreender, levando em conta os riscos, a abrangência e os concorrentes. O segundo passo é elaborar um plano de negócio ou um planejamento que especifique objetivos, recursos e estratégias. O próximo passo é levantar os recursos necessários e, a partir da criação do empreendimento, gerenciar a entidade.

Nos cursos que são oferecidos, tanto as competências do empreendedor como o aprendizado e o acompanhamento do processo são desenvolvidos, dando-se apoio ao interessado. Porém, é importante lembrar que é ele quem deve buscar as próprias respostas para construir ativamente sua base de conhecimento.

Quanto aos conhecimentos mais relevantes para a formação de empreendedores no esporte, os resultados do *ranking* dos padrões de conteúdo nacionais proposto por Borgese (2010) indicaram quatro categorias mais importantes: comunicação e habilidades interpessoais; gestão financeira; gestão de *marketing*; e fundamentos de negócios. Os empreendedores esportivos consultados sinalizaram que o gerenciamento de operações era a quinta habilidade ou característica mais relevante (Borgese, 2010).

No caso do empreendedor em atividades físicas e esporte, cada vez mais profissionais graduados buscam uma carreira empreendedora; da mesma forma, atletas que desenvolvem negócios e profissionais de educação física e esporte buscam formação complementar para empreender em cursos de administração (Ratten; Jones, 2018).

Mesmo que você já tenha uma graduação, é preciso buscar cursos de formação específicos, que podem ajudar no desenvolvimento como empreendedor.

Indicação cultural

No Brasil, o Serviço Brasileiro de Apoio às Micro e Pequenas Empresas (Sebrae) é uma das entidades que oferecem capacitação para novos empreendimentos ou para o desenvolvimento de empreendimentos que já existem. Podemos citar alguns cursos: Planejamento Estratégico para Empreendedores, Microempreendedor Individual (MEI), *Customer Success*: Como Conquistar e Manter Clientes, Como Formalizar o Seu Negócio, Contabilidade para Empresários, *Marketing* Digital para o Empreendedor, Negociação, entre muitos outros cursos. Pesquise no *link* indicado outras ofertas direcionadas à capacitação do empreendedor.

SEBRAE – Serviço Brasileiro de Apoio às Micro e Pequenas Empresas. Disponível em: <http://www.sebrae.com.br/sites/PortalSebrae/>. Acesso em: 11 fev. 2021.

4.2 Tipos de empreendedores

Com o desenvolvimento do empreendedorismo, os empreendedores passaram a ser considerados sob diferentes perspectivas. Tendo em vista sua atuação diversificada na sociedade, diferentes tipos de empreendedores puderam ser identificados e caracterizados.

Os autores que escrevem sobre o tema apontam que há dois grandes grupos de empreendedores: aqueles que buscam empreender por necessidade, isto é, que o fazem para sobreviver, e os empreendedores por oportunidade, que identificam um nicho com potencial de crescimento.

Os principais tipos propostos estão representados na Figura 4.1.

Figura 4.1 – Tipos de empreendedores

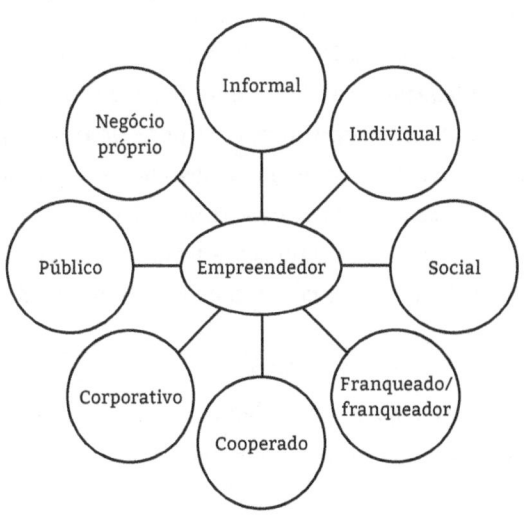

Para esclarecermos o que significam esses tipos, com base em autores que versam sobre o tema e em outras fontes de informação, como revistas especializadas, apresentamos, na sequência, uma caracterização de cada um deles.

Observe que destacamos alguns aspectos, mas vale lembrar que não existe um tipo certo ou errado, bom ou ruim de empreendedor, e sim tipos que assumem diferentes níveis de proatividade, risco e inovação – características gerais do empreendedorismo.

- **O empreendedor informal ou por necessidade**

Esse tipo de empreendedor se refere ao indivíduo que busca uma atividade para ganhar dinheiro porque precisa sobreviver. Por não ter outra alternativa, acaba abrindo o próprio negócio, ou seja, está muito ligado a necessidades. Seu negócio é simples e informal, tendo pouco retorno financeiro, e não recolhe impostos e taxas. É uma pessoa que não tem visão de longo prazo, porque quer atender à sua necessidade imediata. Esse tipo de empreendedor trabalha para garantir o suficiente para viver, arrisca-se pouco e não tem muitos planos para o futuro.

- **O empreendedor que aprende**

É alguém que nunca pensou em ser empreendedor, até que surge uma forma de mudar sua vida dedicando-se a um negócio próprio. Essa oportunidade pode ser decorrente do convite de alguém para ser sócio de um empreendimento ou pode aparecer quando a pessoa tem uma ideia para um novo negócio. Tende a ser alguém um pouco lento para tomar decisões e que não acredita que possa assumir riscos, embora saibamos que uma das características do empreendedorismo é lidar com situações inesperadas.

- **O empreendedor individual**

O que caracteriza esse empreendedor é o fato de ele sair da informalidade e passar a ter uma personalidade jurídica (por exemplo, com o registro de Microempreendedor Individual – MEI), ou seja, ele começa a estruturar, de fato, uma empresa. Uma característica é que esse empreendedor não considera crescer muito, isto é, ainda está muito ligado à necessidade de sobrevivência e geralmente trabalha sozinho ou apenas com um colaborador ou funcionário.

O empreendedor do negócio próprio

Esse é o tipo mais comum de empreendedor, que costuma abrir um negócio próprio por estilo de vida ou por ter uma ideia concreta e geralmente ambiciosa, o que o caracteriza como um visionário. Nesse tipo se identificam alguns subtipos: o empreendedor nato, o "normal" e o serial.

- **Empreendedor nato**: refere-se a indivíduos que, muitas vezes, começaram do zero e têm histórias inspiradoras e fascinantes. Por começarem a trabalhar muito cedo, em geral na adolescência, adquirem várias habilidades, são muito otimistas e enxergam longe. Costumam dedicar todo o seu tempo para realizar seu sonho e não raro têm como referência valores familiares, sociais ou religiosos. Eles mesmos acabam por se tornar uma grande referência.
- **Empreendedor "normal"**: também chamado de *planejado* (aquele que tem o planejamento como uma das mais importantes entre as suas atividades), esse empreendedor tem visão de futuro e objetivos claros e busca a minimização dos riscos, trabalhando para atingir suas metas.
- **Empreendedor serial**: é aquele que cria empresas e é apaixonado pelo ato de empreender. Trata-se de uma pessoa que adora desafios e não se contenta em criar um negócio e ficar à frente dele – trabalha até que sua empresa se torne uma grande corporação. Para isso, está atento a tudo o que ocorre ao seu redor, acredita nas oportunidades e não se satisfaz enquanto não as coloca em prática.

- **O empreendedor herdeiro**

Geralmente, é a pessoa encarregada de atuar no negócio da família. É encontrado em empresas que passam de geração para geração e tem o desafio de multiplicar o respectivo patrimônio. Muitos seguem o exemplo de seus familiares: começam bem cedo a entender como o negócio funciona e assumem responsabilidades na organização. Ainda jovens, assumem cargos de direção.

- **O empreendedor cooperado**

Esse tipo de empreendedor costuma empreender no contexto de cooperativas, como artesãos, ou de grupos profissionais, por exemplo. Por isso, o trabalho em equipe é primordial, e sua meta é crescer até poder ser independente. Usualmente, empreendedores enquadrados nessa categoria dispõem de poucos recursos e procuram esse tipo de empreendedorismo porque o risco envolvido é baixo.

- **O empreendedor franqueado e o empreendedor franqueador**

O franqueado nem sempre é considerado um empreendedor, mas a iniciativa de comandar o negócio, mesmo que seja uma franquia, é considerada empreendedora. Refere-se às pessoas que geralmente buscam ter uma renda mensal média e retorno do investimento. Já o franqueador é aquele que constrói uma rede de empreendimentos a partir de seu negócio, mais especificamente de sua marca.

- **O empreendedor social**

Esse empreendedor tem uma caraterística que o diferencia dos demais: a vontade e o compromisso de fazer algo bom pelo mundo, de transformá-lo e construir um mundo melhor para as pessoas. Ele se sente realizado quando sua ação traz resultados para as outras pessoas e, em geral, em seu negócio estão envolvidas questões humanitárias e comunitárias, mediante a promoção de soluções e mudanças nos problemas da sociedade. Isso pode ocorrer por meio de proposição de ideias, trabalho em cooperação, geração de desenvolvimento, propostas para aumentar a qualidade de vida, aquisição de cultura, além de melhorias ambientais e aprimoramento da economia para as pessoas.

O empreendedor público

O empreendedor público atua como o corporativo em entidades do setor governamental. É o funcionário público preocupado em otimizar o uso dos recursos e inovar nos procedimentos relacionados aos serviços prestados. Pode-se considerar que sua motivação está voltada, assim como a do empreendedor social, à prestação de um serviço de valor para a sociedade.

O empreendedor do conhecimento

Esse empreendedor usa um profundo conhecimento em determinada área para atuar. Ele busca realização profissional e reconhecimento.

O empreendedor corporativo

O empreendedor corporativo, também chamado de *intraempreendedor*, é um funcionário de uma organização que empreende novos projetos onde trabalha. Estão entre seus objetivos crescer na carreira, por meio de promoções e bônus, e colaborar para que a organização melhore seus processos de gestão ou produção e se recupere diante de crises. Portanto, trata-se de um profissional que se destaca por ser ousado, criativo, estrategista e maduro para o cargo que ocupa.

Com base nessa visão de diferentes tipos de empreendedores, precisamos considerar os motivos que levam uma pessoa a empreender, entre os quais estão aqueles relativos à satisfação pessoal, à autonomia financeira e ao propósito de deixar um legado. Outro ponto importante a ser observado é que, como ressaltamos no início desta seção, não há julgamento de valor no sentido de apontar um tipo de empreendedor melhor ou pior. Além disso, é possível considerar que uma mesma pessoa pode se caracterizar segundo diferentes tipos ao longo de sua vida.

Para refletir

Na seção seguinte, apresentaremos mais detalhadamente o perfil dos empreendedores. Para entender melhor seu próprio perfil, é importante que você reflita e verifique com qual ou quais deles você se identifica.

4.3 O perfil do empreendedor

Uma das formas de entender os motivos que levam alguns empreendedores a ter mais sucesso do que outros é considerar algumas características que empreendedores de sucesso exibem. Muitos estudos e textos presentes em *blogs*, livros e na mídia, de maneira geral, falam a respeito do empreendedorismo no sentido de identificar o perfil desses indivíduos.

Grande parte deles cita Dornelas (2015), um dos autores que descrevem uma série de aspectos relacionados aos empreendedores de sucesso, tais como: empreendedores são visionários; sabem tomar decisões; fazem a diferença; exploram ao máximo as oportunidades; são organizados, determinados, dinâmicos, dedicados, otimistas e apaixonados pelo que fazem.

Podem ser citados também outros aspectos, como ter conhecimento, ser independente para construir o próprio destino, ser bem relacionado, ter capacidade de liderança e formar equipes, planejar e assumir riscos e, por meio da ação empreendedora, criar valor para a sociedade.

Previdelli e Sela (2006) destacam, igualmente, as características da liderança e da autoconfiança como imprescindíveis para um empreendedor de sucesso.

Como mencionamos, ao consultarmos diferentes fontes de informação sobre as características e o perfil de empreendedores, podemos identificar pontos em comum. Vamos analisar alguns deles com mais detalhes, relacionando-os às características do empreendedorismo discutidas no capítulo anterior:

- **Iniciativa (proatividade)**: potencial para agir oportuna e adequadamente com foco na realidade, apresentando soluções, propostas e alternativas, influenciando as situações e antecipando-se a elas.
- **Criatividade (proatividade e risco)**: capacidade de encontrar soluções para os problemas que se apresentam, implantar novos caminhos e processos, buscar desenvolver novos produtos ou serviços e propor sugestões para melhorar as situações.
- **Flexibilidade (inovação e risco)**: capacidade de rever posições, assumir o novo, enfrentar o risco, ceder quando é preciso, ouvir sugestões, trocar informações e ideias e aceitá-las, se for o caso.
- **Perseverança (proatividade)**: habilidade de se manter firme e constante em seus propósitos, sem perder a objetividade e a clareza diante das situações.
- **Autoconfiança**: sentir-se seguro em relação aos seus propósitos e projetos, agir com firmeza e determinação para atingir os objetivos estabelecidos.
- **Automotivação**: ter força para encarar os desafios e transformá-los em oportunidades.

Uma visão categorizada das habilidades do empreendedor engloba aspectos técnicos, gerenciais e pessoais. O Quadro 4.1 apresenta um comparativo entre essas habilidades.

Quadro 4.1 – Habilidades necessárias dos empreendedores

Habilidades Técnicas	Habilidades Administrativas	Habilidades Empreendedoras Pessoais
Redação	Planejamento e estabelecimento de metas	Controle interno e de disciplina
Expressão oral	Capacidade de tomar decisões	Capacidade de correr riscos
Monitoramento do ambiente	Relações humanas	Inovação
Administração comercial técnica	Marketing	Orientação para mudanças
Tecnologia	Finanças	Persistência
Interpessoal	Contabilidade	Liderança visionária
Capacidade de ouvir	Administração	Habilidade para administrar mudanças
Capacidade de organizar	Controle	
Construção de rede de relacionamento	Negociação	
Estilo administrativo	Lançamento de empreendimentos	
Treinamento	Administração do crescimento	
Capacidade de trabalho em equipe		

Fonte: Hisrich; Peters, 2004, p. 39.

No esporte, temos exemplos de habilidades e competências que ex-atletas relacionam com a atividade empreendedora. Podemos citar o caso do ex-atleta e nadador Gustavo Borges, para quem a transição para os negócios foi facilitada pelos valores adquiridos ao longo da carreira de esportista. A determinação e o fato de aprender a conviver em equipe são alguns dos pontos que o ex-nadador destaca, pois saber lidar com o time facilita a conquista de resultados, além de favorecer a gestão do tempo em função das prioridades, ou seja, organizar as tarefas que precisam ser executadas emergencialmente (Tenente, 2013).

É possível observar que podem ser apontadas diversas habilidades, as quais são gerais e aplicáveis aos diferentes tipos de empreendedores apresentados na seção anterior.

Além das habilidades comentadas, sua aplicação tem sido considerada levando-se em conta algumas especificidades de cada tipo, como veremos a seguir.

4.4 Habilidades específicas

Com relação às habilidades dos diferentes tipos de empreendedores, podemos enfatizar algumas delas conforme cada tipo e identificar habilidades específicas, bem como novas maneiras de se considerar o empreendedor.

O empreendedor corporativo, o empreendedor de pequenas empresas e o empreendedor serial são casos em que algumas habilidades se fazem mais presentes. A seguir, descrevemos as habilidades específicas desses três tipos.

O empreendedor corporativo

Como mencionado anteriormente, o empreendedor corporativo é aquele funcionário que empreende novos projetos onde trabalha. Esse tipo de empreendedor apresenta algumas das habilidades já citadas, como criatividade, capacidade inovadora, ousadia e foco, mas vamos destacar habilidades próprias da atuação do empreendedor no ambiente corporativo:

- **Visão sistêmica**

  Essa é a habilidade que se relaciona com o indivíduo que, atuando em uma organização, tem a capacidade de visualizar e perceber a empresa como um todo. Ele entende os processos internos, a forma como cada um funciona e como eles integram todos os processos internos. Além disso, ele enxerga como os processos internos se relacionam com os externos, o que lhe permite elaborar e propor projetos e ações visando ao desenvolvimento da organização.

- **Senso de liderança**

  Como citado, a liderança visionária, no caso do empreendedor corporativo, manifesta-se em pessoas mesmo que elas não tenham um cargo de liderança na organização. Esse tipo de empreendedor deve observar alguns pontos importantes no exercício da liderança, tais como: **senso de urgência** aprimorado, pois ele é a chave para um serviço prestado com excelência, mesmo que urgente; **senso de servir**, representado pelo trabalho em equipe, no qual o líder inclui os colaboradores em seus objetivos; **senso de missão**, relativo à capacidade de tratar todo objetivo ou meta como essencial para o cumprimento da missão da organização; e **senso de responsabilidade**, que diz respeito à capacidade de assumir o que precisa ser feito.

- **Comportamento positivo**

  Essa é uma postura característica do empreendedor corporativo. Por conhecer bem seus limites e respeitar os colegas, esse indivíduo contribui para que o clima organizacional seja saudável. Além disso, alguns comportamentos reforçam essa característica, tais como: o cuidado ao falar; o comprometimento com as rotinas de trabalho e com os resultados a serem alcançados; a maturidade emocional, evitando que problemas pessoais interfiram em sua atuação profissional; e a valorização de uma boa convivência e de um clima de cooperação no ambiente de trabalho.

O empreendedor de pequenas empresas

Para o empreendedor de micro e pequena empresa (MPE), a competitividade é fortemente influenciada por suas competências. Estudos voltados a compreender as competências e habilidades desse tipo de empreendedor foram realizados por Man e Lau (2000), que categorizaram as seguintes: oportunidade, relacionamento, habilidades conceituais, administrativas, estratégicas e comprometimento. Além dessas competências, algumas outras, chamadas de *competências de apoio*, também são importantes no caso desses empreendedores: adaptação, gestão do tempo, equilíbrio, gerenciamento de preocupações e manutenção da integridade. Tais características estão muito conectadas ao ambiente sociocultural em que o empreendedor atua.

O empreendedor serial

Quais são as habilidades que diferenciam esses empreendedores? Dornelas (2012) cita a pesquisa da Target Training International, uma empresa de treinamento, que buscou responder a essa pergunta estudando pessoas que criaram vários negócios ao longo de um período, tanto os exitosos como os malsucedidos, comparando suas habilidades com as de outros tipos de empreendedores.

Além das habilidades comuns a todos os empreendedores, as capacidades que se destacaram como as mais presentes nos empreendedores seriais foram:

- **Persuasão**: é a capacidade de convencer e influenciar os outros a mudar a maneira de pensar, rever suas crenças ou comportamento.
- **Liderança**: refere-se fortemente a uma visão de futuro.

- **Iniciativa**: engloba os conceitos de autoconfiança, resiliência e tendência de responsabilizar-se pelas ações de outras pessoas, encarando os obstáculos como parte do processo.

> **Para refletir**
>
> O relatório da MindMiners (2017) revela que 59% dos empreendedores brasileiros são homens e 41% são mulheres.

4.4.1 Novas maneiras de se considerar o empreendedor

A busca por conhecer as habilidades do empreendedor sob óticas diferentes das consideradas na identificação dos tipos tradicionais está cada vez mais em evidência, pois, independentemente do âmbito em que atuam, alguns grupos com capacidades próprias têm se caracterizado.

O empreendedor tecnológico é um exemplo. Seu perfil, obviamente, é bastante recente. Uma de suas características principais corresponde à familiaridade com o mundo acadêmico, uma vez que o conhecimento tecnológico é gerado e desenvolvido nas universidades. Consequentemente, o empreendedor tecnológico busca oportunidades de negócios na economia digital, em áreas como eletrônica, computação e *software* e biotecnologia, bem como em tecnologias voltadas para o meio ambiente (Baggio; Baggio, 2014). Ele ainda se caracteriza por investir em pequenos nichos de mercado nos quais a sobrevivência dos empreendimentos é baixa e em setores em que o nível de conhecimento é limitado, comprometendo o enfrentamento da concorrência.

O público feminino compõe outro grupo de empreendedores que tem crescido no Brasil e em muitas partes do mundo, suscitando interesse em conhecer as habilidades e capacidades que o distinguem.

As mulheres que estão criando empreendimentos e desenvolvendo negócios apresentam as mesmas características dos empreendedores homens, em geral, mas com especificidades que vale ressaltar. Uma pesquisa do Sebrae concluiu que as empresárias tendem a ser mais extrovertidas e sociáveis do que os homens, são multitarefa, preferem a comunicação oral e gostam de rotinas bem definidas (Sebrae, 2013).

Podemos visualizar uma comparação mais detalhada de tais características no Quadro 4.2. Observe com atenção alguns pontos que se destacam: a idade do início dos negócios, os recursos financeiros utilizados e o setor dos negócios (indústria ou serviços).

Quadro 4.2 – Comparativo das características de empreendedores x empreendedoras

CARACTERÍSTICAS	EMPREENDEDORES (HOMENS)	EMPREENDEDORAS (MULHERES)
MOTIVAÇÃO	Realização – lutam para fazer as coisas acontecerem; Independência pessoal – autoimagem relacionada ao *status* obtido por seu desempenho na corporação não é importante; Satisfação no trabalho advinda do desejo de estar no comando.	Realização – conquista de uma meta; Independência – fazer as coisas sozinhas.

(continua)

(Quadro 4.2 – continuação)

CARACTERÍSTICAS	EMPREENDEDORES (HOMENS)	EMPREENDEDORAS (MULHERES)
PONTO DE PARTIDA	Insatisfação com o atual emprego; Atividades extras na faculdade, no emprego atual ou progresso no emprego atual; Dispensa ou demissão; Oportunidade de aquisição.	Frustração no emprego; Interesse e reconhecimento de oportunidade na área; Mudança na situação pessoal.
FONTES DE FUNDOS	Bens e economias pessoais; Financiamento bancário; Investidores; Empréstimos de amigos e familiares.	Bens e economias pessoais; Empréstimos pessoais.
HISTÓRICO PROFISSIONAL	Experiência na área de trabalho; Especialista reconhecido ou que obteve um alto nível de realização na área; Competente em uma série de funções empresariais.	Experiência na área de negócios; Experiência em gerência intermediária ou administração; Histórico ocupacional relacionado com o trabalho.
CARACTERÍSTICAS DE PERSONALIDADE	Dá opiniões e é persuasivo; Orientado para metas; Inovador e idealista; Alto nível de autoconfiança; Entusiasmado e enérgico; Tem que ser seu próprio patrão.	Flexível e tolerante; Orientada para metas; Criativa e realista; Nível médio de autoconfiança; Entusiasmada e enérgica; Habilidade para lidar com o ambiente social e econômico.

(Quadro 4.2 – conclusão)

CARACTERÍSTICAS	EMPREENDEDORES (HOMENS)	EMPREENDEDORAS (MULHERES)
HISTÓRICO	Idade no início do negócio: 25-35; Pai autônomo; Educação superior – administração ou área técnica (geralmente engenharia); Primogênito.	Idade no início do negócio: 35-45; Pai autônomo; Educação superior – artes liberais; Primogênita.
GRUPOS DE APOIO	Amigos, profissionais conhecidos (advogados, contadores); Associados ao negócio; Cônjuge.	Amigos íntimos; cônjuge; família. Grupos profissionais femininos; Associações comerciais.
TIPO DE NEGÓCIOS	Indústria ou construção.	Relacionados à prestação de serviços – serviço educacional, consultoria ou relações públicas.

Fonte: Hisrich; Peters, 2004, p. 86.

4.5 Perspectivas e tendências do empreendedor em atividades físicas e esporte

Se, ao longo da leitura, você encontrou alguns pontos de identificação e aguçou sua vontade de empreender, saiba que existem formas de buscar conhecer seu perfil, suas características e habilidades antes de se decidir por um empreendimento.

Também é importante perceber as tendências do mercado e da sociedade para reconhecer oportunidades e necessidades.

Sobre o papel que a atividade empreendedora tem no desenvolvimento econômico e social dos países, dados muito interessantes são apresentados anualmente pelas pesquisas do GEM.

Portanto, fique atento às oportunidades de negócios. Muitas revistas, *blogs* e *sites* avaliam e publicam informações sobre tendências no Brasil em diversos mercados, entre eles os de atividade física e esporte.

Indicações culturais

Há outras informações que podem e devem ser conhecidas, como relatórios e pesquisas do próprio Sebrae. Acesse os *links* a seguir e anote o que se relaciona com sua área de interesse.

GEM – Global Entrepreneurship Monitor. **Empreendedorismo no Brasil**: relatório executivo 2017. Disponível em: <http://www.sebrae.com.br/Sebrae/Portal%20Sebrae/Anexos/Relat%C3%B3rio%20Executivo%20BRASIL_web.pdf>. Acesso em: 11 fev. 2021.

SEBRAE – Serviço Brasileiro de Apoio às Micro e Pequenas Empresas. **Relatório especial**: os negócios promissores em 2018. Disponível em: <https://bibliotecas.sebrae.com.br/chronus/ARQUIVOS_CHRONUS/bds/bds.nsf/97ad9b9f0e6ec6def623f7697272c05b/$File/8855.pdf>. Acesso em: 11 fev. 2021.

Acompanhe também publicações sobre temas que cada vez mais são citados, como questões ambientais, a preocupação com a saúde e qualidade de vida, serviços *on-line* etc.

Revistas da área empresarial e de negócios também são fontes de informação e apresentam exemplos e sugestões de negócios. Você pode buscar exemplos em seu convívio pessoal, nas redes sociais ou em outros meios que lhe permitam atualizar-se e acompanhar empreendedores na área, seja no país, seja no exterior.

Partindo do princípio de que você tem uma boa ideia, viável e promissora, para colocá-la em prática, é importante verificar se alguns pontos que são necessários para se empreender estão sedimentados em seu plano de ação:

- **Dedicação**: é praticamente impossível implantar um empreendimento e fazê-lo prosperar sem muito trabalho. Se você pretende começar a desenvolvê-lo no tempo livre, enquanto mantém o trabalho como funcionário, é preciso ter constância, não se desmotivar com o fato de as coisas andarem devagar e continuar fazendo um pouquinho a cada dia, até avaliar que é possível dedicar-se em tempo integral.
- **Aprender com os erros**: o erro faz parte do aprendizado, mas o importante é saber como reagir e buscar meios para agir no sentido de não cometer o mesmo equívoco novamente.
- **Delegar**: confie em outras pessoas para lhes delegar atividades importantes. Para isso, aperfeiçoe seus processos de seleção e desenvolvimento de talentos que atuarão em seu empreendimento.
- **Liderar**: se você tiver uma preocupação verdadeira com seus funcionários, no sentido de que eles melhorem suas capacidades e cresçam dentro da empresa, será visto como um líder de verdade.
- **Ampliar sua visão**: é importante ter um olhar 360° sobre o empreendimento e conhecer o máximo sobre cada atividade.
- **Estudar**: como já foi destacado, se puder, faça um curso, acadêmico ou não, leia, assista a palestras, participe de eventos... Ou seja, busque conhecimento para se capacitar cada vez mais. Inspire-se em exemplos de empreendedores de sucesso, em sua área ou em qualquer outra, e procure aprender com eles.

> ### Indicação cultural
>
> Mais dicas para se tornar um empreendedor de sucesso podem ser consultadas no *link* a seguir.
>
> FIA – Fundação Instituto de Administração. **Empreendedorismo**: o que é, vantagens e como se tornar um empreendedor. 19 out. 2020. Disponível em: <https://fia.com.br/blog/empreendedorismo-2/>. Acesso em: 11 fev. 2021.

Como exemplificamos anteriormente, na área de atividade física e esporte, destacam-se atletas e ex-atletas empreendedores que podem ser inspiradores, e conhecer sua trajetória é uma forma de buscar conhecimento.

Observe os exemplos de atletas empreendedores, homens ou mulheres, citados constantemente na mídia (UOL, 2020).

Gustavo Kuerten

Um dos maiores tenistas do país, Guga fundou o IGK (Instituto Gustavo Kuerten), que entre suas atividades oferece oportunidades para crianças e adolescentes com deficiência por meio da promoção de oficinas esportivas e atividades educacionais.

Fabiola Molina

Aos 17 anos, Fabiola não se conformava em ter de usar os tradicionais maiôs para treinar e competir. Entrou em contato com a mãe de uma amiga para que ela costurasse sunquínis (biquínis mais largos). Passou a vendê-los em competições nos Estados Unidos. Em 2004, o negócio firmou-se e ela fundou a empresa com catálogo e coleção completa e depois abriu a primeira loja. O *e-commerce* permitiu que 35% das peças fabricadas em São José dos Campos fossem exportadas para a Europa.

Bernardo Rezende

O ex-jogador e técnico da Seleção Brasileira de vôlei criou a Escola de Vôlei Bernardinho (EVB), em 2007, com filiais formando uma rede. Em 2010, a marca iniciou sua expansão por meio do sistema de franquias. Bernardinho também é sócio de academia, com outros ex-atletas.

Há também exemplos de praticantes de esportes amadores, ou seja, atletas amadores que empreendem não diretamente na prática da atividade, mas em organizações-satélites, tais como Rogério Silva Pereira e Pedro Catalani. Os corredores enxergaram uma oportunidade de empreender vinda da própria necessidade de cuidar da própria alimentação e, em 2016, criaram a Cozinha de Atleta, uma empresa que fornece alimentos saudáveis e funcionais para consumo imediato em locais de prática e treinamento.

Esses exemplos e outros que você pode buscar como inspiração, como citamos anteriormente, servem como instrumentos que podem ajudá-lo(a) a conhecer melhor suas características. Há entidades que oferecem cursos, entre elas, o próprio Sebrae, que publica também uma série de pesquisas e relatórios sobre o tema.

▎ *Síntese*

Neste capítulo, mostramos o que se entende sobre o que é ser empreendedor, apresentamos as características de empreendedores de diferentes perfis e as habilidades necessárias para tal atividade.

Há muitos tipos de empreendedores, como o informal, o de negócio próprio e o corporativo, mas, independentemente da opção para empreender, habilidades como iniciativa, criatividade, flexibilidade, perseverança, autoconfiança, automotivação, além de outras mais específicas, são essenciais.

Como ressaltamos, é preciso que o empreendedor da área de atividade física e esporte esteja bem informado, tenha conhecimentos e atue em redes de relacionamento, bem como apresente capacidade de perceber o que os clientes necessitam, buscando inovar sempre. É essencial que quem queira empreender busque aprender e ter formação em temas relacionados ao empreendedorismo, para que de um simples trabalhador se torne um empreendedor.

Mesmo que as pessoas revelem todas as características de grandes empreendedores de sucesso, na prática o sucesso de qualquer empreendimento não é garantido. Isso porque há um grande número de variáveis que influenciam o futuro de um empreendimento, como condições mercadológicas e econômicas.

Obviamente, quanto mais fatores positivos existirem, maiores serão as chances de êxito, principalmente se o empreendimento for desenvolvido por empreendedores bem preparados.

Atividades de autoavaliação

1. Considerando as opções a seguir, assinale com V (verdadeiro) as que se aplicam ao empreendedorismo esportivo e com F (falso) as que não têm relação com essa temática:

    ( ) Formação em Educação Física/Esporte
    ( ) Ser ex-atleta/praticante
    ( ) Conhecer a indústria do esporte
    ( ) Formação superior em alguma área
    ( ) Pensar criativamente

    A seguir, indique a alternativa que apresenta a sequência obtida:

    a) F, V, F, V, F.
    b) V, F, V, F, V.
    c) F, F, V, F, V.
    d) F, V, V, F, F.
    e) V, V, V, F, V.

2. O que caracteriza o empreendedor corporativo?
   a) Empreender novos projetos onde trabalha.
   b) Abrir um negócio próprio.
   c) Começar um negócio do zero.
   d) Não se contentar em criar um negócio e ficar à frente dele até que se torne uma grande corporação.
   e) Ampliar o próprio negócio.

3. Com base em Dornelas (2015), marque com V (verdadeiro) as opções que indicam aspectos relativos ao empreendedor de sucesso e com F (falso) as que não se aplicam a essa temática:
   ( ) Saber tomar decisões rápidas e, principalmente, em momentos de adversidade.
   ( ) Ter conhecimento e estar sempre em busca de informações.
   ( ) Assumir todo tipo de risco.
   ( ) Ter sido funcionário ou executivo de empresa.
   ( ) Tomar decisões com base nas impressões do andamento do negócio.

   A seguir, indique a alternativa que apresenta a sequência obtida:
   a) V, V, F, V, F.
   b) F, V, F, V, F.
   c) V, V, F, F, F.
   d) V, F, F, V, V.
   e) F, V, V, V, F.

4. A seguir, marque a alternativa que apresenta as características mais relevantes do empreendedor corporativo:
   a) Agilidade, obediência e visão sistêmica.
   b) Comportamento positivo, senso de liderança e visão sistêmica.
   c) Comportamento positivo, subserviência e acomodação.
   d) Senso de liderança, agilidade e visão sistêmica.
   e) Senso de liderança, subserviência, agilidade.

5. Entre as habilidades/características importantes para o empreendedor em esportes, qual é a mais importante, de acordo com Borgese (2010)?

   a) Comunicação e habilidades interpessoais.
   b) Gestão financeira.
   c) Gestão de *marketing*.
   d) Gerenciamento de operações.
   e) Gestão de instalações.

Atividades de aprendizagem

Questão para reflexão

1. Você tem perfil empreendedor? Acha que dispõe das habilidades gerenciais necessárias? Acesse os *links* a seguir, faça os testes e procure refletir sobre essas perguntas.

   - Teste Perfil. Disponível em: <https://www.josedornelas.com.br/wp-content/uploads/arquivos/teste_perfil1.pdf>. Acesso em: 12 mar. 2021.
   - Teste Habilidades Gerenciais. Disponível em: <https://www.empreende.com.br/wp-content/uploads/2018/05/teste_perfil2.pdf>. Acesso em: 12 mar. 2021.

Atividade aplicada: prática

1. Dando prosseguimento à atividade que vem sendo desenvolvida desde o Capítulo 1, agora, considerando os conteúdos deste quarto capítulo, reflita e responda às seguintes perguntas:

   a) De acordo com suas características e seu perfil, o modelo de negócio/tipo de atuação do empreendimento que você está desenvolvendo está adequado?

b) Você tem as habilidades necessárias para empreender, precisa buscar algum conhecimento ou desenvolver alguma habilidade ou integrar uma ou mais pessoas em seu empreendimento?

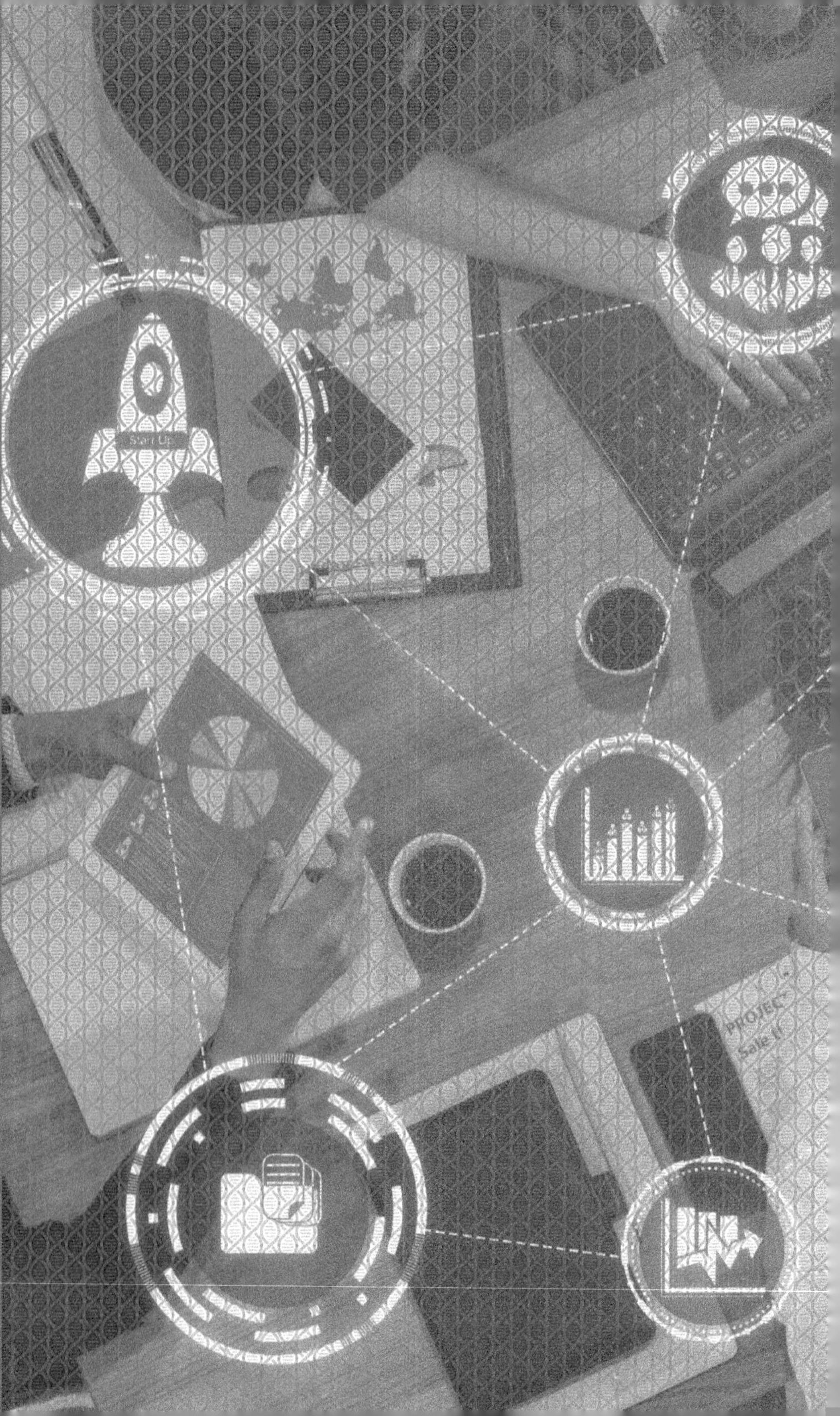
Start Up

Capítulo 5

Ferramentas para o empreendedorismo

Ricardo João Sonoda-Nunes

As ferramentas utilizadas em processos de gestão de organizações são diversas e têm diferentes objetivos de aplicação. Neste capítulo, apresentaremos algumas que poderão ajudar com a análise de processos relacionados à estratégia organizacional, como o planejamento estratégico e as cinco forças de Porter.

Na sequência, abordaremos um conceito de planejamento das ações que está entre as mais disseminadas estratégias de gestão: o PDCA. Posteriormente, enfocaremos o Project Management Body of Knowledge (PMBOK), seus cinco grupos de processos e suas dez áreas de conhecimento. Finalizaremos o capítulo destacando as sete ferramentas da qualidade.

5.1 Ferramentas para a estratégia organizacional: planejamento estratégico

Alguns autores, como Fernandes e Berton (2005), registram que as estratégias empresariais mantêm relações históricas com conceitos militares relativos à avaliação das forças do inimigo, à utilização dos aspectos psicológicos da batalha, ao caráter situacional das estratégias, entre outros.

A implantação de uma estratégia é fundamental para perspectivar o sucesso em longo prazo para uma empresa, principalmente quando se consideram cenários em que mudanças e competitividade estão sempre presentes. Sob essa ótica, de acordo com Luzio (2010, p. 49), "A estratégia é o caminho que irá conduzir a empresa da situação atual para o futuro almejado".

A partir dos anos 1970, empresas de todo o mundo passaram a enfrentar dificuldades em virtude de uma série de mudanças macroestruturais, econômicas e políticas. Como alternativa, buscou-se a melhoria na ação de planejar, de forma que os conceitos de planejamento estratégico começaram a ser utilizados.

A proposta de uma estratégia é estabelecer diretrizes que transformem os processos e as técnicas decisórias de uma instituição em busca do alcance de um resultado pretendido por meio da antecipação das mudanças necessárias ao longo do tempo. Nessa perspectiva, conforme Pereira (2010, p. 47),

O Planejamento estratégico é um processo que consiste na análise sistemática dos pontos fortes (competências) e fracos (incompetências ou possibilidades de melhorias) da organização, e das oportunidades e ameaças do ambiente externo, com o objetivo de formular (formar) estratégias e ações estratégicas com o intuito de aumentar a competitividade e seu grau de resolutividade.

O planejamento estratégico pode ser organizado em três momentos: 1) diagnóstico estratégico; 2) formulação das etapas do processo de planejamento estratégico; 3) implementação e controle do processo de planejamento estratégico.

A etapa do diagnóstico estratégico é muito importante, pois, inicialmente, os responsáveis pela organização devem definir se o momento é o mais apropriado para realizar o planejamento estratégico (considerando-se o cenário e o contexto em que a organização está envolvida). Por isso, eles precisam estar conscientes da necessidade de seu envolvimento integral para que o processo ocorra (Pereira, 2010).

Superado o primeiro momento, segue-se para o processo de planejamento estratégico propriamente dito, em que são estabelecidas as etapas do processo:

- declaração de valores;
- missão;
- visão;
- fatores críticos de sucesso;
- análise externa;
- análise interna;
- matriz Fofa (ou SWOT);
- questões estratégicas;
- estratégias;
- ações estratégicas.

A **declaração de valores** destaca os elementos que norteiam a ação de todas as pessoas envolvidas na organização. São entendimentos e expectativas que orientam todas as relações da instituição e definem como os profissionais se comportam, no que acreditam, as crenças que compartilham, o que podem e o que não podem fazer e aquilo que não negociam (Pereira, 2010; Senac, 2014).

Como exemplo, conheça os valores do Serviço Brasileiro de Apoio às Micro e Pequenas Empresas (Sebrae): "Compromisso com o resultado, Conhecimento, Inovação, Sustentabilidade, Transparência e Valorização humana" (Sebrae, 2012, p. 16).

Por sua vez, a **missão** se refere à razão de ser da organização. Comunica, nos âmbitos interno e externo, o propósito do negócio. Para sua definição, é importante considerar alguns aspectos, tais como: ser realista, mas inspirar melhoria e desenvolvimento; apoiar intenções e ações positivas; ser divulgada interna e externamente; ser desenvolvida de modo participativo, na medida do possível; ter possibilidades de verificação; ter sua pertinência analisada periodicamente; quando necessário, deve ser alterada (Pereira, 2010; Senac, 2014).

Observe a missão do Sebrae a seguir: "Promover a competitividade e o desenvolvimento sustentável dos pequenos negócios e fomentar o empreendedorismo, para fortalecer a economia nacional" (Sebrae, 2012, p. 16).

Já com relação à **visão**, ela aponta o futuro pretendido pela organização e orienta a direção que a instituição está tomando. Para defini-la, deve-se atentar aos seguintes elementos: o foco é destacar o que se quer alcançar no futuro; a visão precisa ser desafiadora, mas não fantasiosa; deve ser verificável; sua pertinência deve ser analisada periodicamente; deve ser alterada quando for necessário (Pereira, 2010; Senac, 2014).

Confira no exemplo a seguir como o Sebrae define sua visão: "Ter excelência no desenvolvimento dos pequenos negócios, contribuindo para a construção de um país mais justo, competitivo e sustentável" (Sebrae, 2012, p. 16).

Quanto aos **fatores críticos de sucesso**, eles dizem respeito aos aspectos-chave em que a organização deve se concentrar para atingir a visão desejada. Se forem executados adequadamente, favorecerão o desenvolvimento do negócio da empresa. Igualmente, se negligenciados, podem desencadear o fracasso organizacional (Senac, 2014; Veyrat, 2015).

Geralmente, os fatores de sucesso derivam da missão, da visão e dos valores da organização. São referências fundamentais para que a empresa seja competitiva e prospere. Também auxiliam os gestores no estabelecimento de diretrizes para o controle de processos e de governança, bem como no cotidiano e na forma de gestão da instituição. Alguns exemplos de fatores críticos de sucesso são: análise da indústria (mercado) em que se vai atuar; gestão qualificada; controle efetivo de custos; estabilidade das finanças; local estratégico para implantação do negócio (ponto); portfólio estruturado (serviços e/ou produtos); contato permanente com fornecedores; estratégias eficientes de distribuição; promoção dos serviços e/ou produtos (Veyrat, 2015).

No que se refere à **análise externa**, podemos considerar as diversas variáveis que podem interferir no desempenho da organização: fatores econômicos, governamentais, políticos, socioculturais, tecnológicos, ecológicos, legais, entre outros. Por seu turno, a **análise interna** é pautada basicamente por dois aspectos: pontos fortes e pontos fracos.

Para auxiliar nessa análise, pode-se utilizar a **matriz Fofa** (ou **SWOT**). A sigla Fofa/SWOT vem das iniciais das palavras *forças* (*strenghts*), *fraquezas* (*weaknesses*), *oportunidades* (*opportunities*) e *ameaças* (*threats*).

Observe, na Figura 5.1, a matriz Fofa/SWOT. Sua aplicação é simples e objetiva. Cada um dos aspectos é analisado separadamente, identificando-se situações que se enquadrem nessas características, de forma a demonstrar que forças e fraquezas são fatores internos, e oportunidades e ameaças são fatores externos.

Forças e oportunidades ajudam o desenvolvimento da organização, enquanto fraquezas e ameaças o atrapalham.

Figura 5.1 – Matriz Fofa/SWOT

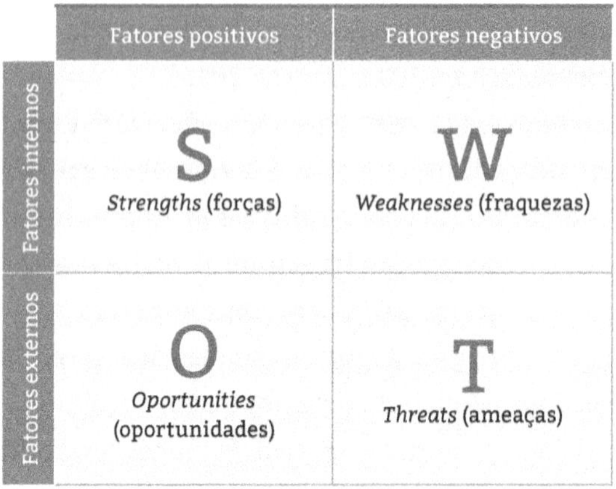

	Fatores positivos	Fatores negativos
Fatores internos	**S** *Strengths* (forças)	**W** *Weaknesses* (fraquezas)
Fatores externos	**O** *Oportunities* (oportunidades)	**T** *Threats* (ameaças)

Fonte: Casarotto, 2019.

Por fim, as **questões estratégicas**, as **estratégias** e as **ações estratégicas** se referem a temas e/ou projetos importantes que traduzirão a missão e a visão da instituição. Tais aspectos são desenvolvidos considerando-se todo o conjunto de informações anteriormente registradas (Pereira, 2010).

As questões estratégicas e as estratégias são desdobradas em planos de ação, que consistem em um instrumento de gestão que define o desdobramento e a aplicação das estratégias da organização. Esse plano deve ser detalhado levando-se em conta fatores diversos e deve ser monitorado em intervalos específicos para verificar progressos e corrigir desvios (Senac, 2014).

A Figura 5.2 destaca o desdobramento das estratégias em planos de ação.

Figura 5.2 – Esquema de desdobramento das estratégias em planos de ação

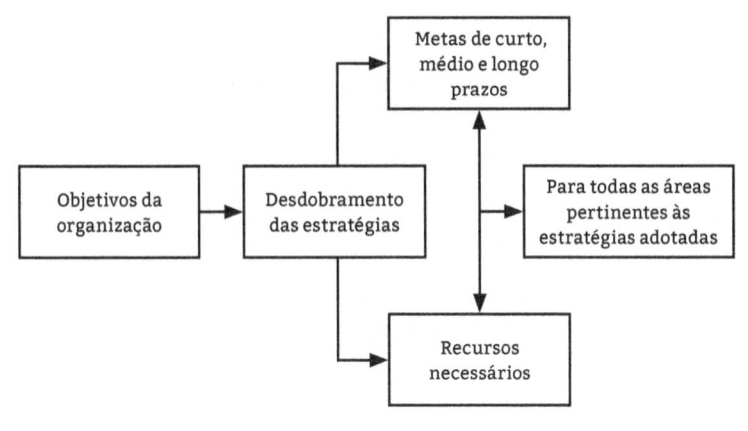

```
                          ┌─────────────────┐
                       ┌─▶│ Metas de curto, │
                       │  │ médio e longo   │
                       │  │ prazos          │
                       │  └─────────────────┘
                       │           ▲
                       │           │
┌──────────────┐   ┌───┴──────────┐│   ┌──────────────────┐
│ Objetivos da │──▶│ Desdobramento├┼──▶│ Para todas as áreas│
│ organização  │   │ das estratégias│   │ pertinentes às    │
└──────────────┘   └──────┬───────┘│   │ estratégias adotadas│
                       │           │   └──────────────────┘
                       │           ▼
                       │  ┌─────────────────┐
                       └─▶│ Recursos        │
                          │ necessários     │
                          └─────────────────┘
```

Fonte: Senac, 2014.

Para compreender melhor a organização dessas informações, apresentamos a seguir um exemplo de planejamento estratégico vinculado a uma instituição esportiva. Trata-se da Confederação Brasileira de Tênis de Mesa (CBTM), que elaborou um planejamento para o período de 2016 a 2024.

No Quadro 5.1 consta a declaração da missão, da visão e dos valores institucionais adotados pela CBTM. Em seguida, na Figura 5.3, destacamos a matriz SWOT com a análise dos ambientes interno (forças e fraquezas) e externo (oportunidades e ameaças) da organização. Esse conjunto de informações é fundamental para a estruturação de um planejamento estratégico.

Registramos que todas as informações a seguir foram extraídas do documento *Plano Estratégico CBTM – 2016 2017 2018 2019 2020 2021 2022 2023 2024* (CBTM, 2019b).

Quadro 5.1 – CBTM: missão, visão e valores

MISSÃO
Organizar e difundir o tênis de mesa no Brasil.

VISÃO
Ser a melhor confederação do sistema esportivo brasileiro, com excelência na gestão e governança e com resultados de expressão internacional.

(continua)

(Quadro 5.1 – conclusão)

VALORES

1) Integridade e Transparência: no relacionamento com stakeholders e na disseminação de informações sobre o desenvolvimento da modalidade.

2) Responsabilidade Individual: na plena execução de programas, atividades e projetos previamente planejados.

3) Cooperação: para o alcance de objetivos comuns da organização e do tênis de mesa.

4) Agilidade: na resolução de problemas e na desburocratização de processos.

5) Interatividade e Inovação: para a entrega de valor único para fãs, praticantes, patrocinadores, poder público e parceiros de mídia.

Fonte: Elaborado com base em CBTM, 2019b, p. 14.

Figura 5.3 – Análise SWOT

	Ajuda	Atrapalha
Ambiente Interno	1) Tecnologia (*hardware* e *software*) 2) Processo de controle de patrimônio 3) Processos manualizados (mais de 1.000 procedimentos) 4) Agilidade em resolver problemas e respostas às consultas 5) Sistema de remuneração inteligente 6) Definição clara de responsabilidades 7) Relacionamento com as federações 8) Bom relacionamento com países com tradição na modalidade 9) Programa de Detecção de Talentos Diamantes do Futuro	1) Processo de venda e cobrança 2) Diálogo (comunicação) entre as pessoas 3) Investimento em educação e treinamento dos colaboradores 4) Gestão da integração das lideranças 5) Número de programas e projetos 6) Dificuldade em criar uma marca vendável 7) Gestão da imagem dos atletas 8) Foco interno apenas nos indicadores individuais
Ambiente Externo	1) Baixa profissionalização da gestão nos demais esportes 2) Prática é de fácil acesso e exige infraestrutura mínima 3) Prática da modalidade como promotor de saúde e entretenimento 4) Bom relacionamento da CBTM com entidades esportivas e o mercado 5) Leis de Incentivo estaduais e municipais (avanço em vários projetos) 6) Novas exigências para aplicação de recursos públicos e privados (governança) 7) Novas mídias e plataformas digitais 8) Bom relacionamento com as mídias tradicionais e TV 9) Crescimento e desenvolvimento da modalidade pingue-pongue	1) Redução dos incentivos públicos pós-Rio 2016 2) Número ainda pequeno de atletas na prática do esporte 3) Visão do esporte com baixa atratividade financeira 4) Federações com gestão deficitária – poucos recursos e pouca possibilidade de captação de recursos 5) Ausência de ídolos 6) Não percepção do Tênis de Mesa como esporte olímpico 7) Escassez de recursos para investimento na BASE 8) Pouco interesse das grandes mídias

Fonte: CBTM, 2019b, p. 15.

Apesar de o documento não registrar explicitamente os **fatores críticos de sucesso**, podemos vincular essa informação às áreas do mapa estratégico elaborado pela instituição e que será apresentado posteriormente. Ao todo, são quatro grandes áreas que agrupam uma série de fatores. A seguir, no Quadro 5.2, destacamos essas áreas e um fator de cada para exemplificar. Cabe lembrar que você pode conhecer detalhes de cada um desses fatores consultando o documento citado.

Quadro 5.2 – Áreas e exemplos de fatores do mapa estratégico da CBTM

Áreas	Fatores
1. PESSOAS/APRENDIZADOS	1.1. Melhorar a comunicação interna e a cooperação entre departamentos
2. PROCESSOS INTERNOS	2.8. Posicionar se como uma entidade inovadora no esporte
3. CLIENTES	3.3. Gerar oportunidades de negócios
4. RESULTADO	4.2. Triplicar o número de atletas e paratletas do Projeto Diamantes do Futuro

Fonte: Elaborado com base em CBTM, 2019b, p. 17-18.

Como mencionado anteriormente, as **questões estratégicas**, as **estratégias** e as **ações estratégicas** são temas e/ou projetos estruturantes e que traduzem a missão e a visão propostas no planejamento.

No planejamento estratégico da CBTM, há uma seção específica que destaca os programas, as atividades e os projetos previstos no plano. São identificadas cinco atividades principais que podemos compreender como programas: Elite Internacional e Talentos Internacionais; Elite Nacional; Praticantes de Lazer; Universidade do Tênis de Mesa; Comunicação, *Marketing* e Negócios.

A seguir, apresentamos, no Quadro 5.3, algumas informações de apenas um desses programas e um projeto vinculado, com objetivos previstos até 2020.

Quadro 5.3 – Exemplo de programa proposto pela CBTM

Programa	Elite Internacional e Talentos Internacionais
Objetivo	Promover o alto rendimento com o intuito de alcançar resultados de expressão internacional para o Brasil.
Projeto vinculado	Diamantes do Futuro
Descritivo	Visa identificar talentos com potencial para se tornarem atletas profissionais de nível internacional, almejando a conquista de resultados expressivos para o país. Considera-se talento aqueles atletas ou paratletas até 11 anos de idade. Deste grupo, são identificados os atletas até 13 anos que serão enviados para o Programa Hopes da ITTF. Para alcançarem o nível internacional na fase adulta, precisam treinar 3 a 6 horas/dia durante 10 anos, ininterruptamente, acumulando ao menos 100 jogos/ano contra adversário de nível idêntico ou superior. O papel da CBTM (e das respectivas Federações) passa por fomentar esses talentos, com a disponibilização de recursos (financeiros, estruturais e materiais, conforme cada caso e de acordo com as condições da entidade), vivência e experiência internacional, intercâmbio técnico, montagem de equipe multidisciplinar etc. Os atletas detectados e inseridos neste programa deverão ser inclusos nos Centros Estaduais Olímpicos e Paralímpicos, devendo haver a integração com os clubes locais e a respectiva federação.
Objetivos até 2020	Oferecer infraestrutura e equipe técnica qualificada para o treinamento especializado de jovens atletas. - Realizar 6 processos de detecção por ano. - Realizar 6 treinamentos por ano com os atletas detectados e 2 intercâmbios internacionais por ano. - Investir na construção de um Centro de Treinamento exclusivo para os Diamantes do Futuro.

(continua)

(Quadro 5.3 – continuação)

Diagnóstico + Justificativas	Trata-se de um projeto que já está em execução. A ideia e o formato atendem bem as condições financeiras e a proposta de desenvolvimento do esporte de alto rendimento no médio-longo prazo. O incremento, a partir deste momento, passa pelo aumento do número de atletas participantes, da coparticipação das federações estaduais e da ampliação do programa de intercâmbio. É considerado o projeto mais importante deste novo ciclo olímpico/paralímpico. O projeto tem pleno amparo na visão de sustentabilidade dos resultados esportivos ao longo do tempo. É essencial não só dar boa estrutura de trabalho para os atletas de alto rendimento, que já despontam no cenário internacional com resultados significativos, como também para as futuras gerações, oportunizando as melhores condições de aprendizagem, de prática, de treinamento e de jogo.
Benefícios	Formação contínua de talentos para os próximos ciclos olímpicos e paralímpicos.
Produto	Atividades sistemáticas focadas no aperfeiçoamento técnico de atletas detectados.
Requisitos	1) Deve ser constituído por um trabalho em conjunto com as federações; 2) Deve ser formatado de acordo com as condições de desenvolvimento de jovens aprendizes; 3) Deve ser acompanhado por especialistas nacionais e internacionais.
Stakeholders	**Interno:** - Líder da área SEL + SELPAR; - Coordenador Técnico; - Técnico Detecção; - Federações. **Externo:** - Praticantes (até 11 anos de idade); - Prefeituras (e respectivo organismo de esporte); - Governos Estaduais; - Governo Federal.

(Quadro 5.3 – conclusão)

Equipe	Líder da área SEL e SELPAR = 02;
	Coordenador Técnico = 01;
	Técnico Detecção = 04 (Olímpico M e F / Paralímpico M e F).
Projetos/ações vinculadas	▪ Detecção Diamantes do Futuro
	▪ Treinamento dos Diamantes do Futuro
	▪ Competições e Intercâmbio Internacional Diamantes do Futuro

Fonte: Elaborado com base em CBTM, 2019b, p. 21-36.

O documento da CBTM prossegue com mais informações sobre os projetos/ações vinculados ao projeto Diamantes do Futuro, descrevendo de forma objetiva como ele será desenvolvido ao longo dos próximos anos.

Com esse exemplo, podemos perceber como as informações em um planejamento estratégico são organizadas. Uma síntese de todas essas informações consta na Figura 5.4, a seguir, que apresenta um mapa estratégico da CBTM. Segundo Kaplan e Norton (2000, p. 81), esse tipo de mapa "descreve o processo de transformação de ativos intangíveis em resultados tangíveis para os clientes e, por conseguinte, em resultados financeiros. Essa ferramenta fornece aos executivos um referencial para a descrição e gerenciamento da estratégia na economia do conhecimento".

Figura 5.4 – Mapa estratégico da CBTM

4. RESULTADO

VISÃO: Ser a melhor Confederação do Sistema Esportivo Brasileiro, com Excelência na Gestão e com Resultados de Expressão Internacional.

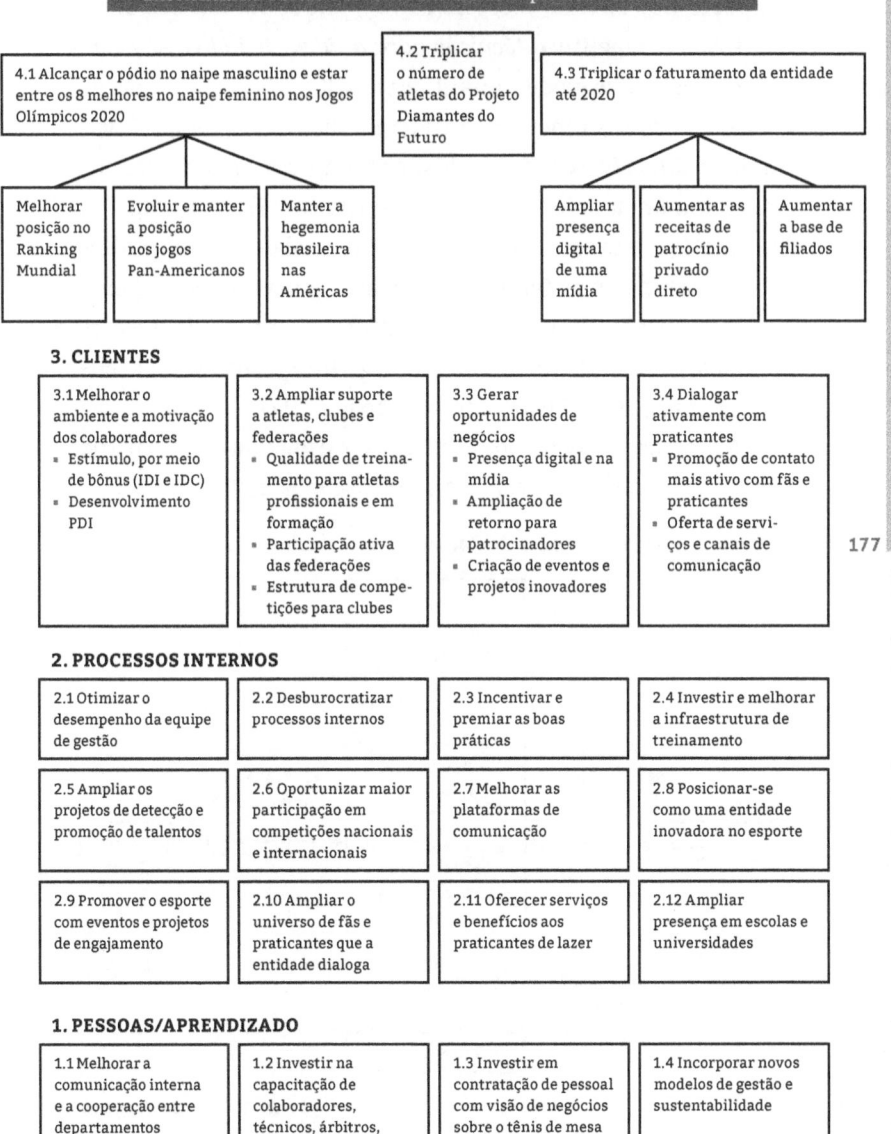

4.1 Alcançar o pódio no naipe masculino e estar entre os 8 melhores no naipe feminino nos Jogos Olímpicos 2020	4.2 Triplicar o número de atletas do Projeto Diamantes do Futuro	4.3 Triplicar o faturamento da entidade até 2020

Melhorar posição no Ranking Mundial	Evoluir e manter a posição nos jogos Pan-Americanos	Manter a hegemonia brasileira nas Américas	Ampliar presença digital de uma mídia	Aumentar as receitas de patrocínio privado direto	Aumentar a base de filiados

3. CLIENTES

3.1 Melhorar o ambiente e a motivação dos colaboradores • Estímulo, por meio de bônus (IDI e IDC) • Desenvolvimento PDI	3.2 Ampliar suporte a atletas, clubes e federações • Qualidade de treinamento para atletas profissionais e em formação • Participação ativa das federações • Estrutura de competições para clubes	3.3 Gerar oportunidades de negócios • Presença digital e na mídia • Ampliação de retorno para patrocinadores • Criação de eventos e projetos inovadores	3.4 Dialogar ativamente com praticantes • Promoção de contato mais ativo com fãs e praticantes • Oferta de serviços e canais de comunicação

2. PROCESSOS INTERNOS

2.1 Otimizar o desempenho da equipe de gestão	2.2 Desburocratizar processos internos	2.3 Incentivar e premiar as boas práticas	2.4 Investir e melhorar a infraestrutura de treinamento
2.5 Ampliar os projetos de detecção e promoção de talentos	2.6 Oportunizar maior participação em competições nacionais e internacionais	2.7 Melhorar as plataformas de comunicação	2.8 Posicionar-se como uma entidade inovadora no esporte
2.9 Promover o esporte com eventos e projetos de engajamento	2.10 Ampliar o universo de fãs e praticantes que a entidade dialoga	2.11 Oferecer serviços e benefícios aos praticantes de lazer	2.12 Ampliar presença em escolas e universidades

1. PESSOAS/APRENDIZADO

1.1 Melhorar a comunicação interna e a cooperação entre departamentos	1.2 Investir na capacitação de colaboradores, técnicos, árbitros, federações, clubes etc.	1.3 Investir em contratação de pessoal com visão de negócios sobre o tênis de mesa	1.4 Incorporar novos modelos de gestão e sustentabilidade

Fonte: CBTM, 2019b, p. 16.

5.2 Ferramentas para a estratégia organizacional: as cinco forças de Porter

Proposto por Michael Porter (1947-), em 1980, em seu livro *Estratégia competitiva: técnicas para análise de indústrias e da concorrência*, esse modelo analítico trabalha com a ampliação do conceito de concorrência ao considerar cinco forças competitivas implicadas no nível de rentabilidade da empresa. Essas forças que atuam em um ambiente de concorrência são: 1) as ameaças da entrada de novos concorrentes; 2) o potencial de negociação dos fornecedores; 3) o poder de negociação dos clientes; 4) as ameaças de serviços e/ou produtos substitutos; 5) a rivalidade entre os concorrentes (Binder, 2003; Costa, 2014; Egestor, 2017; Krebs, 2005; Pontes, 2009; Porter, 2004; Sabbag, 2017).

Na Figura 5.5, podemos verificar um esquema ilustrativo de como tais forças concorrem e dirigem a indústria[1].

Figura 5.5 – As cinco forças de Porter

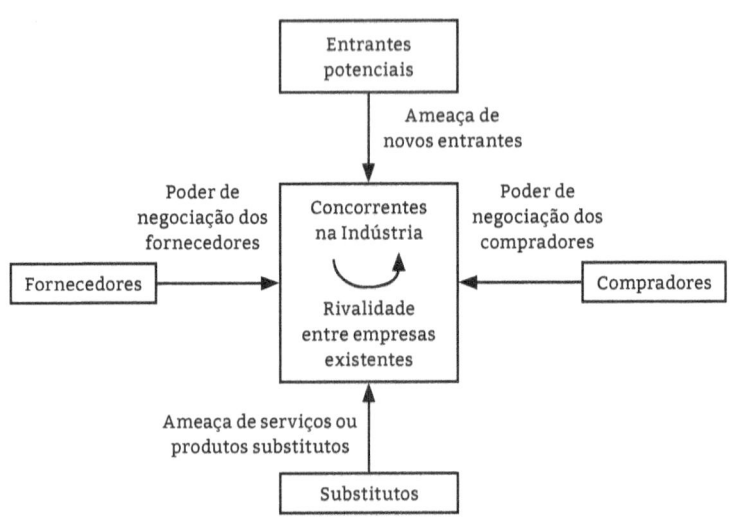

```
                    ┌──────────────┐
                    │  Entrantes   │
                    │  potenciais  │
                    └──────┬───────┘
                           │ Ameaça de
                           │ novos entrantes
                           ▼
   Poder de         ┌──────────────┐         Poder de
   negociação dos   │ Concorrentes │         negociação dos
   fornecedores     │ na Indústria │         compradores
┌─────────────┐     │      ↺       │     ┌─────────────┐
│ Fornecedores│────▶│  Rivalidade  │◀────│ Compradores │
└─────────────┘     │ entre empresas│    └─────────────┘
                    │  existentes  │
                    └──────▲───────┘
                           │
                 Ameaça de serviços ou
                 produtos substitutos
                    ┌──────┴───────┐
                    │  Substitutos │
                    └──────────────┘
```

Fonte: Porter, 1986, p.23; 2004, p .4.

---

[1] "Grupo de agentes engajados na produção de insumos, transformação, comercialização e consumo de bens e produtos que são, em graus diferentes, complementares ou substitutos entre si" (Silva, 1988, p. 34).

Também chamado de **análise estrutural da indústria**, o método de análise das cinco forças de Porter possibilita dimensionar a posição da empresa em seu mercado. Trabalha com aspectos relacionados à competitividade do negócio mediante uma análise do mercado, posicionando a organização entre seus concorrentes (Nicolau, 2016).

A seguir, apresentamos breves considerações sobre cada uma das cinco forças.

1. **Ameaças de novos entrantes**: essa força está vinculada ao fato de existirem mais empresas interessadas no mercado, o que implica o aumento da concorrência. Contudo, a entrada de outras empresas depende de barreiras, como investimentos (capital financeiro), produtos/serviços diferenciados, identidade da marca e retaliação de concorrentes. Geralmente, as empresas já estabelecidas se beneficiam da experiência acumulada em relação aos processos de produção e comercialização de seus produtos, o que acarreta um custo menor que o das empresas inexperientes (Costa, 2014; Egestor, 2017)
2. **Poder de negociação dos fornecedores**: os fornecedores podem ameaçar o desempenho das empresas por meio do aumento de preços, da imposição de prazos de entrega, das condições de pagamento ou, ainda, da redução da qualidade dos bens e serviços. Assim, os fornecedores poderosos dispõem de condições para espremer a rentabilidade de um setor que não consiga compensar os aumentos de custos nos próprios preços (Pontes, 2009). Eles podem ser considerados poderosos quando poucas empresas dominam o mercado ou o produto é diferenciado e não competem com outros produtos em vendas para o setor varejista (Porter, 1999).

3. **Poder de negociação dos compradores**: essa força se refere ao fato de os clientes exigirem melhor qualidade em serviços e produtos. Os compradores podem fazer com que empresas concorrentes conflitem entre si, impactando sua rentabilidade (Egestor, 2017; Krebs, 2005). Eles podem ser considerados poderosos quando há um volume significativo de compras, os produtos não são diferenciados ou não há disponibilidade de informações (Porter, 1986).
4. **Ameaças de serviços substitutos**: nesse caso, ganha destaque a força dos produtos e serviços que podem ingressar no mercado, estimulando a competição. Quanto maior for a alternativa de preço oferecida pelos produtos/serviços substitutos, menor será a cobertura dos lucros (Costa, 2014; Egestor, 2017).
5. **Rivalidade entre as empresas existentes**: diz respeito à força do principal aspecto de competitividade no mercado, pois estimula a busca pela diferenciação de produtos/serviços. Conforme Porter (1986, p. 34),

> A rivalidade entre os concorrentes existentes assume a forma corriqueira de disputa por posição – com o uso de táticas como concorrência de preços, batalhas de publicidade, introdução de produtos e aumento dos serviços ou das garantias ao cliente. A rivalidade ocorre porque um ou mais concorrentes sentem-se pressionados ou percebem a oportunidade de melhorar sua posição.

Apesar de datarem dos anos 1980, os estudos de Michael Porter sobre estratégia figuram entre os mais destacados na produção acadêmica no Brasil e no exterior.

Entendido o significado de cada uma das cinco forças de Porter, bem como sua importância para a gestão estratégica, apresentaremos como exemplo um estudo de caso vinculado ao esporte: a presença da torcida de futebol em estádios.

Nascimento (2015) utiliza o cenário da Copa do Mundo de 2014, em que a seleção brasileira foi derrotada pela Alemanha com um placar histórico de 7 × 1, como contextualização para comparar a média de público nos estádios dos campeonatos brasileiro e alemão.

Apesar de toda a paixão pelo futebol, no período entre 2013 e 2014, a média brasileira foi apenas a 15ª (com cerca de 15.000 pessoas) em um *ranking* em que o campeonato alemão novamente ficou na liderança, com média acima de 43 mil pessoas por partida, sendo que em três anos seguidos o Borussia Dortmund foi o clube que mais levou torcedores ao estádio em todo o mundo (Pluri Consultoria, 2014).

Diante desse cenário, Nascimento (2015) se valeu das cinco forças de Porter para analisar quais estratégias aplicadas pelo Borussia Dortmund poderiam ser usadas por clubes brasileiros.

Com relação à ameaça de novos concorrentes, destacam-se dificuldades para o ingresso de equipes na elite mundial do futebol, mas, em alguns casos, registram-se investimentos bilionários para elevar uma equipe de menor prestígio a esse patamar, obtendo-se como resultado o aumento do número de torcedores para esses clubes e uma possível redução para os já atuantes. No caso do Borussia Dortmund, evidencia-se certa estabilidade, pois o clube participa das mesmas competições que esses novos entrantes, e nenhum deles é um clube alemão (Nascimento, 2015).

Sobre o poder de negociação dos fornecedores, como o Borussia Dortmund recentemente se estabilizou após uma crise financeira em 2006, seu poder de barganha com os fornecedores vem crescendo. O destaque é para o patrocinador principal (Evonik), que, depois de registrar um aumento da afinidade do público alemão com sua marca (de 47% em 2006 para 64% em 2014), renovou o patrocínio com o clube até 2025 e adquiriu 9% das ações do Borussia, investindo aproximadamente 26,7 milhões de euros. Outro elemento relevante é o fato de o clube ter estádio próprio e poder definir os valores aplicados na operação das partidas. Com relação à formação da equipe, o Borussia Dortmund tem utilizado o planejamento como estratégia, por meio da análise antecipada dos custos com transferência, dos valores dos salários de atletas, entre outros aspectos. Isso favorece o processo na medida em que há mais tempo para negociação (Nascimento, 2015).

Já quanto ao poder de negociação dos torcedores, ele pode ser considerado significativo. O clube reconhece que a torcida manteve o apoio durante o período de crise e empenha-se para manter preços baixos para os alimentos e materiais esportivos comercializados no estádio, bem como para o valor do ingresso. Tal ação tem ocasionado certo prejuízo em algumas partidas, contudo há reconhecimento pela torcida, que não solicita a redução dos valores (Nascimento, 2015).

Quanto à ameaça de produtos substitutos, observa-se que é baixa, visto que a fidelidade e a paixão da torcida pelo clube são indicadas como pontos fortes. Além disso, o Borussia Dortmund realiza a venda antecipada de ingressos para todas as partidas do campeonato, de forma que o torcedor, ao adquirir o pacote, tende a estar presente nas partidas. Essa ação soma-se a outras campanhas que o clube promove com vistas à aproximação de seu cliente torcedor (Nascimento, 2015).

Por fim, sobre a rivalidade entre as empresas existentes, o Borussia Dortmund monitora o desenvolvimento de outros clubes nos cenários nacional (como o caso do Bayern de Munique, que apresenta melhor desempenho e maior torcida na Alemanha) e internacional (também com melhor desempenho e número de torcedores, como Barcelona, Manchester United e Real Madrid), mas reconhece o próprio êxito em relação às estratégias de fidelização do cliente, o que lhe tem conferido a maior média mundial de público, como citado anteriormente (Nascimento, 2015).

5.3 Ciclo PDCA

O ciclo PDCA foi idealizado por Walter Andrew Shewhart (1891-1967), físico, engenheiro e estatístico de origem norte-americana. Porém, esse método se tornou mais conhecido ao ser aplicado posteriormente por William Edwards Deming (1900-1993), no uso de estatísticas e métodos de amostragem.

Foi no cenário do controle de qualidade total (*total quality control* – TQC) que o PDCA se desenvolveu como uma ferramenta de gestão que pode ser utilizada em diferentes atividades.

Na medida em que as organizações perceberam a necessidade de planejar e controlar as atividades que realizavam para obter melhores resultados, o ciclo se desenvolveu ainda mais, tornando-se um elemento essencial nos processos de gerenciamento.

O ciclo PDCA (Figura 5.6) compõe o conjunto de ações em sequência dada pela ordem estabelecida pelas letras que formam o acrônimo: **P** (*plan* – planejar), **D** (*do* – fazer, executar), **C** (*check* – verificar, controlar) e **A** (*act* – agir, atuar corretivamente).

Figura 5.6 – Ciclo PDCA

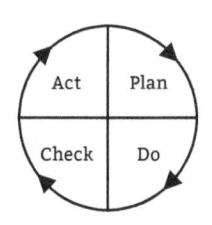

Fonte: Andrade, 2003, p. 11.

Observe, na Figura 5.7, que, se houver mais horas dedicadas ao planejamento, menos tempo será preciso para monitorar os resultados e corrigir as ações, o que significa ser mais rápido. Se houver planejamento adequado, a execução será mais bem realizada e, com efeito, o monitoramento será realizado em menor tempo, bem como a ação corretiva (Senac, 2014).

Figura 5.7 – PDCA e planejamento

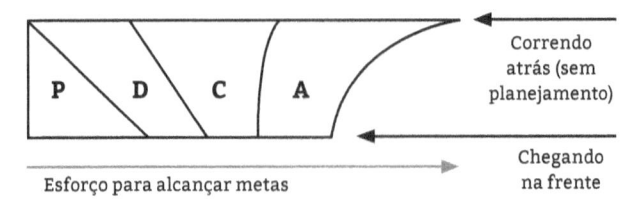

P D C A ← Correndo atrás (sem planejamento)

Esforço para alcançar metas → Chegando na frente

Fonte: Carneiro, 2021.

A seguir, nos Quadros 5.4 a 5.7, apresentamos o detalhamento de cada uma das ações do ciclo PDCA.

Quadro 5.4 – PDCA => Planejar

	PLANEJAR			
Etapa	1	2	3	4
Atividade	Identificar o problema e definir a meta	Analisar o fenômeno	Analisar o processo	Elaborar o plano de ação
Descrição	O problema é um resultado indesejável, que, ao ser identificado, deve ser analisado para que sejam definidas a causa e a possível solução. A meta deve ser definida de forma a ficar clara a diferença entre a situação atual e o objetivo pretendido. Nesse caso, como estratégia, realizam-se reuniões com o grupo diretivo (ex.: conselho administrativo, presidente, diretores).	Depois de detectar o problema, realiza-se uma análise detalhada dele. Essa análise compreende uma coleta de dados relacionada à sua ocorrência, como periodicidade, frequência e característica. Em alguns casos, tais ocorrências podem ser agrupadas. Há várias estratégias para realizar tal processo, como a folha de verificação e o diagrama de Pareto.	Identificados os detalhes da ocorrência, é necessário priorizar as causas, ou seja, definir quais são as mais importantes, nas quais a equipe se concentrará para solucionar. Para tanto, é importante envolver todas as pessoas vinculadas ao processo, de maneira a obter diferentes pontos de vista. Entre as estratégias, utiliza-se o *brainstorming* (tempestade de ideias).	Por fim, elabora-se um plano detalhado de ações a serem realizadas pela equipe. Trata-se das soluções identificadas para solucionar o problema e/ou reduzir o impacto de suas consequências. Nesse caso, pode-se utilizar a matriz 5W2H ou semelhantes. Essa matriz define o que deve ser feito, quem deve fazer, por que, quando e onde. Define também como será feito e quanto custará.

Fonte: Elaborado com base em Andrade, 2003; Rodríguez et al., 2008; Moen; Norman, 2010.

Quadro 5.5 – PDCA => Executar

	EXECUTAR	
Etapa	1	2
Atividade	Organizar e treinar a equipe	Executar a ação
Descrição	É necessário que a equipe responsável pela execução do plano o conheça integralmente e que cada integrante da equipe saiba o que vai fazer, de forma que não haja dúvida e/ou confusão sobre o que será realizado. Além disso, é importante que as pessoas estejam de acordo com essa proposta e saibam executá-la, possibilitando-se ainda o treinamento, quando necessário.	Realizada a divulgação do plano de ação, atribuída as funções e realizado os devidos esclarecimentos é chegado o momento da execução propriamente dita. Nesta etapa é importante atentar-se aos prazos e orientações da etapa anterior. Na medida em que a execução ocorre, dados são coletados sistematicamente para que a próxima etapa do processo ("Check") ocorra adequadamente.

Fonte: Elaborado com base em Andrade, 2003; Rodríguez et al., 2008; Moen; Norman, 2010.

Quadro 5.6 – PDCA => Verificar

	VERIFICAR		
Etapa	1	2	3
Atividade	Comparar resultados	Relacionar efeitos secundários	Verificar a continuidade de problemas
Descrição	Nesta etapa de iniciação da verificação, são analisados os dados coletados (ex.: qualidade, tempo, custo, cumprimento de metas, satisfação da equipe, segurança do trabalho) durante a execução ou, ainda, o histórico de ações anteriores. Utilizam-se relatórios gerenciais e gráficos de controle.	À medida que o plano de ação é realizado, existe a possibilidade do surgimento de efeitos secundários não previstos inicialmente. Tais efeitos podem ser positivos ou negativos para o desenvolvimento do processo. Por isso, é necessário registrar e relacionar cada um desses efeitos.	Depois de identificados os efeitos secundários, a equipe avalia se o plano de ações elaborado foi realizado integralmente como previsto. Em caso positivo, prossegue-se para a última etapa (*Act*). Em caso negativo, o processo deve ser reiniciado, começando-se com a execução de uma nova análise dos problemas e dos efeitos secundários.

Fonte: Elaborado com base em Andrade, 2003; Rodríguez et al., 2008; Moen; Norman, 2010.

Quadro 5.7 – PDCA => Agir corretivamente

	AGIR CORRETIVAMENTE	
Etapa	1	2
Atividade	Corrigir e padronizar ações	Organizar e treinar a equipe
Descrição	Todas as atividades do plano de ação que tiveram a eficácia verificada na etapa anterior são padronizadas. Caso seja necessário (e possível), algumas delas são corrigidas durante essa padronização. Ambas as ações, de correção ou de definição do padrão, visam à melhoria contínua do processo. Ou seja, com base nos resultados positivos, cria-se um novo padrão ou altera-se o já existente, podendo ainda ser utilizados em situações similares.	Para que a melhoria contínua seja efetiva e o PDCA cumpra com sua proposta conceitual, todas as ações padronizadas necessitam ser disseminadas entre os membros da equipe de trabalho, realizando-se os devidos ajustes de atribuição das funções. Nesse caso, novamente é importante estabelecer o que será feito, quem realizará a tarefa, por que ela deve ser realizada, quando e onde será executada. Juntamente devem ser identificadas as formas de execução e o respectivo custo. Para cada novo padrão ou revisão do existente, é necessário também atualizar o treinamento da equipe.

Fonte: Elaborado com base em Andrade, 2003; Rodríguez et al., 2008; Moen; Norman, 2010.

Cabe ressaltarmos novamente a importância dessa ferramenta em processos de gestão. Apesar de ser considerada básica e de fácil compreensão, sua aplicação e adequada execução possibilitam que a instituição atinja seus objetivos em diferentes contextos, desde um projeto até o planejamento estratégico. A seguir, veremos mais uma ferramenta.

5.4 Project Management Body of Knowledge (PMBOK)

Desenvolvido pelo Project Management Institute, o *Project Management Body of Knowledge* (PMBOK) pode ser traduzido como um guia do conhecimento em gerenciamento de projetos. Trata-se de um conjunto de práticas para a gestão de projetos das mais diferentes áreas e níveis de complexidade.

É organizado em cinco grupos de processos, que correspondem ao ciclo de vida do projeto: iniciação; planejamento; execução; controle; avaliação e finalização (encerramento) (PMI, 2017).

Na Figura 5.8, a seguir, observe os grupos de processo e o nível de atividade conforme o desenvolvimento do projeto.

Figura 5.8 – Grupos de processos PMBOK

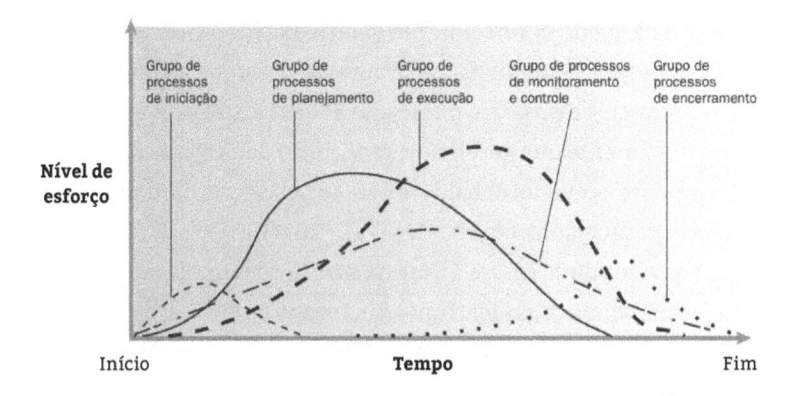

Fonte: PMI, 2017, p. 555.

Além dos grupos de processo, o PMBOK é desenvolvido em áreas de conhecimento. Uma área de conhecimento é definida por seus requisitos de conhecimentos e descrita em termos dos processos que a compõem, bem como de suas práticas, entradas, saídas, ferramentas e técnicas. Ao todo, são dez áreas de conhecimento, a saber: integração, escopo, cronograma, custos, qualidade, recursos, comunicações, riscos, aquisições e partes interessadas (PMI, 2017). Cada uma dessas áreas específicas de conhecimento apresenta um conjunto de etapas predefinidas a serem realizadas.

O gerenciamento de **integração** corresponde à área de conhecimento que inclui os processos e as atividades necessárias para identificar, definir, combinar, unificar e coordenar os diversos processos e atividades de gerenciamento. Seu objetivo é estruturar todo o projeto de modo a garantir que as necessidades dos envolvidos sejam atendidas (PMI, 2017).

Por sua vez, o gerenciamento de **escopo** se refere à área de conhecimento que engloba os processos necessários para assegurar que o projeto considere todo o trabalho necessário (e apenas o necessário) para concluí-lo com sucesso. Trata, principalmente, da definição e do controle do que está ou não incluído no projeto (PMI, 2017).

Já na área de conhecimento relativa ao gerenciamento de **cronograma**, são requisitados processos para que a finalização do projeto ocorra no prazo planejado. O **custo** diz respeito à área de conhecimento que gerencia a realização do projeto conforme o orçamento previsto, considerando-se processos para planejar, estimar, orçar e controlar custos (PMI, 2017).

A **qualidade** se refere à área que trata da vinculação da política de qualidade organizacional, incluindo os processos que planejam, gerenciam e controlam as diretrizes relacionadas à qualidade. Também atua como apoio às ações de melhoria contínua de processos na seara institucional (PMI, 2017).

Na sequência, destaca-se a área de conhecimento que envolve os processos que tratam da identificação, aquisição e gerenciamento dos **recursos**, de forma que sejam disponibilizados conforme o prazo previsto e de maneira adequada (PMI, 2017).

> *O gerenciamento das **comunicações** do projeto inclui os processos necessários para garantir que as necessidades de informações do projeto e de suas partes interessadas sejam satisfeitas, com o desenvolvimento de artefatos e a implementação de atividades projetadas para realizar a troca eficaz de informações. (PMI, 2017, p. 359, grifo nosso)*

A área de conhecimento que envolve os processos para identificar, analisar e planejar respostas para possíveis ameaças monitoradas é o gerenciamento de **riscos** de um projeto. Ela visa aumentar a probabilidade e o impacto dos aspectos positivos, bem como reduzir os negativos (PMI, 2017).

O gerenciamento de **aquisições** diz respeito a processos que tratam da obtenção (compra, doação etc.) de serviços, produtos e/ou resultados. Abrange os processos de gerenciamento de pedidos de compra, contratos, autorização de serviços, entre outros (PMI, 2017).

Por fim, o gerenciamento das **partes interessadas** inclui os processos necessários para identificar os *stakeholders* (pessoas, grupos ou instituições) impactados pelo projeto ou que influenciam essa atividade, de modo que seja possível requisitar seu envolvimento nos processos decisórios e de execução do projeto. Essa área permite, ainda, analisar qual é o grau de influência dos *stakeholders* sobre o projeto ou, ainda, o quanto eles são influenciados por ele (PMI, 2017).

5.5 Ferramentas da qualidade: gestão

As ferramentas da qualidade foram desenvolvidas no âmbito do controle de qualidade total (*total quality control*) e atualmente são utilizadas como ferramentas para gerenciamento de um modo geral. Ao todo, são sete ferramentas: carta ou gráfico de controle; diagrama de dispersão; fluxograma; folha de verificação; histograma; diagrama de Ishikawa; diagrama de Pareto.

A **carta ou gráfico de controle**, ferramenta também conhecida como *gráfico de tendências*, tem o objetivo de verificar e analisar a tendência e/ou o desempenho do processo durante um período.

Comumente, o gráfico de controle é utilizado para:

- acompanhar e detectar tendências e mudanças nos processos;

- comparar os resultados (antes e depois) da implantação de melhorias;
- focar questões críticas nos processos.

Para construir o gráfico de controle, basta seguir os passos descritos:

a. definir o que avaliar e qual será o processo;
b. utilizar a folha de verificação para coletar os dados;
c. criar um gráfico em que na linha vertical (eixo y) se apresente a variável que está sendo medida e na linha horizontal (eixo x), uma escala de tempo ou sequencial;
d. incluir os dados no gráfico, calculando-se a média, a qual deve ser representada por uma linha no gráfico.

Para exemplificar tal processo, elaboramos uma situação hipotética, apresentada a seguir. Considere que o Ministério do Esporte lançou um edital para o financiamento de projetos de lazer.

Entre outros critérios, foi definido um valor *per capita* que será calculado com base no percentual mensal de participantes. Para esse percentual, foi estabelecido um mínimo de 40%. Historicamente, registra-se uma frequência mensal máxima de participantes de 80%. A frequência mensal do percentual de participantes no projeto, em determinado ano, foi registrada na Tabela 5.1.

Tabela 5.1 – Percentual mensal de participantes do projeto

Meses	Jan	Fev	Mar	Abr	Mai	Jun	Jul	Ago	Set	Out	Nov	Dez
Participantes (%)	25	35	56	65	67	75	38	63	75	87	89	75

Utilizando as informações da Tabela 5.1 e considerando os limites percentuais (mínimo e máximo), elaboramos um gráfico de controle (Gráfico 5.1).

Gráfico 5.1 – Participação em projeto de lazer

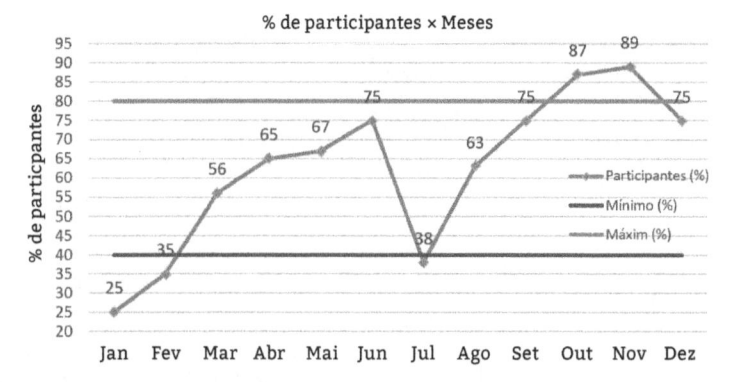

% de participantes × Meses

[Gráfico: Participantes (%), Mínimo (%), Máximo (%)]
- Jan: 25
- Fev: 35
- Mar: 56
- Abr: 65
- Mai: 67
- Jun: 75
- Jul: 38
- Ago: 63
- Set: 75
- Out: 87
- Nov: 89
- Dez: 75

Já no caso do **diagrama de dispersão**, é possível identificar se existe uma relação de dependência entre duas variáveis quaisquer, ou seja, o que acontece com uma variável depende do que acontece com a outra.

Comumente, o diagrama de dispersão é utilizado para:

- obter dados que confirmem a hipótese de que duas variáveis são relacionadas;
- identificar a força de relação das variáveis;
- reforçar a análise do diagrama de causa e efeito.

A intensidade e a forma de relação entre as variáveis são indicadas pela direção e pela espessura do agrupamento de pontos. A correlação pode ser positiva, constante, negativa ou nenhuma (Figura 5.9).

Figura 5.9 – Diagrama de dispersão: possibilidades de correlação

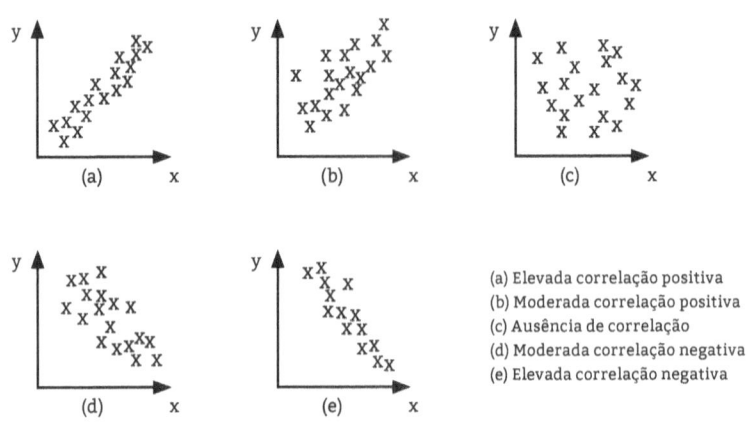

(a) Elevada correlação positiva
(b) Moderada correlação positiva
(c) Ausência de correlação
(d) Moderada correlação negativa
(e) Elevada correlação negativa

Fonte: Diagrama..., 2016.

Para exemplificarmos o exposto, vamos apresentar um exemplo hipotético. Um clube que promove atividades de esporte e lazer estava tendo alguns problemas em diversas delas. Para solucioná-los, utilizou o Método de Análise e Solução de Problemas (Masp). Depois de reunir toda a equipe, o clube iniciou o trabalho com o *brainstorming* a fim de identificar as inúmeras causas para tais situações. Na sequência, selecionou as causas potenciais com o diagrama de causa e efeito e, durante um período, fez uma coleta de dados utilizando a folha de verificação. Com os dados coletados, é possível elaborar diagramas de dispersão e constatar se há correlação entre as causas mensuradas nas situações descritas a seguir.

A primeira situação diz respeito à academia de musculação, em que os problemas com os equipamentos foram atribuídos ao excesso de uso. Em um período de 60 dias, verificaram-se diariamente o número de problemas e a porcentagem de utilização desses equipamentos, obtendo-se os dados mostrados na Tabela 5.2.

Tabela 5.2 – Problemas nos equipamentos e porcentagem de uso (60 dias)

Dia	1	2	3	4	5	6	7	8	9	10	11	12	13	14	15	16	17	18	19	20	21	22	23	24	25	26	27	28	29	30
% de uso	20	20	90	95	93	92	88	24	30	76	67	89	56	78	21	12	38	45	67	88	82	90	23	65	87	54	47	76	85	34
Problemas	5	15	5	20	3	12	7	9	1	2	10	5	15	4	1	4	20	14	11	4	0	2	6	3	17	20	11	4	2	1
Dia	31	32	33	34	35	36	37	38	39	40	41	42	43	44	45	46	47	48	49	50	51	52	53	54	55	56	57	58	59	60
% de uso	12	38	45	67	88	82	90	23	65	87	54	47	76	85	34	20	90	95	93	92	88	24	30	76	67	90	95	93	92	85
Problemas	12	7	9	1	2	10	5	15	4	1	4	20	5	15	5	20	3	12	7	9	17	20	11	4	2	5	20	3	12	4

As informações da Tabela 5.2 foram utilizadas para elaborar um gráfico de dispersão (Gráfico 5.2).

Gráfico 5.2 – Problemas nos equipamentos × porcentagem de uso

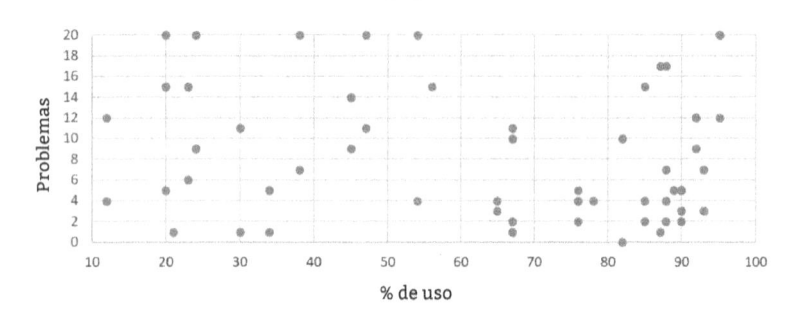

Analisando-se o gráfico, foi possível perceber que não há correlação entre os problemas com os equipamentos e o excesso de uso, ao contrário do que havia sido suposto inicialmente pela equipe.

A segunda situação se refere aos projetos de formação esportiva, nos quais se constatou grande evasão dos participantes. Como alternativa para a redução desse quadro, foram implantadas, gradativamente, algumas melhorias (lanche, transporte, outros materiais etc.). Para mensurar a efetividade delas, foi atribuída uma pontuação (de 10 a 40) que aumentava à medida que as melhorias iam sendo efetivadas. Paralelamente, registrou-se também o percentual de evasão. O período de coleta de dados foi de 20 semanas, e eles estão registrados na Tabela 5.3.

Tabela 5.3 – Porcentagem de evasão e melhorias

Semana	1	2	3	4	5	6	7	8	9	10	11	12	13	14	15	16	17	18	19	20
Melhoria (pontos)	10	13	11	15	17	19	15	20	25	30	31	33	35	37	33	39	38	36	40	38
% de Evasão	71	66	70	65	63	50	54	45	40	32	33	21	15	10	12	9	10	11	8	10

Da mesma forma que no caso anterior, foram utilizadas as informações da Tabela 5.3 para elaborar um gráfico de dispersão (Gráfico 5.3).

Gráfico 5.3 – Porcentagem de evasão × melhorias

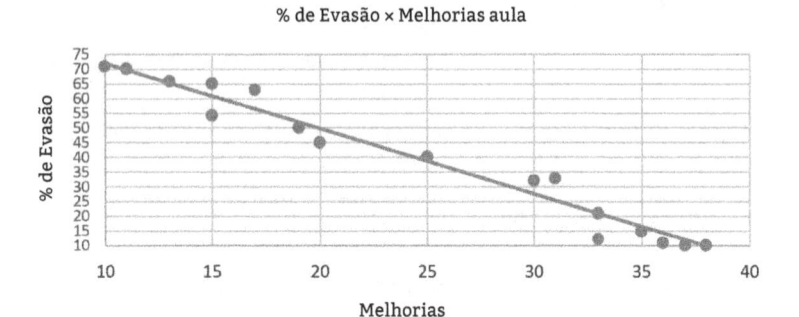

% de Evasão × Melhorias aula

Nesse segundo caso, foi possível perceber, com o gráfico, uma correlação linear negativa, concluindo-se que o aumento de melhorias no projeto ocasionou a redução do percentual de evasão.

Vamos considerar agora outra ferramenta, o **fluxograma**, que auxilia na representação do processo de forma a facilitar sua visualização. Para descrever o funcionamento do processo, sua natureza e seu fluxo, são utilizados símbolos gráficos. O objetivo do fluxograma é simplificar a apresentação de um processo, facilitando seu entendimento.

No Quadro 5.8, a seguir, apresentamos alguns símbolos utilizados em fluxogramas e, na Figura 5.10, um exemplo de um fluxograma.

Quadro 5.8 – Símbolos utilizados em fluxogramas

Símbolo	Nome	Significado
	Terminação	Início ou o fim do processo.
	Processo	Funções processo e/ou atividades que necessitam ser executadas.
	Decisão	Ponto de tomada de decisão (define o fluxo do processo).
	Seta	Interligação entre dois outros símbolos e direção do fluxo.
	Documento	Documento vinculado ao processo (ex.: relatório).
	Vários documentos	Vários documentos vinculados.
	Dados	Representação genérica de dados do fluxograma.
	Atraso / Espera	Necessidade de aguardar um tempo antes de continuar.
	Conector	Indicação de que o fluxograma continua a partir deste ponto em outro círculo.
	Sub-rotina	Processo que já está previamente definido.
	Preparação	Necessidade de ajuste no processo antes de prosseguir.
	Dados armazenados	Indicação de que há dados armazenados.

Fonte: Elaborado com base em Martins, 2012; Veyrat, 2016.

Figura 5.10 – Exemplo de fluxograma

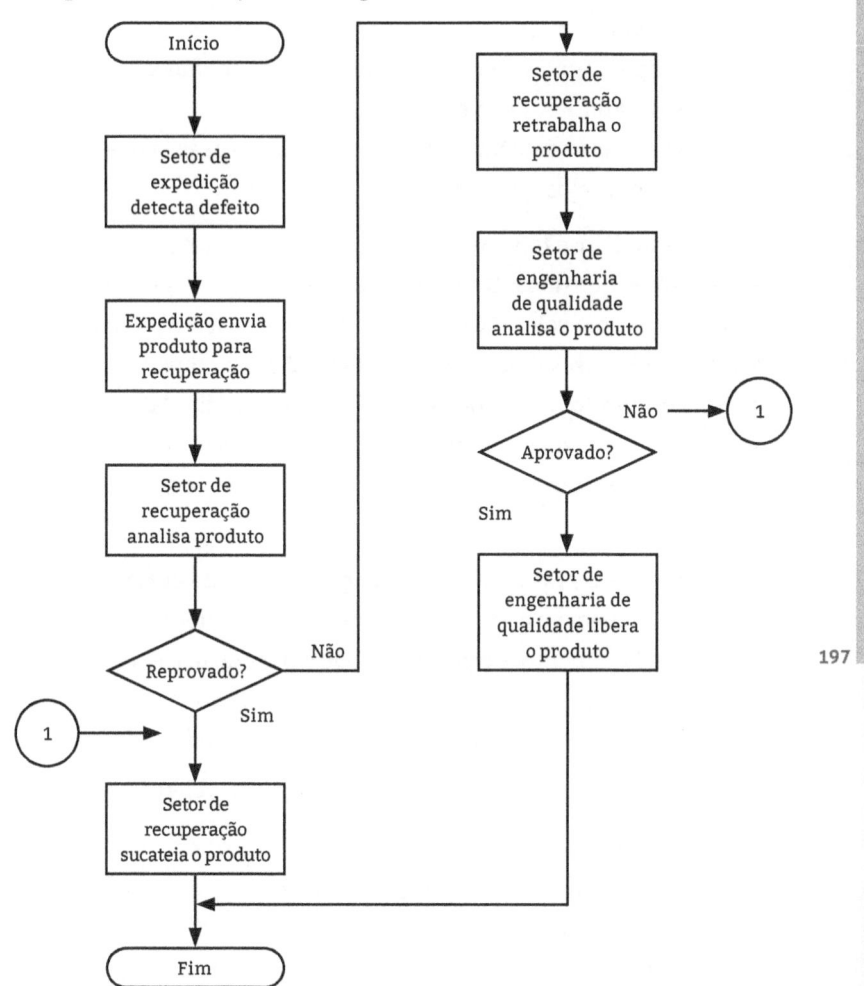

[Fluxograma: Início → Setor de expedição detecta defeito → Expedição envia produto para recuperação → Setor de recuperação analisa produto → Reprovado? — Sim: Setor de recuperação sucateia o produto → Fim; Não: Setor de recuperação retrabalha o produto → Setor de engenharia de qualidade analisa o produto → Aprovado? — Não: (1) retorna para Setor de recuperação sucateia o produto; Sim: Setor de engenharia de qualidade libera o produto → Fim]

Fonte: Martins, 2012.

Outra ferramenta a ser destacada é a **folha de verificação**, utilizada para registrar e agrupar dados coletados, de modo a facilitar a identificação de tendências e principais problemas do processo.

Comumente, a folha de verificação é utilizada para:

- obter dados de fácil entendimento, por meio de uma ferramenta simples;
- mapear uma situação clara do que está acontecendo, considerando-se fatos e dados;
- confirmar determinada situação (várias pessoas/setores devem registrar o mesmo aspecto).

Para aplicar a folha de verificação, é importante responder às seguintes questões: Que dados se quer coletar? Quem será o responsável pela coleta? Quais serão o período e a frequência da coleta? Onde esses dados serão obtidos? Qual agrupamento de dados será usado na coleta para facilitar sua análise? Que sínteses dos dados serão necessárias? Como os dados serão coletados?

Para construir uma folha de verificação, basta seguir os passos descritos:

a. definir claramente qual situação está sendo observada;
b. estabelecer o responsável (ter disponibilidade de tempo e conhecimento) e o período (pode variar de horas a meses) da coleta;
c. elaborar uma folha de verificação prática e fácil de usar.

Os itens utilizados na elaboração da folha de verificação são:

- Nome do projeto
- Local (onde os dados serão coletados)
- Nome do responsável pela coleta
- Data
- Coluna com o nome dos motivos/situações
- Coluna com dia ou data da coleta
- Somatórios (totais) por coluna, por linha e geral

A Tabela 5.4, a seguir, apresenta um exemplo fictício de folha de verificação.

Tabela 5.4 – Exemplo de folha de verificação

Academia Saúde & Esporte									
Projeto: **Satisfação do cliente (reclamações por atividade)**	Atividade: **Musculação**								
COLETA DOS DADOS									
Local: **Recepção**	Responsável: Carla Silva	Período: **01 a 07/08 (primeira semana)**							
MOTIVOS		DIAS							TOTAL
		01/08 (SEG)	02/08 (TER)	03/08 (QUA)	04/08 (QUI)	05/08 (SEX)	06/08 (SAB)	07/08 (DOM)	
Falta de manutenção de equipamentos		3	4	8	4	7	8	10	44
N. de equipamentos × n. de alunos		2	3	3	3	4	9	3	27
N. de professores × n. de alunos		5	4	2	1	1	2	6	21
Falta de cordialidade dos professores		0	0	0	0	0	0	0	0
Falta de conhecimento dos professores		0	0	0	1	0	1	0	2
TOTAL		10	11	13	9	12	20	19	94

Nesse exemplo fictício de folha de verificação, relativo à Academia Saúde & Esporte, o título do projeto indica um destaque para a satisfação do cliente, por meio do registro de reclamações por atividade, que, nesse caso, é a musculação. Observe que esse projeto poderia incluir outras atividades da academia com os respectivos motivos de reclamação por parte do cliente.

Após a apresentação desses dados iniciais, são mencionadas informações específicas referentes à coleta: local, responsável, período, motivos, dias e um somatório dos registros. Apesar de não estar descrito explicitamente, esse formulário pode ser um documento restrito aos funcionários da empresa. Ao conversar com um cliente e receber a reclamação, a pessoa responsável (nesse exemplo, Carla Silva) efetua o registro na folha de verificação. Nesse caso, o documento indica ainda um período de sete dias, referido como "primeira semana", podendo haver uma folha para cada semana do mês.

Entre os resultados, coletados de forma simples e objetiva, percebemos que o maior número de reclamações se refere à falta de manutenção de equipamentos, com 44 menções, seguido pelos aspectos referentes à relação entre o número de equipamentos e o número de alunos, com 27 registros, e à relação entre o número de professores e o número de alunos, com 21 apontamentos. Observamos, ainda, que os dias 06/08 e 07/08 (sábado e domingo) acumularam o maior número de reclamações, indicando que há uma tendência de aumento nos finais de semana, talvez motivada pelo aumento do número de clientes no local.

Por fim, é importante que, entre outros fatores, a elaboração da folha de verificação considere uma análise prévia do cenário, para evitar o registro de aspectos desnecessários ou, ainda, que induzam ao erro. Da mesma forma, os resultados obtidos devem ser analisados e comparados com outros dados, sempre que possível.

Por sua vez, o **histograma** visa resumir os dados coletados de um processo durante um período estabelecido e, com base neles, demonstrar em forma de gráfico a distribuição de frequências.

Comumente, o histograma é utilizado para:

- identificar a concentração e a distribuição dos dados;
- observar o comportamento das diversas categorias em relação à variável estudada;
- comparar variáveis diferentes entre categorias;
- identificar se ocorreu alguma mudança no processo e/ou avaliar seu desempenho.

Para construir um histograma, basta seguir os passos descritos:

a. definir os dados a serem medidos, os quais devem compor "variáveis" e ser registrados em uma escala contínua;
b. estabelecer o período da coleta (ex.: dia, semana, turno);
c. elaborar uma tabela com os dados e sua frequência;
d. na linha vertical (eixo y), desenhar a escala contínua (ex.: tempo, peso, quantidade) do menor para o maior;
e. na linha horizontal (eixo x), desenhar a escala referente à variável que está sendo medida;
f. para cada intervalo de classe, desenhar uma coluna indicando a ocorrência daquele intervalo.

Para demonstrarmos a aplicação do histograma na prática, vamos considerar mais um exemplo fictício. Uma academia quer ampliar suas atividades na cidade. Para tanto, realizou um evento para divulgar as ações e conseguiu preencher 187 cadastros de pessoas interessadas, com o objetivo de avaliar qual é a faixa etária mais frequente entre essas pessoas. Depois de inserir os dados desse cadastro no sistema de gestão da academia, ocorreu um problema, e o único relatório emitido foi a Tabela 5.5, a seguir, com as idades das 187 pessoas cadastradas.

Tabela 5.5 – Idades das 187 pessoas cadastradas

Idades das 187 pessoas cadastradas									
16	37	27	30	37	33	19	22	29	18	25
45	63	45	48	55	51	21	25	32	45	28
34	45	34	37	44	40	31	34	41	34	37
32	30	32	35	42	38	36	39	46	32	42
21	48	21	24	31	27	46	49	56	21	52
56	37	56	59	66	62	57	60	67	56	63
43	35	43	46	53	49	61	64	71	43	67
34	30	34	37	44	40	22	25	32	34	28
34	48	37	63	70	66	23	26	33	60	29
32	30	32	35	42	38	36	39	46	32	42

(continua)

(Tabela 5.5 – conclusão)

21	48	21	24	31	27	46	49	56	21	52
56	37	56	59	66	62	57	60	67	56	63
43	35	43	46	53	49	61	64	71	43	67
16	37	27	30	37	33	19	22	29	18	25
45	63	45	48	55	51	21	25	32	45	28
34	30	34	37	44	40	22	25	32	34	28
21	48	21	24	31	27	46	49	56	21	52

Categorias de idade						
Até 20 anos	21 a 30 anos	31 a 40 anos	41 a 50 anos	51 a 60 anos	61 a 70 anos	Acima de 70 anos

As idades foram agrupadas conforme as categorias, com base nas quais foi desenvolvido o histograma a seguir (Gráfico 5.4).

Gráfico 5.4 – Histograma com a frequência das idades

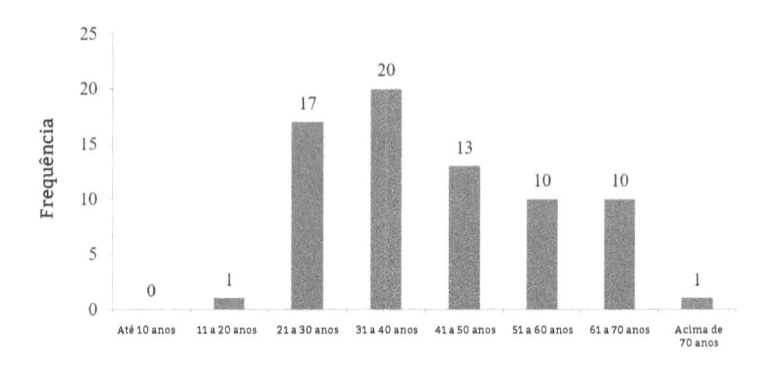

Categoria	Frequência
Até 10 anos	0
11 a 20 anos	1
21 a 30 anos	17
31 a 40 anos	20
41 a 50 anos	13
51 a 60 anos	10
61 a 70 anos	10
Acima de 70 anos	1

Prosseguindo na abordagem das ferramentas da qualidade, cabe destacar o **diagrama de Ishikawa**, também chamado de *diagrama de causa e efeito* ou *espinha de peixe* (ver Figura 5.11), que foi desenvolvido por Kaoru Ishikawa (1915-1989), na Universidade de Tóquio, em 1943, para explicar como vários fatores podem ser relacionados e ordenados (Possarle, 2014).

Por meio de um diagrama, é possível representar a relação entre todas as possíveis causas que geram determinado efeito.

Mediante a ordenação e a relação das causas, indica-se como estas afetam o processo. Entre as causas básicas estão o ambiente, as pessoas, as informações, os métodos, os equipamentos e os insumos (Possarle, 2014). Tais causas também são conhecidas como **6Ms** (Possarle, 2014):

1. **Meio ambiente**: refere-se à influência que o local de realização do processo pode exercer, com destaque para as suas características.
2. **Mão de obra**: está relacionada à qualificação da equipe de trabalho e à quantidade de pessoas envolvidas com o processo.
3. **Medida**: diz respeito a informações e dados vinculados à mensuração do processo, tais como custo, quantidade e percentual.
4. **Método**: indica como o processo é realizado.
5. **Máquina**: denota os equipamentos/materiais utilizados para desenvolver o processo (ex.: computador, maquinário).
6. **Material**: inclui produtos, informações e qualquer outro insumo utilizado no desenvolvimento do processo.

Comumente, esse diagrama é utilizado para:

- identificar as informações relacionadas às causas do problema;
- organizar e documentar as causas potenciais de um efeito;
- indicar o relacionamento de cada causa e subcausa com as demais e o efeito analisado;
- identificar as variáveis relacionadas à eficiência de um processo que impactam a eficácia de seus resultados;
- auxiliar no aperfeiçoamento do processo;
- incentivar a participação das pessoas na solução sinérgica dos problemas.

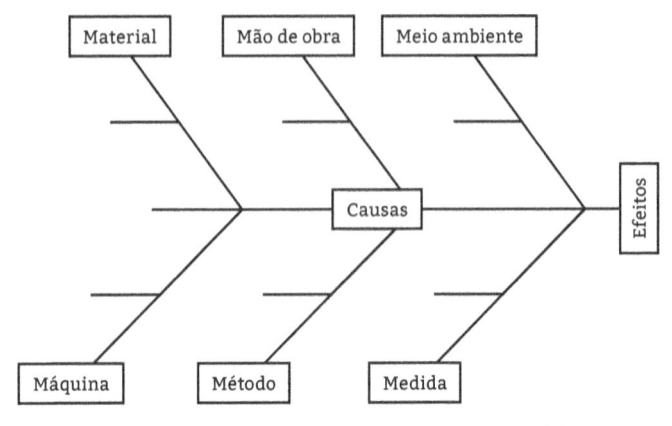

Figura 5.11 – Diagrama de Ishikawa

[Diagrama de Ishikawa com as causas primárias: Material, Mão de obra, Meio ambiente, Máquina, Método, Medida, convergindo para Causas e apontando para Efeitos.]

Fonte: Ishikawa, 1993, p. 64.

Ao construir o diagrama de causa e efeito, consideram-se os seguintes elementos:

- **Efeito**: indicador de desempenho e o problema associado. É escrito do lado direito, com a seta do eixo central apontando diretamente para ele.
- **Eixo central**: seta horizontal apontando para o efeito.
- **Causas básicas ou primárias**: principais grupos de fatores relacionados com o efeito. São representadas por setas inclinadas com as pontas convergindo para a espinha dorsal ou eixo central.
- **Causas secundárias**: causas potenciais dentro de uma causa básica e que podem contribuir para o efeito, representadas por setas horizontais que apontam para a causa básica ou primária.
- **Subcausas ou causas terciárias**: causas potenciais que podem contribuir com uma causa secundária específica. São ramificações de uma causa secundária.

Observe, na Figura 5.12, a seguir, um desdobramento do diagrama de Ishikawa.

Figura 5.12 – Diagrama de Ishikawa (desdobramento)

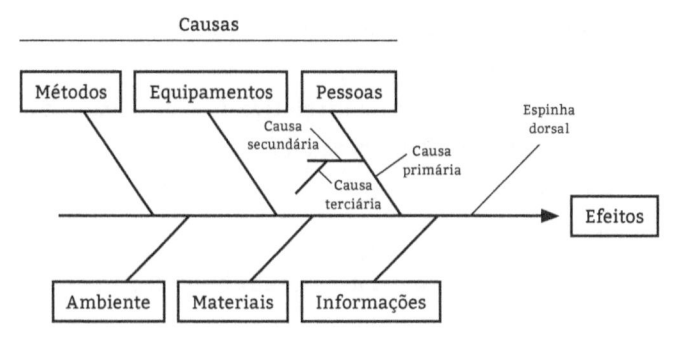

```
                    Causas
   ┌──────────────────────────────┐
   Métodos   Equipamentos   Pessoas
                  Causa              Espinha
                  secundária         dorsal
                           Causa
                           primária
                      Causa
                      terciária
   ─────────────────────────────────────────▶  Efeitos

   Ambiente   Materiais   Informações
```

Fonte: Elaborado com base em Ishikawa, 1976.

Vejamos, por fim, o **diagrama de Pareto**. Analisando a distribuição da renda entre os cidadãos, o economista e sociólogo italiano Vilfredo Pareto (1848-1923) concluiu que a maior parte da riqueza pertence a poucas pessoas. Essa mesma constatação foi feita em outras situações, o que deu origem à relação que ficou conhecida como *princípio de Pareto* ou *relação 80-20*. Segundo esse princípio, 20% das causas são responsáveis por 80% dos efeitos.

Nesse sentido, o diagrama de Pareto (Figura 5.13) passou a ser utilizado para identificar tais aspectos.

Figura 5.13 – Princípio de Pareto ou relação 80-20

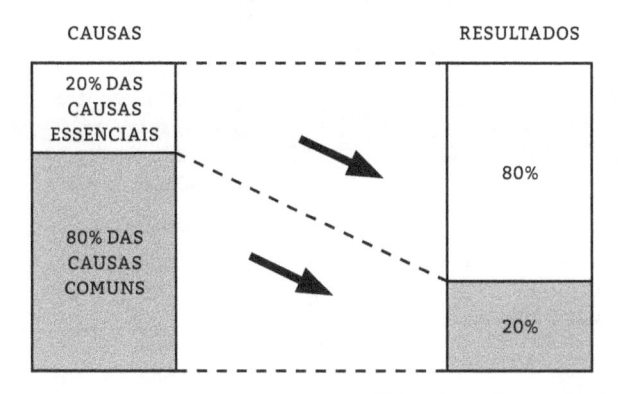

```
         CAUSAS                         RESULTADOS

   ┌────────────────┐                 ┌────────────────┐
   │ 20% DAS        │                 │                │
   │ CAUSAS         │─ ─ ─ ─ ─ ─ ─┐   │                │
   │ ESSENCIAIS     │              ╲  │     80%        │
   │                │               ╲ │                │
   │                │                ╲│                │
   │                │                 │                │
   ├────────────────┤                 ├────────────────┤
   │ 80% DAS        │                ╱│                │
   │ CAUSAS         │───────────────╱ │     20%        │
   │ COMUNS         │                 │                │
   └────────────────┘                 └────────────────┘
```

Fonte: Elaborado com base em Pereira, 2010.

Comumente, o diagrama de Pareto é utilizado para:

- priorizar as ações nas causas com maior influência sobre os resultados;
- apresentar a importância relativa dos problemas de uma forma fácil de ser interpretada;
- demonstrar a evolução dos processos e estimular melhorias.

Para construir o diagrama de Pareto, basta seguir os passos descritos:

a. coletar dados e organizá-los em uma tabela;
b. desenhar o diagrama, considerando a seguinte orientação:

- na linha horizontal (eixo x), dividi-lo em tantas partes iguais quantas forem as categorias citadas na tabela;
- na linha vertical (eixo y), inserir a frequência com que as causas aconteceram;
- desenhar colunas verticais, com base no eixo horizontal e na altura, conforme a frequência.

Observe, na Tabela 5.6, a seguir, que o diagrama de Pareto foi utilizado para identificar a análise do custo de inadimplência entre modalidades esportivas ofertadas em um clube.

Tabela 5.6 – Análise do custo de inadimplência

Modalidade	Número de inadimplentes	Mensalidade	Inadimplentes × mensalidade	%	Acumulado
Natação	8	R$ 85,00	R$ 680,00	31%	31%
Atletismo	22	R$ 30,00	R$ 660,00	30%	61%
Musculação	8	R$ 40,00	R$ 320,00	15%	76%
Ginástica	4	R$ 44,00	R$ 176,00	8%	84%
Voleibol	4	R$ 40,00	R$ 160,00	7%	92%
Futebol	3	R$ 35,00	R$ 105,00	5%	96%
Basquetebol	2	R$ 40,00	R$ 80,00	4%	100%

Prosseguindo-se na análise, os dados da Tabela 5.6 são utilizados para elaborar o Gráfico 5.5, que apresenta a relação 80-20 (princípio de Pareto).

Gráfico 5.5 – Análise do custo de inadimplência

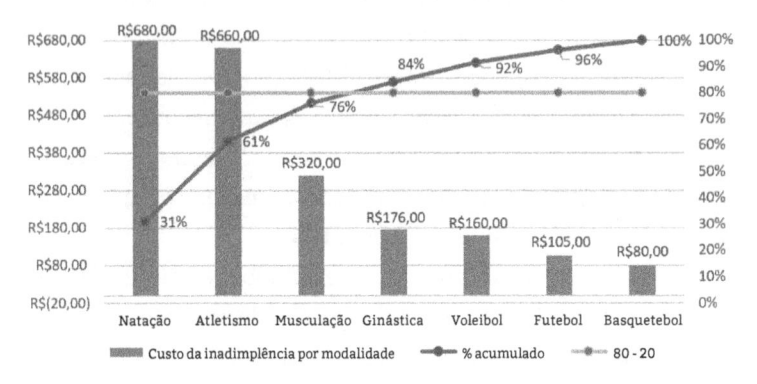

Análise do custo de inadimplência

Modalidade	Custo	% acumulado
Natação	R$680,00	31%
Atletismo	R$660,00	61%
Musculação	R$320,00	76%
Ginástica	R$176,00	84%
Voleibol	R$160,00	92%
Futebol	R$105,00	96%
Basquetebol	R$80,00	100%

Custo da inadimplência por modalidade — % acumulado — 80 - 20

Síntese

Neste capítulo, descrevemos algumas ferramentas utilizadas em processos de gestão de organizações. Iniciamos apresentando as ferramentas dedicadas à definição e ao gerenciamento da estratégia organizacional. Por meio de tais mecanismos, percebemos a importância do planejamento estratégico para a gestão em longo prazo e a vinculação necessária entre as informações que integram o plano: missão, visão, valores, fatores críticos de sucesso, análise do ambiente, questões estratégicas, programa, projetos e ações.

Em seguida, examinamos outra ferramenta dedicada à estratégia organizacional, as cinco forças de Porter, que nos ajudam a analisar a força de uma indústria (mercado específico), considerando, para isso, o poder de negociação de clientes e fornecedores, a rivalidade entre os concorrentes, as ameaças de novas empresas no mercado e o potencial de serviços e/ou produtos substitutos.

Na sequência, abordamos o ciclo PDCA, que se destaca como uma ferramenta no contexto do controle de qualidade total. Com os anos, esse método passou a ser considerado um conceito de planejamento das ações, constituindo uma das mais disseminadas estratégias de gestão. Suas etapas são: *plan* (planejar), *do* (executar), *control* (monitorar) e *act* (agir corretivamente).

Na continuidade, tratamos da metodologia do *Project Management Body of Knowledge* (PMBOK), descrevendo seus cinco grupos de processos (iniciação, planejamento, execução, controle e encerramento) e suas dez áreas de conhecimento (integração, escopo, cronograma, custos, qualidade, recursos, comunicações, riscos, aquisições e partes interessadas).

Por fim, apresentamos alguns exemplos referentes às sete ferramentas da qualidade (carta ou gráfico de controle; diagrama de dispersão; fluxograma; folha de verificação; histograma; diagrama de Ishikawa; diagrama de Pareto), que também são utilizadas em processos de gerenciamento de modo geral.

Atividades de autoavaliação

1. Sobre o conteúdo referente ao planejamento estratégico, avalie as afirmativas a seguir:
    I. Os entendimentos e as expectativas que orientam todas as relações institucionais e o posicionamento dos profissionais que atuam na organização, incluindo seu comportamento, suas crenças e aquilo que não negociam em termos organizacionais, são expressos na declaração de valores.
    II. A visão institucional apresenta o futuro pretendido pela organização e seus objetivos estratégicos.
    III. Os aspectos que, ao serem negligenciados, podem ocasionar um fracasso na estratégia das instituições são os fatores críticos de sucesso.

IV. A análise interna corresponde aos diferentes fatores que influenciam o mercado de atuação da instituição: fatores políticos, econômicos, ecológicos, governamentais, socioculturais, tecnológicos, entre outros.

Assinale a alternativa que apresenta apenas as afirmativas corretas:

a) I, III e IV.
b) I, II e III.
c) II, III e IV.
d) II e IV.
e) III e IV.

2. Considerado o conteúdo da Seção 5.2, avalie as assertivas a seguir e assinale V para as verdadeiras e F para as falsas:

( ) As cinco forças integram a ferramenta de gestão elaborada por Michael Porter em 1980. O foco proposto é a análise do cenário interno da organização.
( ) A análise estrutural da indústria considera, entre suas etapas, a rivalidade entre os concorrentes.
( ) Condições de pagamento, alteração de preços, redução da qualidade de produtos e imposição de prazos de entrega são aspectos relacionados ao poder de negociação de fornecedores.
( ) O aumento da concorrência devido ao ingresso de novas empresas no mercado se refere à rivalidade entre os concorrentes.

Agora, assinale a alternativa que indica a sequência obtida:

a) V, V, F, F.
b) F, V, V, F.
c) V, F, V, F.
d) F, V, V, V.
e) F, V, F, V.

3. Sobre o ciclo PDCA, avalie as assertivas a seguir e assinale V para as verdadeiras e F para as falsas:

   ( ) Foi idealizado por Walter Andrew Shewhart, mas desenvolveu-se no cenário do controle de qualidade total.

   ( ) Poucas horas dedicadas ao planejamento resultarão em poucas horas de monitoramento das ações corretivas, o que significa ser mais rápido.

   ( ) Identificar o problema, analisar o fenômeno, estudar o processo e estabelecer as metas e o plano de ação são etapas que integram o processo de planejamento.

   ( ) As ações corretivas são focadas no ajuste pontual de problemas identificados no momento da execução do processo.

   A seguir, assinale a alternativa que indica a sequência obtida:
   a) V, V, F, F.
   b) F, V, V, F.
   c) V, F, V, F.
   d) F, V, V, V.
   e) F, V, F, V.

4. Com relação ao PMBOK, avalie as afirmativas a seguir:
   I. É organizado em grupos de processos (iniciação, planejamento, execução, controle, encerramento), que correspondem ao ciclo de vida do projeto.
   II. Nessa proposta metodológica, existe um relacionamento sinérgico entre os grupos de processos e as áreas de conhecimento.
   III. Estruturar o projeto de modo a garantir que as necessidades dos envolvidos sejam atendidas é o objetivo da área de integração.
   IV. A identificação de pessoas, grupos ou instituições impactados pelo projeto ou que influenciam essa atividade está vinculada aos processos do gerenciamento de comunicações.

Assinale a alternativa que apresenta apenas as afirmativas corretas:

a) I, III e IV.
b) I, II e III.
c) II, III e IV.
d) II e IV.
e) III e IV.

5. Sobre as ferramentas da qualidade, avalie as assertivas a seguir e assinale V para as verdadeiras e F para as falsas:

( ) É possível elaborar um gráfico de controle definindo-se o processo que será avaliado e utilizando-se uma folha de verificação para coletar os dados.
( ) A relação de dependência entre duas variáveis quaisquer pode ser verificada por meio do diagrama de dispersão.
( ) O mapeamento de determinada situação, a obtenção de dados complexos e a confirmação de uma situação percebida são situações em que geralmente se utiliza a folha de verificação.
( ) Segundo o princípio de Pareto (ou relação 80-20), 20% das causas são responsáveis por 80% dos efeitos.

Agora, assinale a alternativa que indica a sequência obtida:

a) V, V, F, F.
b) F, V, V, F.
c) V, F, V, F.
d) F, V, V, V.
e) F, V, F, V.

Atividades de aprendizagem

Questões para reflexão

1. Considerando as cinco forças de Porter, reflita sobre as afirmações a seguir relacionando-as a um tema vinculado ao

esporte, ao lazer ou a uma atividade física de seu interesse (academias de ginástica, escolas de futebol, produtos esportivos, entre outros).

a) Rivalidade da concorrência

Identifique os concorrentes diretos e, respectivamente, seu tamanho, a força de suas marcas, suas vantagens competitivas, entre outros aspectos.

b) Produtos/serviços substitutos

Avalie o produto/serviço que pode substituir algum outro existente na área de interesse. Imagine qual aspecto pode ser o diferencial.

c) Nível de dependência dos fornecedores

Avalie o nível de dependência dos fornecedores e as possíveis soluções, como identificar outros possíveis fornecedores.

d) Crescimento da concorrência

Nesse caso, você precisa pensar em gerar barreiras que dificultem a entrada de novas empresas no mercado, como realizar o registro de patente de sua marca.

2. Elabore um diagrama de causa e efeito (diagrama de Ishikawa) indicando as possíveis causas que levaram o Club Athletico Paranaense (CAP) a ser campeão da Copa do Brasil em 2019.

Figura A – Causas e efeitos que levaram o CAP a ser campeão da Copa do Brasil em 2019

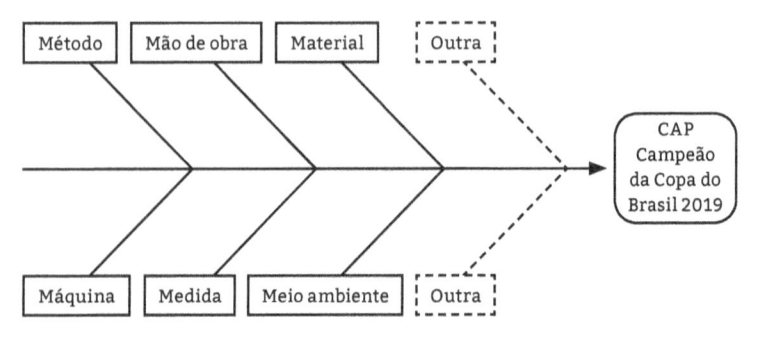

Atividade aplicada: prática

1. Prosseguindo com a atividade que vem sendo desenvolvida desde o Capítulo 1, agora, tendo em vista os conteúdos abordados neste quinto capítulo, reflita e responda às seguintes perguntas:

    a) Quais são os principais aspectos a serem considerados para elaborar o plano de negócios para seu empreendimento?

    b) Quais das ferramentas apresentadas podem contribuir de forma mais eficiente para esse processo? Justifique.

Capítulo 6

Oportunidades e tendências em atividade física e esporte

Ary José Rocco Júnior | Dilson José de Quadros Martins
Ricardo Gonçalves | Ricardo João Sonoda-Nunes

A partir da identificação de oportunidades de negócio no mercado esportivo e nas diferentes posições da cadeia produtiva da indústria do esporte, o empreendedor deve utilizar informações, técnicas e ferramentas adequadas ao desenvolvimento de seu plano de negócio.

O objetivo deste capítulo é justamente apresentar algumas oportunidades de negócio e tendências em atividade física e esporte, considerando-se os diferentes tipos de empreendimento na área – assessorias, consultorias, parcerias e alianças estratégicas, franquias, *startups* e negócios digitais.

Antes de darmos início à abordagem específica desses temas, ressaltamos que, para o adequado acompanhamento das reflexões deste capítulo, é importante que você procure relembrar, agora, os conteúdos explorados no Capítulo 1 (segmentos da indústria do esporte, atividades econômicas do esporte no Brasil, produtos e serviços esportivos e negócios e oportunidades em atividade física e esporte) e no Capítulo 5 (ferramentas disponíveis ao empreendedor para o desenvolvimento e a implementação de suas ideias, como a matriz Fofa/SWOT, o ciclo PDCA, o PMBOK e desenvolvimento de planos de negócios).

6.1 Assessorias

Aqui, é fundamental partir da premissa da existência de diferenças básicas entre bens e serviços. As pesquisas preliminares sobre serviços procuravam distingui-los de bens com base em quatro diferenças genéricas, conforme Sasser, Olsen e Wyckoff, citados por Lovelock e Wright (2001): intangibilidade, variabilidade, perecibilidade do resultado e simultaneidade de produção e consumo.

Contudo, Lovelock e Wright (2001) aprofundam o entendimento sobre essas diferenças ao afirmarem que os clientes que não têm propriedade sobre os serviços estão à procura de valor neles, havendo, até mesmo, seu envolvimento na produção de tais serviços, em tempo real. Para os autores, serviços são experiências que têm o fator tempo como variável importante e, em geral, os clientes estão fisicamente presentes.

Lovelock e Wright (2001) defendem, ainda, que deve haver um estado de prontidão na prestação de serviços que não representa necessariamente o serviço em si, mas aquilo que os autores chamam de *capacidade ociosa*.

Diferentemente dos produtos, os serviços não podem ser colocados em prateleiras ou vitrines para venda, tampouco armazenados em estoque. Apresentam canais de distribuição diferenciados em relação aos produtos, podendo envolver canais físicos, presenciais ou, ainda, eletrônicos.

Para Lovelock e Wright (2001), quanto à tangibilidade, a diferença entre os bens e os serviços reside no domínio de elementos tangíveis e intangíveis em cada um deles, respectivamente, ou seja, quanto mais intangível, mais se pode considerar determinada produção como um serviço. Os bens, por sua vez, têm como característica dominante a tangibilidade.

Alguns exemplos de bens são: um livro, um carro, um *smartphone*, um aparelho de som, um equipamento ou um acessório esportivo, como uma bola, um taco ou uma prancha de surfe. Por outro lado, a locação de um quarto de hotel ou de um automóvel, o conserto de um eletrodoméstico, uma viagem – de ônibus, avião, trem ou navio –, a faxina da casa, um evento e também a oferta de atividades físicas, esportivas e recreativas, assim como assessorias, consultorias, parcerias, alianças estratégicas, franquias, *startups*, negócios digitais e consultorias, são exemplos de serviços.

Nessa perspectiva, as assessorias esportivas são agentes prestadoras de serviços esportivos personalizados para determinada clientela. Segundo Turri (2009, p. 39), os serviços de assessoria esportiva se iniciaram com o *personal trainer*, que atende individualmente as pessoas interessadas com condições de pagar pelo serviço. Esse atendimento é oferecido na casa do cliente, em parques, clubes e academias, evoluindo para a possibilidade de atendimento em outros pontos de encontro capazes de reunir um número maior de pessoas simultaneamente.

Nesses locais, as assessorias esportivas oferecem infraestrutura, como "alimentação, aulas de alongamento, de 'yoga', os treinamentos em grupos para corrida ou ciclismo, apoio em competições" (Turri, 2009, p. 39), tendo como base de clientes especialmente corredores, ciclistas e triatletas. Ainda conforme Turri (2009, p. 39), o *boom* nos serviços de assessoria esportiva se deu no final da década de 1990.

O quadro técnico das assessorias esportivas é composto por profissionais de educação física com experiência prática na atividade ofertada. Segundo Ronaldo Martinelli (citado por Turri, 2009, p. 40), proprietário de uma assessoria esportiva, "a empresa nasceu do espírito empreendedor de seus sócios, depois de trabalharem nas melhores academias de São Paulo, onde puderam vivenciar e aprender na teoria e na prática, os melhores métodos de treinamento, buscando a melhor eficiência e o melhor resultado".

De acordo com Dedecca (2007, citado por Turri, 2009), por se tratar de pequenos estabelecimentos prestadores de serviços pelos quais se cobram mensalidades, as assessorias esportivas contribuem para a formalização do trabalho nos serviços esportivos prestados pelos profissionais.

Um exemplo da participação e influência das assessorias esportivas no mercado esportivo e de sua inserção na indústria do esporte pode ser observado no fenômeno do crescimento do número de corredores e corridas de rua no Brasil.

Conforme Bastos, Pedro e Palhares (2009, citados por Campos; Moraes; Lima, 2014, p. 4), como uma atividade crescente no Brasil, as corridas de rua envolvem a participação de "profissionais de educação física, assessorias esportivas e agências de marketing esportivo, entre outros".

Ainda, na opinião de Achôa (2012, citado por Silva; Sousa, 2013), o calendário brasileiro de corridas de rua tem sofrido grandes mudanças ao longo dos anos. Atualmente, está repleto de corridas realizadas ao mesmo tempo em diferentes cidades do país, sendo que alguns desses eventos assumiram a proporção de megaeventos esportivos. Nesse sentido, podemos citar, como exemplo, as 18 provas oficiais categorizadas pela Confederação Brasileira de Atletismo (CBAt) rotuladas como ouro e prata, a exemplo da Volta Internacional da Pampulha, da Corrida Internacional de São Silvestre, da Prova Rústica de Tiradentes e das maratonas internacionais de São Paulo, Rio de Janeiro, Porto Alegre, além de outras 465 provas categorizadas como bronze, que são realizadas com distâncias variadas: 3, 5, 10, 12, 15, 16, 18 e 21 km, além das maratonas (42.195 metros).

No cenário internacional, a International Association of Athletic Federations (IAAF) registra anualmente, em seu *site* oficial, um extenso calendário de corridas de rua, categorizando-as com os selos ouro (a exemplo das maratonas de Tóquio, Boston, Berlim, Pequim, Frankfurt, Amsterdã e Chicago), prata e bronze.

Segundo Silva (2011, citada por Silva; Sousa, 2013), a Meia Maratona Internacional do Rio de Janeiro reuniu, no ano de 2011, 21 mil participantes, tendo sido a prova com o maior número de corredores no Brasil naquele ano; por sua vez, as maratonas que integram o *Abbott World Marathon Majors* – uma série composta por seis das maiores e mais famosas maratonas do mundo (Tóquio, Boston, Londres, Berlim, Chicago e Nova York) – reúnem um número ainda maior de participantes e espectadores do mundo todo a cada ano.

É nesse cenário que se insere o crescimento de assessorias esportivas especializadas em corridas de rua, as quais, como sugerem Silva e Sousa (2013, p. 1), tiveram nos últimos dez anos um crescimento no número de participantes, atraindo "investimentos, pesquisas, produtos e serviços destinados a essa comunidade de atletas".

Como expõem Campos, Moraes e Lima (2014, p. 5), houve um aumento aproximado de 85% no número de corridas realizadas nos municípios do Estado de São Paulo entre os anos de 2005 e 2012, bem como um aumento de 154% no número de participantes, evidenciando "o aumento do interesse das pessoas pelas corridas de rua e, ao mesmo tempo, um tipo de negócio que vem se consolidando, chegando a movimentar anualmente R$ 3 bilhões" (Sobral, 2011, citado por Campos; Moraes; Lima, 2014).

No caso das corridas de rua, as assessorias esportivas atuam no treinamento diário dos praticantes, oferecendo planejamento e acompanhamento personalizados nos treinos, de acordo com os objetivos individuais de cada corredor, além do acompanhamento de outros serviços profissionais, como nutricionistas, psicólogos, massagistas, e também parcerias com academias, lojas e laboratórios (TV Bahia, 2005, citada por Silva; Sousa, 2013).

Além disso, as assessorias esportivas podem contar com a parceria das agências de viagens esportivas. Na qualidade de *stakeholders* nesse nicho de mercado, tais agências trabalham com o planejamento e a realização de viagens destinadas à participação de corredores individuais ou de grupos de corredores em provas nacionais ou internacionais. Elas oferecem pacotes com assistência completa e informações detalhadas sobre as provas (horários de início, tempo de percurso, inscrição dos corredores, retirada de *kits* de participação, logística de hospedagem, alimentação e transporte, *transfer* interno para o local da prova etc.), podendo estender-se à oferta opcional de roteiros turísticos com *tour* nas cidades onde as provas são realizadas, *vouchers* para compras, brindes e seguros de viagem. Nessa perspectiva, de acordo com Eduardo Fleury, gerente de um *site* de turismo, "mais do que eventos esportivos, essas provas de rua têm se tornado verdadeiras atrações turísticas" (Figo, 2017).

Em estudo que analisou "as características existentes nas redes de relação formadas entre instituições que organizam corridas na cidade de São Paulo com outras empresas" (Campos; Moraes; Lima, 2014, p. 1), os autores mencionam que Hirschman

(1958, citado por Campos; Moraes; Lima, 2014, p. 3) considera o que seria uma "habilidade empreendedora para identificar oportunidades", que se concretiza por "acordos celebrados entre partes, que atuam em pontos interligados da cadeia de relações, com base nos quais a empresa aproveita novas oportunidades de negócio".

Para Burt (2001, citado por Campos; Moraes; Lima, 2014, p. 1), as oportunidades surgem de lacunas existentes dentro das redes de relação, o que o autor chama de "buracos estruturais". Ao se abrirem, tais lacunas revelam oportunidades de negócios a serem "aproveitadas por empreendedores atentos, que podem já fazer parte da rede, ou vir a integrar-se à mesma" (Campos; Moraes; Lima, 2014, p. 4). Isso nos permite observar que o serviço prestado por agências de viagens a corredores de rua pode ser entendido como oportunidade identificada a partir de lacunas do mercado esportivo, em geral, e do mercado de corridas de rua, em especial, além do mercado turístico. Tal prática resulta no turismo esportivo voltado aos corredores de rua, ao oferecer aos seus consumidores o prazer da viagem e a prática do esporte, prestando, no caso dessa modalidade, assessoria completa aos praticantes.

Os dados coletados e analisados por Campos, Moraes e Lima (2014, p. 10) resultaram na categorização de três tipos de agentes nas redes de relação empreendedoras, conforme indica o Quadro 6.1.

Quadro 6.1 – Corridas de rua: tipos de agentes nas redes de relação empreendedoras

Tipos de agentes	Identificação dos agentes
Instituições organizadoras de corrida	Empresas, associações e outros que promovem corridas de rua.
Empresas parceiras	Empresas interessadas em associar seus nomes às corridas de rua.

(continua)

(Quadro 6.1 – conclusão)

Tipos de agentes	Identificação dos agentes
Empresas e profissionais satélites	Agentes que orbitam em torno das instituições organizadoras, a exemplo de profissionais de segmentos de comunicação, alimentação, financeiro, filantropia, atividade física, roupas e acessórios, entre outros.

Fonte: Elaborado com base em Campos; Moraes; Lima, 2014.

Ao acessar *sites* de assessorias esportivas, você poderá verificar que alguns desses empreendimentos oferecem serviços como planilhas de treinamento semanal com interface *on-line* com os clientes, treinos individuais e coletivos, treinamentos para corridas de aventura, programas corporativos voltados aos colaboradores de empresas, atividades para crianças, treinamento funcional e palestras, demonstrando uma diversificação na oferta de produtos e serviços que extrapola os limites iniciais do escopo direcionado tão somente às corridas de rua.

O caso analisado sobre a influência das assessorias no desenvolvimento das corridas de rua no Brasil possibilita a você refletir sobre a possibilidade de identificação do que Burt (2001, citado por Campos; Moraes; Lima, 2014, p. 1) chama de "buraco estrutural", bem como sobre a necessária atenção ao surgimento ou à prospecção de novas oportunidades e modelos de negócios no campo das assessorias esportivas, nos mais diversos nichos do mercado esportivo.

6.2 Consultorias, parcerias e alianças estratégicas

A busca pela identificação de oportunidades capazes de maximizar os resultados esperados coloca o empreendedor diante de possibilidades e estratégias de desenvolvimento de ações integradas com outras pessoas, outros empreendimentos ou outras organizações que tenham objetivos comuns. Isso aumenta o aprendizado e corrobora para um melhor conhecimento do negócio, conferindo vantagem competitiva aos parceiros diante da concorrência e do mercado, a exemplo das consultorias, parcerias e alianças estratégicas, conforme detalhamos a seguir.

6.2.1 Consultorias

Segundo Gonçalves (1991, p. 91), "consultoria é um processo de aprendizagem mútua de consultor e cliente, com base num ciclo constante de pesquisa-ação", no qual tanto o consultor quanto o cliente assumem um papel ativo. Para Schein (1975, citado por Gonçalves, 1991), o consultor assume um papel de facilitador nesse processo, objetivando capacitar o cliente para diagnosticar e gerenciar a organização.

Conforme Weiss (2018), o negócio de um consultor está concentrado em melhorar o cenário do cliente, deixando-o em condições mais adequadas em relação ao que era realizado antes de sua atuação. O autor afirma, ainda, que esse trabalho não deve restringir-se à especialização em conteúdo, mas também focar os processos inerentes aos negócios do cliente.

Sob essa ótica, de acordo com Gonçalves (1991), a consultoria é uma área que apresenta uma interface disciplinar e transpõe os limites de uma única área ou campo, podendo, por exemplo, enviesar sua atuação para a perspectiva do diagnóstico de problemas e apresentação de soluções, tanto no âmbito operacional quanto no nível estratégico.

Já para Mullin, Hardy e Sutton (2004), toda estratégia começa com o entendimento do ambiente e da posição ocupada nesse lugar. Por essa razão, é imprescindível que o profissional interessado na incursão no universo da consultoria em atividade física, recreação e esportes tenha conhecimento sobre os conteúdos inerentes a essas áreas, no que se refere tanto ao aspecto operacional quanto às variáveis estratégicas e suas interfaces no ambiente de produção e operação.

A análise ambiental (dos ambientes interno e externo), como um dos primeiros passos rumo ao desenvolvimento de um projeto, pode auxiliar o empreendedor a maximizar o desempenho em direção ao êxito e, também, quanto ao planejamento e à implementação de seu empreendimento.

Para Pitts e Stotlar (2002b), é importante promover a análise situacional do ambiente do mercado no qual uma empresa atua. É o que Kotler e Armstrong (2015) chamam de *atores e forças externas*, os quais afetam a capacidade de construir e manter bons relacionamentos com os clientes.

Uma análise criteriosa do ambiente pode revelar tendências, alavancar oportunidades ou identificar ameaças ao produto que se pretende desenvolver. Nesse sentido, Kotler e Armstrong (2015) dividem o ambiente em microambiente e macroambiente.

A concepção de **microambiente** diz respeito ao entendimento que os autores têm sobre a necessidade de análise e compreensão dos relacionamentos internos (dentro da organização ou empresa) e com fornecedores, concorrentes, diferentes públicos e clientes, que, coletivamente, agem no sentido de compor a cadeia de valor, cujo objetivo maior é construir valor e satisfação para os clientes por meio de produtos que atendam às suas necessidades, desejos e expectativas.

No contexto do microambiente, especificamente no que concerne aos relacionamentos internos, os autores consideram imprescindível que sejam levados em conta os demais departamentos e grupos de pessoas que atuam na empresa, pois todos compartilham a responsabilidade de entender as necessidades dos clientes e criar valores para eles (Kotler; Armstrong, 2015).

No microambiente se situam, ainda, os fornecedores (que oferecem os recursos e insumos necessários à produção do bem ou serviço), os concorrentes, os diversos públicos – que consistem em grupos com algum interesse no produto ou em partes dos processos de oferta ou demanda desses produtos (partes interessadas ou *stakeholders*) – e os clientes (aos quais todas as ações ou a cadeia de valor se destinam).

Já o **macroambiente**, segundo Kotler e Armstrong (2015), corresponde a um ambiente mais amplo de forças que oferecem oportunidades e impõem ameaças. São forças mais mutáveis, que podem ser, conforme os autores, imprevisíveis ou até incontroláveis e causar impactos em decisões relativas ao envolvimento e ao comprometimento de pessoas ou organizações, afetando em maior ou menor intensidade os processos e as decisões a serem tomadas no decorrer do planejamento e do desenvolvimento.

A análise dos ambientes interno e externo permite ao consultor obter uma melhor compreensão a respeito dos processos e das variáveis internas e externas capazes de influenciar, direta ou indiretamente, o negócio do cliente.

Schein (1975, citado por Gonçalves, 1991) apresenta três modalidades de consultoria voltada às organizações: compra de serviços especializados; do tipo médico-paciente; consultoria de processo.

A **compra de serviços especializados** é mais comum nas organizações e está comumente associada "à busca de uma habilidade considerada importante e não dominada pela organização" (Schein, 1975, citado por Gonçalves, 1991, p. 93), resultando na contratação dos serviços de consultoria para questões segmentadas.

Voltando nossa atenção ao esporte, como um tipo de serviço especializado, ao nos reportarmos à indústria do esporte no Brasil, à segmentação do mercado esportivo e à identificação de oportunidades e de nichos mercadológicos, é importante considerarmos *a priori* o conjunto de oportunidades de atuação profissional em atividade física, esportiva e de lazer em determinados setores da sociedade.

Tendo em vista especificamente o segmento da promoção esportiva na indústria do esporte, segundo Chelladurai (citado por Bastos; Mazzei, 2015, p. 28), é nas organizações vinculadas a esse segmento que ocorre a gestão do esporte. No Brasil, essa gestão está presente em diferentes segmentos: o de entidades vinculadas às diversas modalidades esportivas (ligas, federações e confederações); o do esporte mantido pelos governos; o das organizações mantidas por associados; o do esporte de iniciativa privada (a exemplo das escolas de esportes e das academias de *fitness*); o das organizações sem fins lucrativos (Bastos; Mazzei, 2015).

É possível observamos que tais organizações provêm dos três setores da sociedade (governo, iniciativa privada e terceiro setor) e destinam-se ao atendimento a diferentes clientes ou usuários, com orientação e objetivos estratégicos distintos entre si. Pense, por exemplo, no caso das organizações governamentais, que atendem os cidadãos com produtos e serviços que lhes sejam úteis, necessários e que os satisfaçam, representando valor público e reconhecimento, como condição de troca ao pagamento de impostos e tributos.

Por sua vez, as organizações da iniciativa privada operam no mercado como prestadores de serviços com a perspectiva do lucro, ainda que possam ter, em sua orientação estratégica, um conjunto de valores sociais como missão.

Quanto ao terceiro setor, composto por organizações privadas sem fins lucrativos, podemos identificar instituições que prestam serviços públicos que preenchem lacunas não ocupadas pelos dois outros setores, voltando a atenção a grupos sociais minoritários e a causas sociais especiais (combate às drogas, crianças órfãs, idosos desamparados, doenças sem cura, refugiados etc.). Em tais organizações, instaura-se outra orientação estratégica.

Nesse mosaico de organizações, conforme Rezende (2000, citado por Bastos, 2003, p. 5), encontramos grupos que existem em função da atividade física, do esporte e da recreação, tais como "centros de treinamento e escolinhas; academias; clubes e associações exclusivamente esportivas; consultorias e assessorias; ligas, federações e confederações; fundações, instituições e comitês, entre outros", bem como grupos de organizações que se compõem de determinados setores voltados para essas atividades, a exemplo de "prefeituras, governos estaduais, governo federal, clubes sociais, entidades representativas (SESC, SESI, sindicatos), hotéis, academias, *shoppings* etc." (Rezende, 2000, citado por Bastos, 2003, p. 5).

É nesse cenário que surgem as oportunidades na prestação de serviços especializados por meio de assessorias ou consultorias esportivas. Além disso, podemos perceber a interface do esporte com outras áreas do conhecimento, o que pode resultar em novos nichos de mercado, alguns deles altamente segmentados e especializados, nos quais podem ser ofertados serviços de assessoria e consultoria esportiva. Vejamos alguns exemplos: justiça desportiva; turismo esportivo; tecnologias aplicadas ao esporte; administração esportiva; *marketing* esportivo; medicina esportiva; arquitetura e engenharia esportiva; planejamento e gerenciamento de projetos esportivos; psicologia esportiva; nutrição esportiva; esporte e sustentabilidade.

No mercado esportivo, há um leque de possibilidades quanto ao suprimento de serviços em esporte capazes de oferecer aos clientes, no formato de assessoria ou consultoria esportiva, de forma específica e especializada, habilidades e conhecimentos não disponíveis em certas organizações e/ou segmentos de mercado.

Ao discorrer sobre as especificidades das consultorias na oferta de serviços especializados, Gonçalves (1991) afirma que há um caráter pontual a ser observado nessa relação, pois ela permite ao consultor e ao cliente "isolar" o assunto, ignorando as interdependências e conexões da área com outras variáveis.

Quanto à consultoria tipificada por Schein como **do tipo médico-paciente**, Gonçalves (1991) explica que a premissa está na incapacidade de o cliente diagnosticar por si o problema que se apresenta, razão pela qual recorre à ajuda do consultor, tanto para o diagnóstico quanto para o planejamento de alternativas e a implantação de soluções para o problema, identificando com clareza as necessidades do cliente.

Segundo Weiss (2018, p. 26), as necessidades para o cliente podem ser preexistentes, criadas ou antecipadas. As necessidades preexistentes são "necessidades primordiais, tradicionais e legítimas, hoje e amanhã, abrangendo áreas como relações com clientes, expansão de mercados, estratégia, solução de conflitos, inovação, e assim por diante". Ao abordar as necessidades criadas, o autor nos leva a refletir sobre o seguinte: "Todos os clientes sabem o que querem, [desejos]). Poucos sabem do que precisam [necessidades]" (Weiss, 2018, p. 27). Para Weiss (2018), a identificação de necessidades corresponde ao valor agregado pelo consultor, podendo resultar em um importante diferencial na prestação desse serviço.

Ao tratar das necessidades antecipadas, Weiss (2018, p. 26) lança o olhar sobre as tendências de necessidades futuras do cliente, decorrentes de fenômenos como "a globalização, o aumento da volatilidade, mudança nos costumes sociais, avanços tecnológicos, e outras ondas de mudança".

Por sua vez, a **consultoria de processo** proposta por Schein, conforme Gonçalves (1991, p. 93), volta-se à "identificação dos bloqueios organizacionais para estabelecer um autodiagnóstico de suas fraquezas", concentrando-se na análise dos processos organizacionais internos e na identificação de dificuldades. Tem como premissa a ideia de que a própria organização deve ser capaz de estabelecer processos de monitoramento que visem à eficácia.

De acordo com Gonçalves (1991, p. 93-94), esse tipo de consultoria "parte do reconhecimento de que só é possível a solução dos problemas organizacionais, na medida em que a própria organização seja capaz de estabelecer e sustentar um processo permanente de autodiagnóstico".

Para Schein (1975, citado por Gonçalves, 1991, p. 94), o consultor e o gerente enfrentam a mesma natureza de problemas, que residem em "influenciar situações e conseguir que sistemas humanos se orientem para determinadas metas e objetivos", sendo que ambos dispõem de níveis diferenciados quanto à formalização da autoridade (considerando-se que o consultor é um agente externo à organização) e à legitimação do conhecimento.

Schein (1975, citado por Gonçalves, 1991) chama a atenção, igualmente, para a necessidade de entendimento da atribuição do consultor e do representante da organização no decorrer do processo de consultoria. Esses profissionais devem atuar como "'facilitadores' do processo de autodiagnóstico organizacional" (Gonçalves, 1991, p. 94).

Gonçalves (1991, p. 93) destaca, ainda, o importante papel da consultoria em "integrar, resgatar sinergias e articular áreas e funções" de uma organização.

Por seu turno, Weiss (2018) sugere que a abordagem de um consultor deve ocorrer em três dimensões: apresentação de conteúdo útil; identificação e desenvolvimento de processos úteis; e conquista de confiança do cliente.

Um tipo de consultoria que, segundo Weiss (2018), todos os consultores sempre fizeram e que se apresenta no mercado atual de forma segregada, como um novo segmento de mercado, é o *coaching*. Para o autor, ao executar um projeto, o consultor "quase sempre está ajudando o seu comprador e outros a praticar as ações e a adotar os comportamentos necessários para o sucesso" (Weiss, 2018, p. 197); assim, está atuando como *coach*.

Para Weiss (2018), o *coaching* é uma metodologia interpessoal de consultoria, com características de assertividade e proatividade, para ajudar um cliente individual ou equipes (e não organizações, ainda que tais indivíduos possam ser parte de uma organização).

6.2.2 Parcerias

Para Cravens e Piercy (2007, p. 196), quando duas organizações trabalham rumo a um objetivo comum, estabelece-se uma relação de parceria. Segundo Parise (citado por Cravens; Piercy, 2007), para que haja sucesso em uma parceria, é crucial que exista um alinhamento entre a estratégia da aliança e a estratégia empresarial.

Já para Klotzle (2002, p. 84), "a utilização de atividades de parceria é a maneira encontrada pelas empresas não só para sobreviverem no mercado, como também para aumentarem a sua competitividade".

Os relacionamentos organizacionais que resultam em parcerias podem acontecer por meio de determinado parceiro com os seus diversos clientes ou *stakeholders*, seja no âmbito interno, seja no âmbito externo à organização.

▪ Parcerias internas

Parcerias internas podem ocorrer entre unidades empresariais, departamentos funcionais e empregados individuais. Têm o propósito de encorajar e facilitar a cooperação e colaboração interna entre as diversas áreas funcionais, motivando e estimulando a participação dos funcionários no aperfeiçoamento dos processos internos, com vistas ao cumprimento dos objetivos estratégicos da empresa, colaborando para o fortalecimento da cultura organizacional (Cravens; Piercy, 2007).

Nesse aspecto, é importante considerar que, segundo Dess et al. (2016), os empregados de uma organização têm seu comportamento influenciado por crenças, valores e atitudes, que integram o que os autores chamam de *cultura da organização* e impactam os processos decisórios internos.

Parcerias externas

No âmbito externo, essas parcerias podem acontecer com fornecedores, clientes (intermediários e finais), concorrentes e organizações governamentais e não governamentais que possam compor ou vir a integrar a cadeia de valor da empresa, conforme ilustra a Figura 6.1.

Figura 6.1 – Possibilidades de parcerias externas a uma organização

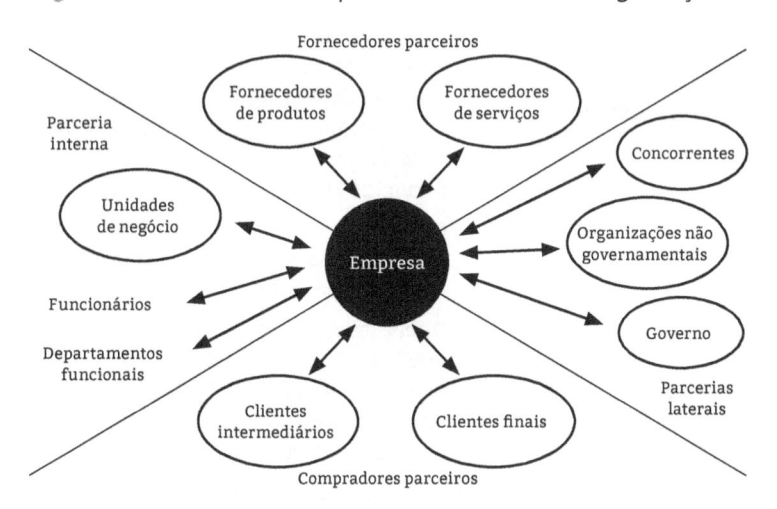

Fornecedores parceiros
- Fornecedores de produtos
- Fornecedores de serviços

Parceria interna
- Unidades de negócio
- Funcionários
- Departamentos funcionais

Parcerias laterais
- Concorrentes
- Organizações não governamentais
- Governo

Compradores parceiros
- Clientes intermediários
- Clientes finais

Empresa

Fonte: Morgan; Hunt, citados por Cravens; Piercy, 2007, p. 198.

Podemos extrair do *marketing* esportivo alguns exemplos de parcerias esportivas estabelecidas a partir do alinhamento estratégico entre organizações esportivas e empresas de produtos não esportivos na consecução de seus objetivos empresariais, conforme demonstra o Quadro 6.2.

Quadro 6.2 – Alguns exemplos de parcerias esportivas e seu significado

Parcerias em *marketing* esportivo	O que significa
Patrocínio esportivo	"O patrocínio esportivo é um instrumento de negociação que envolve empresas e entidades de administração esportiva, clubes, equipes, atletas, eventos e instalações esportivas" (Melo Neto, 2013, p. 227-228).
Direitos de propriedade em eventos ou atividades esportivas	"[...] atributos do produto" esportivo, capazes de diferenciá-lo "diante da concorrência e aumentar a oferta de valor na percepção dos clientes" (Siqueira, 2014, p. 40).
Licenciamento de produtos	"[...] um método contratual para desenvolver e explorar a propriedade intelectual pela transferência do direito de uso para terceiros sem a transferência da propriedade" (Sherman, citado por Mullin; Hardy; Sutton, 2004, p. 112, tradução nossa).
Hospitalidade	Combinação de vendas pessoais com a promoção no *mix* de promoções (Mullin; Hardy; Sutton, 2004).
Naming rights	Direito de nome, considerado por Friedman (citado por Mullin; Hardy; Sutton, 2004, p. 206, tradução nossa) como "o investimento de marketing esportivo mais caro do mercado".

Fonte: Elaborado com base em Melo Neto, 2013; Siqueira, 2014; Mullin; Hardy; Sutton, 2004.

- **Parceria público-privada (PPP)**

As parcerias público-privadas (PPPs) são formas de parceria entre agentes governamentais e privados com vistas à prestação de serviços de utilidade pública e têm como principal norma federal a Lei n. 11.079, de 30 de dezembro de 2004, que em seu segundo artigo estabelece: "Parceria público-privada é o contrato administrativo de concessão, na modalidade patrocinada ou administrativa" (Brasil, 2004). Nesse contexto, a patrocinada corresponde à "concessão de serviços públicos ou de obras públicas de que trata a Lei no 8.987, de 13 de fevereiro de 1995, quando envolver, adicionalmente à tarifa cobrada dos usuários contraprestação pecuniária do parceiro público ao parceiro privado" (Brasil, 2004). Já a administrativa se refere ao "contrato de prestação de serviços de que a Administração Pública seja a usuária direta ou indireta, ainda que envolva execução de obra ou fornecimento e instalação de bens" (Brasil, 2004), excluindo concessões tratadas pela lei como "concessão comum" (Brasil, 2004) conforme estabelece a Lei n. 8.987/1995.

As PPPs não podem ser formalizadas por meio de contratos cujo valor seja inferior a dez milhões de reais, conforme estabelece a Lei n. 13.529, de 4 de dezembro de 2017 (Brasil, 2017), que apresentem o período de prestação do serviço inferior a cinco anos ou, ainda, que tenham "como objeto único o fornecimento de mão de obra, o fornecimento e instalação de equipamentos ou a execução de obra pública" (Brasil, 2004).

A escolha do Brasil como sede da Copa do Mundo de 2014 exigiu do país esforços e altos investimentos no provimento de equipamentos esportivos, infraestrutura e logística para o atendimento às demandas desse importante megaevento internacional, impactando necessariamente a preparação dos estádios das 12 cidades-sede, conforme os elevados padrões de exigência da Federação Internacional de Futebol (Fifa).

Segundo Reis e Cabral (2017, p. 552), o setor público desempenhou um papel proeminente no provimento desses equipamentos esportivos, "a exemplo do que ocorreu em nove dos 12 estádios que sediaram os jogos, com destaque para a utilização da modalidade de PPP para a provisão de cinco dos 12 estádios de futebol".

Para Roche (2000, citado por Reis; Cabral, 2017), muitas vezes, para que seja alcançado o êxito na organização e preparação desses eventos, são necessários o envolvimento e a combinação de esforços de instituições do setor público e de organizações do setor privado.

Reis e Cabral (2017, p. 554) afirmam que, para o fornecimento e a prestação de bens e serviços públicos, inclusive equipamentos esportivos, "diversos arranjos contratuais entre instituições públicas e organizações privadas podem ser adotados". Sob essa ótica, as PPPs surgem no contexto da provisão de bens e serviços públicos por atores da iniciativa privada "como um arranjo organizacional híbrido formado entre o setor público e a iniciativa privada" (Reis; Cabral, 2017, p. 554), modalidade de PPP que combina os pontos fortes dos setores público e privado (Hodge; Greve, 2007, citados por Reis e Cabral, 2017). As PPPs podem apresentar vantagens econômicas se o "arranjo público-privado apresentar os seguintes fatores na provisão do bem/serviço público: (1) custos reduzidos; (2) menor prazo de implantação; (3) melhor qualidade; (4) melhor alocação de riscos; e (5) geração de novas receitas diversificadas" (European Commission, 2003; IMF, 2004; World Bank, 2012, citados por Reis; Cabral, 2017, p. 555).

Nesse caso, a pesquisa de Reis e Cabral (2017, p. 560) revelou que a implantação dos projetos na modalidade PPP foi motivada pela "expectativa de gerar potenciais legados para a cidade-sede e estado" e pela "viabilização de construção e/ou reforma de modernas arenas esportivas multiuso para atender aos requisitos técnicos do caderno de encargos da Fifa".

6.2.3 Alianças estratégicas

A aliança estratégica pode ser entendida como um tipo de parceria na qual os envolvidos procuram recursos que sejam complementares (Klotzle, 2002, p. 94). Segundo Hill e Jones (2013, p. 336), "alianças estratégicas são acordos cooperativos entre duas ou mais empresas para trabalhar em conjunto e compartilhar recursos para atingir um objetivo de negócios comum".

Já de acordo com Cravens e Piercy (2007), uma aliança estratégica é um contrato de cooperação em que duas empresas estão à procura de conquistar um ou mais objetivos estratégicos comuns.

Para Varadarajan e Cunningham (citados por Cravens; Piercy, 2007, p. 202), os investimentos conjuntos nas alianças estratégicas contribuem para que as empresas parceiras realizem alguns desejos específicos, como: o desenvolvimento de novos produtos ou o preenchimento de falhas de produção; a diminuição de custos de produção e/ou comercialização; o acesso a mercados internacionais; o aumento de sua participação de mercado; a penetração ou aceleração do tempo na conquista de novos mercados; o fortalecimento de sua posição nesses mercados; e o desenvolvimento ou aprimoramento de conhecimentos, habilidades e tecnologias, além do aumento da rentabilidade, compartilhando-se custos e aprendizagem.

Conforme Klotzle (2002, p. 91), o conjunto de todos os recursos que uma organização possui equivale ao todo de uma organização, e as empresas apresentam como característica a heterogeneidade, o que pode representar, segundo o autor, uma "fonte possível de vantagem competitiva". Para Rumelt (1984, citado por Klotzle, 2002, p. 91), "a posição competitiva de uma empresa é definida pelo conjunto de recursos e relações únicas que ela possui".

Ainda de acordo com Klotzle (2002, p. 91-92), quando as empresas estabelecem alianças estratégicas, estão procurando acessar recursos de outras organizações com o propósito de atingir seus objetivos estratégicos e objetivam especialmente aprender com o parceiro ou obter recursos adicionais com ele. Isso aumenta seu potencial competitivo em determinado mercado, possibilitando, também, a transferência e absorção mútua de conhecimentos, o que motiva esse tipo de parceria. Além disso, a escolha de uma empresa parceira é influenciada também pela reputação dessa empresa na aliança (Dollinger; Golden; Saxton, 1997, citados por Klotzle, 2002).

Hill e Jones (2013, p. 336) afirmam que, no ambiente global competitivo de hoje, as "alianças estratégicas são uma ferramenta valiosa que ajuda as empresas a maximizar suas oportunidades de negócios". Para Cravens e Piercy (2007, p. 204), uma aliança é motivada por algo particular que cada parceiro possa oferecer ao outro, e não pela transferência do que os autores chamam de "habilidades centrais" dos parceiros.

No caso de alianças estratégicas internacionais, é possível que a empresa de fora promova o aprimoramento no conhecimento de tradições, hábitos e costumes da cultura local, bem como, segundo Klotzle (2002, p. 95), "sobre as práticas políticas locais".

Ainda que o desenvolvimento de uma aliança estratégica possa resultar na aquisição de uma empresa pela outra, essa parceria não corresponde à fusão de duas empresas (Cravens; Piercy, 2007). Há um tipo de parceria definida como *joint venture* que difere das alianças estratégicas, porque estas não envolvem a criação de uma terceira entidade legal e se concentram em iniciativas menores no escopo (Dess et al., 2016).

Hill e Jones (2013, p. 336) definem uma *joint venture* como "um tipo formal de aliança estratégica em que, em conjunto, duas empresas criam uma nova empresa independente para entrar em um novo mercado ou setor", ou seja, trata-se de uma nova sociedade legal. Conforme Cravens e Piercy (2007, p. 204), "*joint ventures* são contratos entre duas ou mais empresas para estabelecerem uma entidade distinta", resultando na criação de uma nova empresa, diferente das alianças estratégicas.

Para Dess et al. (2016, p. 237), as alianças estratégicas e as *joint ventures* têm auxiliado as empresas no aumento de receitas e na diminuição de custos, além de "aumentar o aprendizado e difundir tecnologias".

As partes de uma aliança podem concorrer entre si ou apresentar um potencial de concorrência. Ainda, podem estar posicionadas em fases distintas da cadeia de valor de determinado mercado ou em diferentes setores ou mercados. O interesse em trabalhar juntas reside na aprendizagem e no desenvolvimento de novas competências, bem como na elaboração de novas tecnologias ou soluções que interessem a ambas, em razão de seus objetivos estratégicos.

Alguns autores observam, contudo, que, se não houver confiança ou reciprocidade nas alianças estratégicas (Cravens; Piercy, 2007) ou, ainda, caso haja oportunismo por parte de um dos parceiros, o que parece ser vantagem competitiva pode implicar vulnerabilidade no relacionamento e tornar-se desvantagem, pois os parceiros terão acesso a conhecimentos de tecnologias que, se não forem devidamente protegidas, poderão ser transferidas e utilizadas em concorrência direta no futuro. Além disso, no caso de sucesso, será preciso compartilhar também os lucros, se o negócio for bem-sucedido (Hill; Jones, 2013, p. 340).

Entretanto, como em todos os tipos de negócio, as alianças estratégicas também oferecem alguns riscos. Como alerta Klotzle (2002), para a tomada de decisões acerca da formalização dessas alianças estratégicas por parte de uma organização, é preciso observar que há certa relação entre os recursos possuídos por ela, os objetivos estabelecidos entre os parceiros e os riscos percebidos.

Quanto à probabilidade de risco, o autor discorre sobre o que chama de *risco relacional*, que existe quando um dos parceiros adota uma posição oportunista em relação ao outro, e sobre o denominado *risco de desempenho*, que ocorre quando a parceria não corrobora o cumprimento dos objetivos estratégicos planejados pelas empresas parceiras.

Nessa ótica, a análise dos riscos é fundamental para que as empresas interessadas na parceria tomem decisões estratégicas, mitigando ou minimizando o impacto de tais riscos no resultado da relação. Um estudo desenvolvido sobre 49 alianças estratégicas demonstrou a ocorrência de fracasso em 33% das iniciativas pelas partes envolvidas, razão pela qual as organizações engajadas em alianças estratégicas e *joint ventures* devem atentar para os riscos envolvidos nessas parcerias.

Na visão de Hill e Jones (2013), uma das possibilidades para obter maior segurança nessas parcerias diz respeito à salvaguarda contratual, estabelecendo-se limites capazes de proteger tecnologias e conhecimentos importantes.

Vamos observar o caso de parcerias/alianças entre os governos, a indústria e as universidades, identificado com base em estudos pertinentes ao legado dos megaeventos esportivos realizados no Brasil nas décadas de 2010 e 2020 (Jogos Pan-Americanos e Parapan-Americanos de 2007; Jogos Mundiais Militares de 2011; Copa das Confederações de Futebol de 2013; Copa do Mundo de Futebol de 2014; Jogos Olímpicos e Paralímpicos de 2016).

Segundo Deslandes, Da Costa e Miragaya (2015, citados por Dos Santos e Silva et al., 2017, p. 3), "o legado dos eventos esportivos não se restringe apenas a resultados econômicos, mas também inclui infraestruturas culturais e desportivas, redes de mobilidade e melhoria ambiental". Com o propósito de "relatar o cenário brasileiro de fomento à inovação no esporte, observando o contexto dos jogos esportivos realizados no Brasil desde 2007", Dos Santos e Silva et al. (2017, p. 3) procuraram demonstrar que a interação indústria-governo-universidade constituiu um meio de trazer grande impacto regional que, segundo Terra et al. (2011, citados por Dos Santos e Silva et al., 2017), pode ser considerado um legado efetivo desses eventos.

Spilling (1996, citado por Dos Santos e Silva et al., 2017, p. 4) já havia demonstrado que, nos países que já sediaram megaeventos internacionais de competição desportiva, "o legado para a cidade-sede abrange também os impactos gerados pelo novo desempenho empresarial na região", podendo refletir-se na economia.

Nesse período correspondente à realização dos megaeventos esportivos no Brasil, políticas governamentais de incentivo à inovação tecnológica e industrial foram implementadas pelos governos, criando um ambiente favorável ao desenvolvimento da ciência e da tecnologia aplicada ao esporte e contribuindo para desenvolver um novo setor na economia.

O estudo de Dos Santos e Silva et. al (2017, p. 4) se concentrou em "empresas inovadoras situadas em incubadoras ligadas às universidades" e demonstrou um legado em ciência, tecnologia e inovação a partir de interações universidade-indústria-governo, caracterizando o que se chama de "hélice tripla do desenvolvimento social e econômico das regiões" (Etzkowitz; Leydesdorf, 1995, citados por Dos Santos e Silva et al., 2017, p. 4).

No estudo em questão, foram identificados exemplos da tripla hélice de inovação nos esportes no Brasil, representada pelos números indicados na Figura 6.2.

Figura 6.2 – Hélice tripla

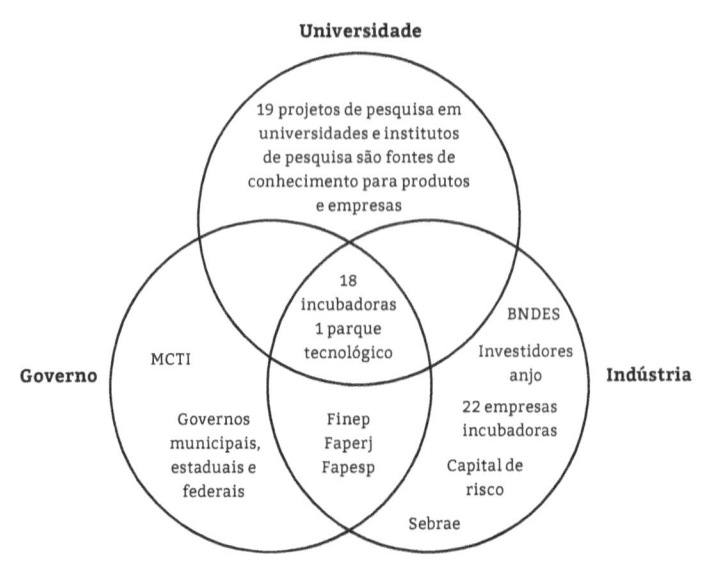

Universidade

19 projetos de pesquisa em universidades e institutos de pesquisa são fontes de conhecimento para produtos e empresas

18 incubadoras
1 parque tecnológico

BNDES
Investidores anjo

Governo   MCTI   **Indústria**

Governos municipais, estaduais e federais

Finep
Faperj
Fapesp

22 empresas incubadoras

Capital de risco

Sebrae

Fonte: Dos Santos e Silva et al., 2017, p. 9.

Segundo Etzkowitz e Zhou (2017, p. 23), a hélice tríplice se tornou um modelo internacional nos estudos de inovação e oferece uma metodologia que, em essência, permite "identificar a fonte generativa do desenvolvimento socioeconômico baseado no conhecimento". O objetivo é aprimorar as interações universidade-indústria-governo ao examinar os pontos fortes e fracos e preencher lacunas existentes nessa relação, considerando-se que as universidades passam a ocupar um protagonismo no cenário do empreendedorismo local, com grupos de pesquisa assumindo o papel criativo e influenciando no desenvolvimento econômico e social, por meio do que os autores chamam de "quasi-empresas" (Etzkowitz; Zhou, 2017, p. 23), o que resulta em parcerias que proporcionam interações mútuas e resultados convergentes.

Entre outros exemplos de parcerias externas que acabam configurando-se como alianças estratégicas, podemos mencionar a relação estabelecida por atletas, equipes ou clubes esportivos com fornecedores de marcas globais de materiais e equipamentos esportivos.

O mesmo pode ser observado com a associação de marcas não esportivas globais em eventos mundiais, a exemplo dos contratos de patrocínio junto ao Comitê Olímpico Internacional (COI) para os Jogos Olímpicos, no programa intitulado *The Olympic Partner Program* (TOP), fundado em 1985, o qual reúne parceiros olímpicos em busca do apoio e da formalização de parcerias internacionais de empresas em todo o mundo para o financiamento e a oferta de serviços técnicos e de produtos capazes de contribuir para o funcionamento do Movimento Olímpico e a realização dos eventos olímpicos.

O esquema de alianças internacionais do Programa TOP alavanca recursos de empresas multinacionais para manutenção da família olímpica; suporte em tecnologia, serviços e *expertise* para a realização dos Jogos Olímpicos; programas de suporte no desenvolvimento de atletas; planejamento e execução de campanhas institucionais de promoção e desenvolvimento do esporte olímpico; e oferta de melhores experiências aos espectadores e participantes dos Jogos Olímpicos.

Outro exemplo a ser considerado diz respeito ao funcionamento de agências e grupos internacionais que atuam na identificação de talentos esportivos, no gerenciamento de carreiras de atletas e de instalações e arenas esportivas (bilheteria, hospitalidade), bem como na geração, transmissão e gestão de contratos de direitos de imagem, na administração de eventos esportivos e na promoção de marcas.

Essas agências se associam mundialmente com atletas, clubes, equipes, eventos esportivos, outras agências e meios de comunicação de âmbito nacional de diferentes partes do mundo na oferta de seus produtos e serviços, expandindo internacionalmente seu mercado de atuação e promovendo a globalização de iniciativas locais em busca de novas fontes de recurso e de novos consumidores. É o caso de ligas e clubes que entram em novos mercados no exterior, conforme vimos no Capítulo 3 com os casos das associações norte-americanas de basquete e beisebol.

Dessas parcerias e alianças globais formam-se cadeias produtivas locais que demandam os mais diversos produtos e serviços. Empreender nesse mercado é identificar oportunidades e entregar soluções na forma de produtos, serviços, ideias ou experiências.

6.3 Franquias

Como mencionado anteriormente, a franquia se caracteriza pela extensão do direito legal de utilizar a marca de uma empresa, o padrão de condução do negócio e uma gama de produtos a ser franqueada (Walker; Tehrani, 2012).

De acordo com Vance, Fávaro e Luppe (2008, p. 60), "no mundo empresarial, o termo franquia corresponde, de maneira geral, a uma licença de uso de marca, de comercialização de produtos ou serviços e, em muitos casos, de acesso a todo um sistema de negócios já desenvolvido e testado".

No que se refere à legislação brasileira, conforme o art. 2º da Lei n. 8.955, de 15 de dezembro de 1994, a franquia pode ser entendida da seguinte maneira:

> Art. 2º Franquia empresarial é o sistema pelo qual um franqueador cede ao franqueado o direito de uso de marca ou patente, associado ao direito de distribuição exclusiva ou semiexclusiva de produtos ou serviços e, eventualmente, também ao direito de uso de tecnologia de implantação e administração de negócio ou sistema operacional desenvolvidos ou detidos pelo franqueador, mediante remuneração direta ou indireta, sem que, no entanto, fique caracterizado vínculo empregatício. (Brasil, 1994b)

Recentemente, essa lei foi integralmente revogada pela Lei n. 13.966, de 26 de dezembro de 2019, em que o tema é abordado da seguinte forma:

> Art. 1º Esta Lei disciplina o sistema de franquia empresarial, pelo qual um franqueador autoriza por meio de contrato um franqueado a usar marcas e outros objetos de propriedade intelectual, sempre associados ao direito de produção ou distribuição exclusiva ou não exclusiva de produtos ou serviços e também ao direito de uso de métodos e sistemas de implantação e administração de negócio ou sistema operacional desenvolvido ou detido pelo franqueador, mediante remuneração direta ou indireta, sem caracterizar relação de consumo ou vínculo empregatício em relação ao franqueado ou a seus empregados, ainda que durante o período de treinamento. (Brasil, 2019)

A ação de franquear está relacionada à noção de tornar disponível algo que era exclusivo. Refere-se à ideia de possibilitar acesso ou outorga de determinados aspectos. De forma objetiva, trata-se de um "*kit* capacitação" que basicamente contém a marca, os direitos e deveres relacionados ao negócio, os conhecimentos para realizá-lo e os serviços vinculados ao processo. Quando o proprietário de um negócio consegue habilitar outra pessoa a reproduzir com êxito seu negócio, ele se torna um franqueador (Guetta, 2013).

Ratificando as citações anteriores, Melo Neto (2007) destaca o ato de concessão realizado pelo proprietário do serviço/produto (franqueador), ao possibilitar a outras pessoas (franqueados) promover a exploração comercial de seu negócio. Tal concessão apresenta diferentes formas de negociação, podendo ser um percentual do que foi arrecadado, uma taxa mensal ou de vinculação.

Dependendo do contexto da frase, o termo *franquia* (em português) ou *franchise* (em inglês) pode se relacionar ao local (espaço físico) em que o negócio está sendo desenvolvido ou a um conjunto de informações, abrangendo direitos e deveres, que um franqueado recebe do franqueador para realizar determinado negócio (Guetta, 2013).

Para uma melhor compreensão desse processo, podemos destacar vantagens e desvantagens para franqueados e franqueadores. Iniciando com quem está realizando a concessão do negócio, entre as vantagens, citamos: a) o franqueador é impulsionado a tornar a operação de seu negócio mais racional e simplificada, para facilitar a reprodução; b) desenvolve-se com o investimento dos franqueados; c) em virtude da rede de que dispõe, consegue compartilhar melhores práticas e conhecimentos; d) é capaz de se adaptar aos contextos locais mantendo a concepção global da operação; e) descentraliza o processo operacional, o que possibilita focar as estratégias de mercado; f) o franqueador é o proprietário do negócio, e não o gerente, sendo essa a vantagem mais significativa (Guetta, 2013).

Quanto às desvantagens do franqueador, evidenciamos as seguintes: a) é necessário liderar mais e comandar menos, ou seja, aprender a ser gestor de redes; b) invariavelmente, terá de lidar com a insatisfação de alguns; c) como descrito nas vantagens, ser o proprietário e não o gerente também é o desafio mais significativo, podendo se tornar uma desvantagem (Guetta, 2013).

Com relação às vantagens do franqueado, destacamos: a) aproveita um processo comercial já experimentado e aprovado pelos clientes; b) pode utilizar a marca do franqueador; c) pode concentrar-se apenas no processo operacional de seu negócio, sem preocupar-se com as estratégias globais; d) tem acesso a um conjunto de conhecimentos e melhores práticas acumulados pela rede do franqueador; e) em razão da rede, participa de uma escala maior de compras e rateio de investimento em propaganda, o que implica a redução desses custos; f) como participa de um negócio mais bem estruturado, tem acesso a sistemas, métodos e informações; g) teoricamente, assume um grau menor de risco que em um negócio próprio (Guetta, 2013).

Já quanto às desvantagens do franqueado, chamamos a atenção para os seguintes aspectos: a) necessita cumprir as diretrizes do franqueador; b) existe uma limitação de crescimento do negócio; c) em partes, o desempenho de seu negócio está vinculado ao desenvolvimento dos negócios da rede; d) os problemas logísticos ou de fornecimento de suprimentos da rede podem prejudicar o negócio do franqueado; e) é preciso pagar permanentemente pelas vantagens obtidas (Guetta, 2013).

Há alguns aspectos fundamentais que os interessados em contratar uma franquia necessitam conhecer. Além de verificar quais contratos assinar, onde o negócio será implantado, entre outros aspectos, para o contexto brasileiro, é preciso considerar um dos documentos mais importantes definidos pela própria legislação, que é a Circular de Oferta de Franquia (COF), prevista no art. 2º da Lei n. 13.966/2019:

> Art. 2º Para a implantação da franquia, o franqueador deverá fornecer ao interessado Circular de Oferta de Franquia, escrita em língua portuguesa, de forma objetiva e acessível, contendo obrigatoriamente:
>
> I – histórico resumido do negócio franqueado;
>
> II – qualificação completa do franqueador e das empresas a que esteja ligado, identificando-as com os respectivos números de inscrição no Cadastro Nacional da Pessoa Jurídica (CNPJ);
>
> III – balanços e demonstrações financeiras da empresa franqueadora, relativos aos 2 (dois) últimos exercícios;
>
> IV – indicação das ações judiciais relativas à franquia que questionem o sistema ou que possam comprometer a operação da franquia no País, nas quais sejam parte o franqueador, as empresas controladoras, o subfranqueador e os titulares de marcas e demais direitos de propriedade intelectual;
>
> V – descrição detalhada da franquia e descrição geral do negócio e das atividades que serão desempenhadas pelo franqueado;
>
> VI – perfil do franqueado ideal no que se refere a experiência anterior, escolaridade e outras características que deve ter, obrigatória ou preferencialmente;
>
> VII – requisitos quanto ao envolvimento direto do franqueado na operação e na administração do negócio;
>
> VIII – especificações quanto ao:

a) total estimado do investimento inicial necessário à aquisição, à implantação e à entrada em operação da franquia;

b) valor da taxa inicial de filiação ou taxa de franquia;

c) valor estimado das instalações, dos equipamentos e do estoque inicial e suas condições de pagamento;

IX – informações claras quanto a taxas periódicas e outros valores a serem pagos pelo franqueado ao franqueador ou a terceiros por este indicados, detalhando as respectivas bases de cálculo e o que elas remuneram ou o fim a que se destinam, indicando, especificamente, o seguinte:

a) remuneração periódica pelo uso do sistema, da marca, de outros objetos de propriedade intelectual do franqueador ou sobre os quais este detém direitos ou, ainda, pelos serviços prestados pelo franqueador ao franqueado;

b) aluguel de equipamentos ou ponto comercial;

c) taxa de publicidade ou semelhante;

d) seguro mínimo;

X – relação completa de todos os franqueados, subfranqueados ou subfranqueadores da rede e, também, dos que se desligaram nos últimos 24 (vinte quatro) meses, com os respectivos nomes, endereços e telefones;

XI – informações relativas à política de atuação territorial, devendo ser especificado:

a) se é garantida ao franqueado a exclusividade ou a preferência sobre determinado território de atuação e, neste caso, sob que condições;

b) se há possibilidade de o franqueado realizar vendas ou prestar serviços fora de seu território ou realizar exportações;

c) se há e quais são as regras de concorrência territorial entre unidades próprias e franqueadas;

XII – informações claras e detalhadas quanto à obrigação do franqueado de adquirir quaisquer bens, serviços ou insumos necessários à implantação, operação ou administração de sua franquia apenas de fornecedores indicados e aprovados pelo franqueador, incluindo relação completa desses fornecedores;

XIII – indicação do que é oferecido ao franqueado pelo franqueador e em quais condições, no que se refere a:

a) suporte;

b) supervisão de rede;

c) serviços;

d) incorporação de inovações tecnológicas às franquias;

e) treinamento do franqueado e de seus funcionários, especificando duração, conteúdo e custos;

f) manuais de franquia;

g) auxílio na análise e na escolha do ponto onde será instalada a franquia; e

h) leiaute e padrões arquitetônicos das instalações do franqueado, incluindo arranjo físico de equipamentos e instrumentos, memorial descritivo, composição e croqui;

XIV – informações sobre a situação da marca franqueada e outros direitos de propriedade intelectual relacionados à franquia, cujo uso será autorizado em contrato pelo franqueador, incluindo a caracterização completa, com o número do registro ou do pedido protocolizado, com a classe e subclasse, nos órgãos competentes, e, no caso de cultivares, informações sobre a situação perante o Serviço Nacional de Proteção de Cultivares (SNPC);

XV – situação do franqueado, após a expiração do contrato de franquia, em relação a:

a) know-how da tecnologia de produto, de processo ou de gestão, informações confidenciais e segredos de indústria, comércio, finanças e negócios a que venha a ter acesso em função da franquia;

b) implantação de atividade concorrente à da franquia;

XVI – modelo do contrato-padrão e, se for o caso, também do pré-contrato-padrão de franquia adotado pelo franqueador, com texto completo, inclusive dos respectivos anexos, condições e prazos de validade;

XVII – indicação da existência ou não de regras de transferência ou sucessão e, caso positivo, quais são elas;

XVIII – indicação das situações em que são aplicadas penalidades, multas ou indenizações e dos respectivos valores, estabelecidos no contrato de franquia;

XIX – informações sobre a existência de cotas mínimas de compra pelo franqueado junto ao franqueador, ou a terceiros por este designados, e sobre a possibilidade e as condições para a recusa dos produtos ou serviços exigidos pelo franqueador;

XX – indicação de existência de conselho ou associação de franqueados, com as atribuições, os poderes e os mecanismos de representação perante o franqueador, e detalhamento das competências para gestão e fiscalização da aplicação dos recursos de fundos existentes;

XXI – indicação das regras de limitação à concorrência entre o franqueador e os franqueados, e entre os franqueados, durante a vigência do contrato de franquia, e detalhamento da abrangência territorial, do prazo de vigência da restrição e das penalidades em caso de descumprimento;

XXII – especificação precisa do prazo contratual e das condições de renovação, se houver;

XXIII – local, dia e hora para recebimento da documentação proposta, bem como para início da abertura dos envelopes, quando se tratar de órgão ou entidade pública.

§ 1º A Circular de Oferta de Franquia deverá ser entregue ao candidato a franqueado, no mínimo, 10 (dez) dias antes da assinatura do contrato ou pré-contrato de franquia ou, ainda, do pagamento de qualquer tipo de taxa pelo franqueado ao franqueador ou a empresa ou a pessoa ligada a este, salvo no caso de licitação ou pré-qualificação promovida por órgão ou entidade pública, caso em que a Circular de Oferta de Franquia será divulgada logo no início do processo de seleção.

§ 2º Na hipótese de não cumprimento do disposto no § 1º, o franqueado poderá arguir anulabilidade ou nulidade, conforme o caso, e exigir a devolução de todas e quaisquer quantias já pagas ao franqueador, ou a terceiros por este indicados, a título de filiação ou de royalties, corrigidas monetariamente. (Brasil, 2019)

A COF tem tanta importância que o não cumprimento desses requisitos, previstos em lei, pode anular o processo de contratação e implicar indenização por parte do franqueador ao franqueado. Por isso, é importante analisar com cautela e muita calma os aspectos da COF e, até mesmo, fazer contato com outros franqueados da rede (Jess, 2013).

Com relação aos processos de franquia vinculados ao esporte no cenário nacional, ressaltamos que as marcas dos clubes apresentam um potencial significativo e geram uma rede de serviços e produtos não somente esportivos, mas também relacionados ao lazer.

Melo Neto (2007) destaca o exemplo do Clube Atlético Mineiro, que investiu em uma rede de lojas para venda de material esportivo fora das dependências do clube. Tal loja acabou não prosperando, e não foi possível definir se, de fato, era um processo de franquia. Outro exemplo é o da Pelé Sports & Marketing, que desenvolveu uma franquia para escola de futebol a partir da aplicação do Método Pelé de Treinamento de Futebol.

A seguir, vamos analisar outros exemplos de franquias de escolas de futebol desenvolvidas por clubes brasileiros, comparando as diferentes propostas. Como fontes de informação, foram utilizados dados disponibilizados pelas próprias instituições em seus *sites* oficiais. Nossa análise concentrou-se nas informações direcionadas aos interessados em adquirir as franquias dessas escolas de futebol.

Iniciamos com a proposta do Clube de Regatas do Flamengo, que logo no início da página destinada às franquias destaca:

> A Escola Flamengo é a **maior rede** de escolas de futebol do Brasil. O projeto é oficial do Clube de Regatas do Flamengo, conta com aulas para meninos e meninas e tem como objetivo a difusão da marca Flamengo e a evolução pessoal e futebolística de cada aluno(a). Com a **metodologia Flamengo** e **treinamentos** prestados para os franqueados, garantimos o **padrão de excelência** e concedemos grande **suporte** para o sucesso de

cada unidade. Além disso, visando manter **constante contato** com todos, cada unidade possui acesso à **Central do Franqueado**, plataforma onde ocorre a integração entre o franqueado e a Time Forte. (Escola Flamengo, 2019, grifo nosso)

Observe a ênfase que demos aos aspectos compreendidos como benefícios propostos pelo franqueador ao franqueado, reforçando os aspectos considerados como vantagens, mencionados anteriormente.

No *site* da Escola Flamengo, destacam-se ainda outros elementos apresentados como fatores diferenciais, tais como: a possibilidade de opção pela modalidade (campo ou *society*, futsal e futebol de areia); competição própria do clube (Copa Fla Local, Regional e Brasil); e uma ferramenta (Flamengo Scout) contendo testes para monitorar o desenvolvimento de alunos e a identificação de talentos (Escola Flamengo, 2019).

Outra proposta está vinculada ao Club Athletico Paranaense, que informa sua proposta de licenciamento da marca nos seguintes termos:

> O processo para implantação de uma escola é um projeto de licenciamento da marca Escola Furacão. O Clube trabalha com um contrato de 3 anos para o licenciamento da Escola Furacão. [...] Para a abertura de uma nova unidade, a **estrutura é avaliada** pelos profissionais da Escola Furacão, sendo exigidos uma estrutura adequada para a prática do esporte e o cumprimento de alguns itens que fazem parte do **controle padrão de qualidade** do Rubro-Negro. Dentre outros vários produtos ofertados, que só o licenciado da Escola Furacão pode participar, oferecemos: **visita ao CAT** do Caju; entrada dos alunos em campo nos jogos oficiais do Clube (com mando próprio); **avaliações técnicas** para captação de atletas, supervisionadas por profissionais da Formação; oficinas e palestras para a **formação e atualização** dos professores licenciados; livre acesso para organizar amistosos, **festivais e campeonatos** dentro da rede de Escolas Furacão; entre outros. (Escola Furacão, 2021, grifo nosso)

Observe que, nesse caso, além dos benefícios oferecidos pelo franqueador, são destacados requisitos que o franqueado deve apresentar.

No *site*, são mencionados, ainda, os documentos necessários para realizar o licenciamento, a estrutura física exigida (campo seguro e apropriado; sala para secretaria equipada com telefone, computador e impressora; depósito para materiais esportivos; vestiários) e o registro que profissionais da escola realizarão da avaliação da estrutura (Escola Furacão, 2021).

Além dos clubes brasileiros, registramos a presença de clubes de outros países promovendo escolas no Brasil, como é o caso do Club Atlético Boca Juniors, da Argentina, e do Paris Saint-Germain, da França. Além de clubes, atletas e ex-atletas investem no ramo, como são os casos de Zico, Ronaldo Fenômeno e Ronaldinho Gaúcho.

Prosseguindo no desenvolvimento deste capítulo, na próxima seção, vamos tratar das *startups*.

6.4 *Startups*

Já abordado em capítulo anterior, o tema das *startups* será retomado aqui com um pouco mais de profundidade, uma vez elas têm sido muito desenvolvidas em diversas áreas atualmente e são consideradas sob diferentes perspectivas. Essa nova forma de empreender tornou-se famosa no mercado e foram propostas várias definições para conceituá-la. Sousa e Lopes (2016, citados por Silveira; Passos; Martins, 2017, p. 312) definem a *startup* como "uma empresa nova, até mesmo embrionária ou ainda em fase de constituição, que conta com projetos promissores, ligados à pesquisa, investigação e desenvolvimento de ideias inovadoras".

Em complemento, Silveira, Passos e Martins (2017, p. 312) acrescentam:

Startups *são consideradas empresas nascentes de base tecnológica, que possuem na inovação tecnológica disruptiva os fundamentos de sua estratégia competitiva. Entre as principais características de tais negócios estão o caráter de organização temporária com potencial de rápido crescimento [...].*

[...]

Startups *se diferenciam das empresas tradicionais logo na fase inicial, onde elas não necessitam de um estudo de mercado minucioso, de um plano de negócios bem detalhado e da análise da viabilidade para assim botar o negócio para frente. Elas são instaladas em um ambiente de incertezas e apresentam um grau de alto risco de não dar certo, e é nesse perfil de empreendedor, o que acredita no negócio e arrisca, que está atraindo o interesse de investidores de capital.*

Por se tratar de um modelo de negócio ainda relativamente novo, como já mencionamos, não existe um conceito universalmente aceito que defina de forma adequada e precisa o que seja uma *startup*.

Assim, podemos conceituá-la como uma empresa emergente que busca desenvolver um modelo de negócio de baixo custo, com ganho de escala elevado, mas em condições de extrema incerteza em torno de um produto, serviço, processo ou plataforma. O modelo de negócio é a forma como a empresa recém-criada gera valor para seus investidores e clientes.

Guerra (2012) discute uma problemática bastante atual que se refere à criação de novos negócios com modelos que possam gerar valor e permanecer lucrativos e inovadores. Tais negócios são estabelecidos, geralmente, em cenários de muita incerteza. O autor afirma que "uma startup é uma instituição humana desenhada para entregar um novo produto ou serviço sob condições de extrema incerteza" (Guerra, 2012).

Alguns princípios norteadores dessas empresas "são a promoção da criatividade, a colaboração, foco na agilidade, na capacitação contínua, recompensas à solução de problemas complexos e todas as ações devem sempre estar articulados com uma visão de longo prazo" (Neumeier, 2010, p. 102).

Nesse contexto e em função das características dos produtos e serviços relacionados à atividade física e ao esporte, as *startups* enxergam no esporte uma excelente oportunidade de negócio.

Uma das *startups* mais importantes no cenário de novos negócios no Brasil partiu de uma premissa fundamental na hora de se criar um empreendimento: "Qual problema eu estou resolvendo?" ou "Esse problema existe?". Trata-se da *startup* Goleiro de Aluguel, que surgiu de uma brincadeira de Samuel Toaldo, quando disse a alguns amigos, em um churrasco, "que cobraria para jogar [futebol]" (Santos, 2016). Em dezembro de 2014, criou uma página no Facebook, na qual "se colocava à disposição para partidas amadoras, cobrando R$ 30,00 por jogo. E a partir de então, as convocações não pararam mais. Para suprir a demanda, Samuel foi atrás de outros goleiros. Um deles foi Eugen, que depois se colocou à disposição para ajudar no projeto até se tornarem sócios" (Santos, 2016).

Do total por partida (R$ 30,00), "R$ 18,00 ficam com o goleiro e R$ 12,00 vão para a *startup*, que divide esse valor entre a manutenção da operação" e algumas "ações sociais ligadas ao esporte e ao patrocínio de atletas deficientes" (Santos, 2016).

Conforme expõe Santos (2016), atualmente,

> a startup ajuda de maneira recorrente um projeto específico ligado ao esporte e a crianças carentes em Mali, na África, com treinamento de goleiros e aulas de espanhol para crianças e adolescentes de 6 a 14 anos. [...]
>
> Os empreendedores já se envolveram em outras três ações sociais [...].
>
> A startup já conta com mais de 6 mil goleiros cadastrados de todas as partes do país e mais de 4 mil convocações para jogos.

Outra *startup* que soube aproveitar as oportunidades oferecidas pelos negócios que envolvem a atividade física e o esporte é a Atletas Brasil, fundada em 2014. A empresa "atua no desenvolvimento de melhorias nas ações de marketing das empresas utilizando os atletas e o esporte como meio" (Santos, 2016). Para isso, a plataforma se apresenta como "um facilitador para patrocínios esportivos, para o desenvolvimento de estratégias de marketing, além de atender agências de publicidade e anunciantes em geral na contratação de atletas para campanhas e eventos específicos" (Santos, 2016).

Fábio Bandeira de Mello, jornalista esportivo e fundador da *startup*, explica como decidiu abrir o negócio: "Fizemos uma pesquisa que constatou que 92% dos atletas têm problemas de patrocínio. Com isso em mente, convidei mais três pessoas para desenvolvermos um projeto que buscasse uma solução efetiva: uma administradora que é atleta da Seleção Brasileira de Handebol de Areia e dois experts em TI" (Mello, citado por Santos, 2016).

> Hoje são mais de 1500 atletas de todo o País cadastrados na Atletas Brasil. Existem três formas dos atletas conseguirem recursos financeiros: **Padrinhos**, onde internautas, apaixonados por esporte e familiares podem contribuir com qualquer valor e ganhar benefícios através da plataforma da startup. A segunda é uma **loja virtual**, onde o internauta compra um produto e parte do valor vai direto para que o atleta indicar [sic] e o terceiro são os **patrocínios**, que são justamente esse alinhamento com as empresas. (Santos, 2016, grifo do original)

Um exemplo de empresa inovadora, criativa e que explora um segmento específico da atividade física e do esporte é a Meu Kimono:

> Fundada em 2012, em um pequeno escritório, a Meu Kimono surgiu da necessidade de atender – com excelência – um público exigente e bastante segmentado. A startup foi a primeira loja do segmento a tratar de maneira equânime todas as modalidades de artes marciais, das mais conhecidas (como jiu-jitsu, judô e karatê) àquelas com menor cobertura midiática (hapkido e ninjutsu, por exemplo). (Santos, 2016)

Diego Shimohirao e Valter Takao Miyashiro, sócios da empresa, uniram-se com a proposta de oferecer a seus clientes uma grande variedade de produtos das melhores marcas, dando a possibilidade ao cliente de escolher seu kimono entre diversos modelos, fazendo com que o kimono deixasse de ser apenas um 'uniforme de luta', passando a ser um vestuário de moda dentro do tatame. (Santos, 2016)

Um diferencial da *startup* diz respeito ao fato de que os integrantes da equipe de vendas e atendimento a clientes são praticantes (ou ex-praticantes) de arte marcial, o que facilita o entendimento das necessidades de cada consumidor. "Outro diferencial é sua entrega expressa para cidade de São Paulo, pedidos realizados até às 15h são entregues no mesmo dia" (Santos, 2016).

Os três exemplos citados demonstram, de forma evidente, a existência de oportunidades de negócios relacionados à atividade física e ao esporte no Brasil.

6.5 Negócios digitais

Certamente você já disse ou ouviu algumas das seguintes expressões: "no meu tempo nem imaginávamos que isso existiria", ou "na minha época isso era muito mais complicado", mas certamente nenhum de nós imaginaríamos que as transformações do nosso cotidiano ocorreriam de maneiras tão distintas e de forma cada dia mais constante e rápida.

(Anunciação, 2015)

Nos dias atuais, não há como um empreendedor estar desconectado do mundo digital. Os modelos de negócios que existem atualmente variam muito, porém todos eles são influenciados pelo universo digital, seja para o controle e monitoramento de suas atividades, seja para a divulgação de seus produtos, seja para uma melhor comunicação com seus clientes.

Assim, a interação mediada pelo computador assume o papel de gerar e manter as complexas relações que se constroem entre as organizações e seus *stakeholders*. Essa interação é a "matéria-prima das relações e dos laços sociais" que as empresas estabelecem com seus públicos de interesse por meio da internet (Recuero, 2009, citada por Colnago, 2014, p. 142).

Colnago (2014) afirma que essa interação talvez seja o conceito mais relevante da comunicação instaurada por meio de computadores e dispositivos tecnológicos. Sob essa ótica, existem dois grandes grupos de processos interativos (Colnago, 2014, p. 142):

1. **Interação reativa**: "caracterizada pela automatização dos processos, por ações de estímulo-resposta e ação-reação, por processos de codificação e decodificação que se ligam por programação e pelas relações lineares, em que o reagente tem pouca ou nenhuma condição de alterar o agente e tudo é predeterminado, até mesmo um conjunto de possíveis ações que apenas aguardam por suas realizações".
2. **Interação mútua**: "baseada na construção cooperativa da relação e criada pelos próprios interagentes, acontece a partir de elementos interdependentes, que por relacionarem-se por meio de processos de negociação, recebem, decodificam e interpretam mensagens em um fluxo dinâmico que pode gerar novas codificações".

Em outras palavras, na primeira relação, não há uma interação completa, pois a máquina direciona o comportamento, fechando a relação – por exemplo, ao comprar um objeto de cuja cor você não gostou, mas na plataforma *on-line* não há outras opções de cores. Na segunda relação, a comunicação é mais aberta, e a interatividade entre as partes ocorre de forma solta – como no caso de comprar um objeto e abrir um bate-papo para se relacionar e negociar com o fornecedor.

Nesse contexto, no setor empresarial, a abrangência digital é ainda maior. Assim, surgem como fortes aliadas as seguintes ferramentas: contratos assinados digitalmente, reuniões feitas via internet, propostas formalizadas por *e-mail*. Elas podem se tornar bastante relevantes especialmente para as empresas novas, que precisam ter posturas cada vez mais arrojadas diante do cliente. Sob essa perspectiva, de acordo com Anunciação (2015),

> Novos conceitos tomam conta do mercado, seja através de um micro empreendedor que vende seus produtos pela internet ou das grandes multinacionais que possuem setores que atuam unicamente no mundo digital, monitorando redes sociais, sites de reclamações, acompanhando e respondendo dúvidas de clientes, ou realizando grandes transações financeiras e tudo isso podendo ser feito de qualquer lugar e em qualquer horário, bastando, apenas, um ponto de acesso à internet e uma interface, como notebooks, tablets ou celulares.

Para refletir

O Brasil é o 4º país em número de usuários de internet. Com 120 milhões de pessoas conectadas, fica atrás apenas de Estados Unidos (242 milhões), Índia (333 milhões) e China (705 milhões) (Agência Brasil, 2017).

Há um enorme consenso de que, no mundo mercadológico dinâmico global, a internet ou os meios digitais têm penetrado na relação de consumo, seja diretamente com o consumidor final, seja no B2B (negócios para empresas – *business-to-business*). Trata-se de um caminho sem volta e que, naturalmente, cada vez mais se tornará primordial para os empreendedores.

O Serviço Brasileiro de Apoio às Micro e Pequenas Empresas de São Paulo (Sebrae-SP, 2009) divulgou uma pesquisa que demonstra o perfil do empreendedor digital e as particularidades desse mercado. De acordo com os dados do estudo,

> Em média, os empreendedores digitais estão no mercado há quase 2 anos. Do total, 62% estão no setor de serviços. Em seguida, o setor mais procurado é o comércio, com 33% de respostas. Indústria e agropecuária correspondem a 5% do total. Já a proporção de empreendedores digitais com experiência anterior no mundo offline é proporcionalmente inversa

uma vez que apenas 18% declarou que já teve um negócio não digital. (Sebrae-SP, 2009, p. 9)

Fica claro que grande parte dos empreendedores que optam exclusivamente pelo mundo digital tem início direto nesse mercado, não apresentando experiência na relação comercial convencional, o que podemos chamar de *consumidor de balcão*.

Na mesma pesquisa, encontramos, talvez, uma resposta relevante para esse ingresso direto no mundo empreendedor digital. Ele pode ser explicado pelas diversas vantagens de se ter um negócio digital, como a familiaridade com o meio, o custo reduzido do investimento inicial e a menor necessidade de infraestrutura, além de outros aspectos, apresentados na Tabela 6.1.

Tabela 6.1 – Vantagens do empreendedorismo digital

Familiaridade com o meio virtual	67,5%
Custo ($) reduzido de investimento inicial	47,9%
Necessidade de menor infraestrutura	41,6%
Facilidade em trabalhar no meio virtual	27,6
Facilidade para acesso a novos mercados	26,2%
Dinamismo no mundo virtual	24,8%
Grande velocidade nos negócios	21,9%
Flexibilidade de horário	13,7%
Custo ($) reduzido de operação	11,2%
Otimização de tempo	10,1%

Fonte: Sebrae-SP, 2009, p. 10.

Ainda mais relevante do que a própria internet na relação empresário-cliente, são atualmente as redes sociais. Aqui podemos citar o Facebook, o Instagram e o WhatsApp, entre outras importantes ferramentas de contato com o cliente, que envolvem o *marketing*, a divulgação da marca, o produto/serviço ou negócio e até o relacionamento e entrega de serviços.

> O processo de digitalização e virtualização dos meios de comunicação, viabilizado a partir do desenvolvimento das tecnologias digitais de informação dos mais diversos gêneros, gerou enormes possibilidades de produção de conteúdo e potencializou, em grande dimensão, a comunicação entre os indivíduos, promovendo a interação social e criando oportunidades de socialização, que atualmente extrapolam os limites geográficos. (Colnago, 2014, p. 146)

Nessa relação, o empreendedor deve saber que se fazer presente nas redes sociais é essencial, pois esta é a vitrine de muitos negócios, já que as páginas na internet se tornaram fortes e consolidados canais de venda (Saiba..., 2018).

Nesse sentido, seriam classificados como mídias e redes sociais digitais os *blogs*, os *microblogs* (como o Twitter), as redes de *streaming* de músicas (como o Last.fm e o Groveshark) e vídeos (como o Videolog, o YouTube e o Vimeo), as plataformas de transmissão ao vivo (como o Justin.tv e o Twitcam), as redes de nicho (como o LinkedIn, o Fashion.me e o Pip!) e as redes de cunho social (como o Instagram, o Orkut, o Facebook e o Google+), além de qualquer outra plataforma ou ferramenta de internet que integre tecnologia social e permita a personalização de um perfil, a apresentação de cada ator de forma pública e a construção de interações, cumprindo o propósito de compartilhar e discutir conteúdos (Colnago, 2014).

Colnago (2014) ainda cita uma pesquisa do Instituto Brasileiro de Opinião Pública e Estatística (Ibope) de 2013 segundo a qual, no Brasil, 99% de todos os internautas utilizam ou acessam as mídias e redes digitais, sendo que, desse percentual, 53% são homens e 47% são mulheres; 23% têm ensino fundamental completo e 12% têm ensino fundamental incompleto; 12% apresentam ensino superior completo, 5% têm superior incompleto e 19% demonstram grau de escolaridade inferior ao ensino fundamental (Colnago, 2014).

Considerando o exposto, apresentamos a seguir as características das três principais redes sociais para negócios.

Em primeiro lugar, encontra-se o Facebook:

> O Facebook não para de crescer, atualmente, é a mídia digital mais acessada pelos brasileiros, com 89 milhões de usuários ativos mensais. O que indica que 8 em cada 10 internautas acessam mensalmente o Facebook. Além disso, o público do Brasil é o mais engajado da América Latina, demonstrando que a ferramenta é um excelente canal para alcançar e engajar os clientes.
>
> O primeiro passo é criar uma fanpage. Lembre-se de classificar o ramo da empresa. Isso vai facilitar o rankeamento dos resultados exibidos pelos sites de busca. Com a página criada e personalizada, é hora de desenvolver conteúdos.
>
> O Facebook é uma mídia digital que te dá liberdade para compartilhar vídeos, fotos e textos. Portanto é importante observar qual produto sua empresa vende e qual o tipo de público que pretende atingir. (Siteware, 2014)

Logo depois, vem o Instagram:

> Enquanto o Facebook oferece maior diversidade de conteúdos, a mídia digital Instagram se restringe a vídeos e fotos, mas, mesmo assim, está entre as mais usadas redes sociais para negócios.
>
> Com a possibilidade de editar as imagens, o Instagram é uma mídia digital que foca o visual. Um dos pontos fracos dessa ferramenta é a impossibilidade de inserir links. Isso prejudica o compartilhamento das postagens via blog.
>
> A praticidade no acompanhamento da timeline é um fator positivo do Instagram. Graças ao seu formato, ele permite que seu post seja sempre visto, diferentemente do Facebook, no qual um algoritmo seleciona e prioriza, automaticamente, determinadas postagens e compromete a exibição do conteúdo das fanpages. (Siteware, 2014)

Por fim, em terceiro lugar, com um caráter mais profissional, aparece o LinkedIn:

> Por anos, o LinkedIn ficou conhecido como um local para divulgar currículos e identificar oportunidades de emprego, mas essa realidade mudou.

Hoje, mais conciso e robusto, o LinkedIn se tornou uma plataforma de marketing e venda, uma das melhores redes sociais para negócios.

Apesar da impressão de baixa popularidade no Brasil, o LinkedIn tem seu espaço reconhecido. É importante diferenciar uma página de empresa de um perfil individual. A maneira mais indicada para fazer parte dessa mídia digital é criar um perfil pessoal e, só então, inserir a página da sua empresa.

Aproveite esse espaço e divulgue sua marca. Mas vá além de seus produtos e serviços, aproveite tudo que o LinkedIn oferece, compartilhe vídeos, PDFs, e-books e todo tipo de material que seja relevante para seu negócio. Não tenha medo de oferecer conteúdo, mas lembre-se sempre de primar pela qualidade. Dessa forma, além de movimentar a sua página, você vai conseguir acompanhar a aceitação de sua marca ou empresa perante o público. (Siteware, 2014)

Assim, é visível como os negócios digitais têm cada vez mais espaço no cotidiano das empresas e dos clientes, buscando tanto relações profissionais quanto de lazer. A crescente esfera digital faz-se cada vez mais presente e importante na sociedade atual.

Síntese

Neste capítulo, discutimos algumas das tendências e oportunidades de negócios em atividade física e esporte, especificamente em termos de assessorias, consultorias, parcerias e alianças estratégicas, franquias, *startups* e negócios digitais.

Por meio dos exemplos apresentados, evidenciamos as características do empreendedorismo no esporte, tratadas no Capítulo 3: proatividade, inovação e risco. Além disso, demonstramos que o empreendedor nos segmentos da atividade física e do esporte necessita utilizar informações, técnicas e ferramentas adequadas para o desenvolvimento de seu plano de negócio, independentemente da ideia pretendida. Como o mundo está em constante evolução, cada vez mais surgirão novas oportunidades, cabendo ao profissional uma postura de constante pesquisa e análise dos ambientes social, político e econômico.

Atividades de autoavaliação

1. A respeito dos serviços prestados pelas assessorias esportivas, analise as afirmativas a seguir:

   I. Seguem as premissas quanto às diferenças existentes entre produtos e serviços, pois são intangíveis, apresentam variabilidade, os resultados são perecíveis e são produzidos ao mesmo tempo em que são consumidos.

   II. Caracterizam-se pela necessidade do estado de prontidão ou pela capacidade ociosa, conforme sugerem Lovelock e Wright (2001).

   III. A implantação de uma assessoria esportiva voltada às corridas e aos corredores de rua é a única possibilidade de desenvolvimento de assessorias no Brasil.

   IV. Os buracos estruturais mencionados por Burt (2001, citado por Campos; Moraes; Lima, 2014) revelam oportunidades de negócios somente para empreendedores já integrados às redes de relacionamento existentes, dificultando o surgimento de novos empreendimentos e a entrada de novos empreendedores.

   V. Campos, Moraes e Lima (2014) categorizaram três tipos de agentes nas redes de relação empreendedoras em corridas de rua: corredores, familiares e espectadores.

   A seguir, marque a alternativa que apresenta as afirmativas corretas:

   a) I, III e V, apenas.
   b) II e V, apenas.
   c) I e III, apenas.
   d) II e IV, apenas.
   e) I e II, apenas.

2. Segundo Bastos e Mazzei (2015), a gestão do esporte no Brasil está presente em diferentes segmentos, a exemplo de ligas, federações e confederações esportivas vinculadas aos mais

diversos esportes: promovidos pelos governos (nos âmbitos municipal, estadual e federal), pelas entidades associativas do esporte, por escolas de esportes, academias de *fitness* e outras entidades privadas, além de organizações sem fins lucrativos. Levando em consideração essa informação e o conteúdo visto sobre consultorias, parcerias e alianças estratégicas, analise as assertivas a seguir e indique V para as verdadeiras e F para as falsas:

( ) O negócio de um consultor é facilitar um processo de aprendizagem entre consultor e cliente, objetivando melhorar as condições do cliente, e abrange não somente as especialidades no conteúdo, mas também a necessidade de compreensão dos processos e das estratégias do negócio desse cliente.

( ) A compra de serviços especializados associa-se a uma habilidade que a organização considera importante, mas sobre a qual não tem domínio, implicando a contratação dos serviços segmentados. Porém, esse não é um serviço comum em consultorias.

( ) *Coaching* é um dos tipos de consultoria voltada ao diagnóstico e à apresentação de soluções para problemas nos processos desenvolvidos nas organizações.

( ) As oportunidades na prestação de serviços especializados por meio de assessorias ou consultorias esportivas podem residir em diversos pontos da rede de relações da indústria do esporte, inclusive em nichos de mercado resultantes da interface do esporte com outras áreas do conhecimento, como o direito, o turismo, a administração, a arquitetura, a medicina, a psicologia e a nutrição.

( ) As atividades de parceria, assim como as alianças estratégicas, são possibilidades identificadas pelas empresas que podem contribuir para sua sobrevivência no mercado e para o aumento de sua competitividade e que resultam de processos de cooperação mútua.

A seguir, assinale a alternativa que apresenta a sequência obtida:

a) F, V, V, V, V.
b) V, V, F, F, V
c) V, V, V, F, V
d) V, F, F, V, V
e) V, F, V, F, V

3. A respeito das vantagens do franqueado, avalie as assertivas a seguir e assinale V para as verdadeiras e F para as falsas:

( ) Descentralizar o processo operacional, possibilitando focar as estratégias de mercado.
( ) Reduzir custos relacionados às compras e ao investimento em propaganda.
( ) Ter acesso a sistemas, métodos e informações de um negócio já estruturado.
( ) Em virtude da rede de que dispõe, conseguir compartilhar melhores práticas e conhecimentos.

Agora, assinale a alternativa que indica a sequência obtida:

a) V, V, F, F.
b) F, V, V, F.
c) V, F, V, F.
d) F, V, V, V.
e) F, V, F, V.

4. Tendo como referência os conceitos apresentados sobre *startup*, analise as assertivas a seguir e marque V para as verdadeiras e F para as falsas:

( ) Uma *startup* é caracterizada, entre outros elementos, por um cenário de incerteza no qual não há como afirmar se uma ideia ou projeto de empresa será bem-sucedido ou, ao menos, sustentável.
( ) Uma *startup* apresenta como característica o fato de não ser repetível, dificultando a capacidade de entregar o mesmo

produto novamente em escala potencialmente ilimitada, sem muitas customizações ou adaptações para cada cliente.

( ) Podemos definir uma *startup* como uma empresa em crescimento com o objetivo claro de desenvolver um modelo de negócio em escala, com repetições, em um mercado de incerteza, ao redor de um produto, serviço ou plataforma. O modelo de negócio é a forma como a empresa em crescimento gera valor.

( ) As principais características das *startups* são: criatividade, inovação, caráter colaborativo, agilidade, capacitação contínua, recompensas à solução de problemas complexos e articulação com uma visão de longo prazo.

Agora, assinale a alternativa que indica a sequência correta:

a) V, V, F, F.
b) F, V, V, F.
c) V, F, V, V.
d) V, V, V, V.
e) V, F, V, F.

5. De acordo com o conteúdo deste capítulo, quais são os dois grandes grupos de processos interativos?

a) Facebook e Instagram.
b) Interação individual e interação coletiva.
c) Manifestação ativa e manifestação passiva.
d) Interação reativa e interação mútua.
e) Exploração global e exploração local.

Atividade de aprendizagem

Questões para reflexão

1. Analise, considerando os tipos de empreendimento apresentados neste capítulo, em qual categoria você considera mais adequado desenvolver um projeto.

2. Busque informações e dados sobre esse mercado e avalie se você teria possibilidade de empreender individualmente ou se precisaria de mais pessoas em seu empreendimento.

Atividade aplicada: prática

1. Para finalizar a atividade aplicada prática desenvolvida transversalmente ao longo dos capítulos, levando em consideração os conteúdos desenvolvidos neste último capítulo, responda às questões a seguir:

    a) Seu empreendimento está seguindo as tendências e oportunidades apontadas?

    b) Caso sinta que é preciso, converse com alguém, visite uma organização, entreviste o empreendedor, retome seu plano e faça as adequações necessárias. Em seguida, condense todas as suas reflexões e respostas em um documento único, formulado para dar sustentação ao empreendimento escolhido. Por fim, discuta com seus colegas os empreendimentos de cada um.

Considerações finais

O crescente e acelerado desenvolvimento da tecnologia e a integração global dos mercados conferiram ao profissional da área de educação física e esporte uma ampla gama de possibilidades de atuação, em especial aquelas relacionadas à capacidade de empreender e criar novas organizações, sociais ou empresariais, demandadas por esse mercado.

Nesse contexto, *inovação, criatividade, tecnologia* e *capacidade empreendedora* são algumas das expressões que caracterizam o profissional contemporâneo, em qualquer área do conhecimento e da atividade econômica. O esporte e a atividade física são, hoje, esferas importantes do cenário global, envolvendo pessoas em busca de saúde, qualidade de vida, lazer, entretenimento e negócios, entre outros aspectos.

Considerando-se esse cenário, bem como a dimensão do desenvolvimento e das implicações da economia no campo das atividades físicas e do esporte, sistematizadas pela configuração da indústria do esporte, neste livro, você pôde conhecer seus segmentos, produtos e serviços, as oportunidades de negócios disponíveis e, ainda, as formas de atuação do profissional da área.

Apresentamos os mais variados elementos para o conhecimento dos diferentes modelos de negócios, com inúmeras possiblidades de empreendedor em atividade física e esporte. Com os temas abordados, procuramos contemplar as informações necessárias e suficientes para o empreendedor, sempre respeitando suas características, seu perfil, suas habilidades e competências.

Lembre-se de que hoje, em todo o mundo, é cada vez maior o número de pessoas que buscam o esporte e a atividade física, não só para desfrutar de uma melhor qualidade de vida, mas também para se divertir e compartilhar gostos e afinidades esportivas com amigos e amigas. Empreender no esporte e na educação física pode ser, portanto, um excelente caminho profissional.

Além de instrumentos e ferramentas úteis para o empreendedor, aplicáveis às oportunidades em geral e a modelos de negócios específicos, também destacamos possibilidades de formação. A partir deste material, você pode e deve continuar a pesquisar sobre o assunto a fim de buscar a melhor alternativa para sua atuação.

Bom trabalho e boa sorte!

Referências

ABRANTES, B. T. F. **O papel do intraempreendedorismo para a percepção da inovação organizacional**: estudo de caso – AXA Portugal. 129 f. Dissertação (Mestrado em Gestão) – Instituto Superior de Gestão, Lisboa, 2014.

ACAD – Associação Brasileira de Academias. Diferentes modelos de negócios mostram os rumos do mercado brasileiro de academias. **Revista ACAD**, ano 18, n. 77, 2017.

AGÊNCIA BRASIL. Tecnologia. **Exame**, 3 out. 2017. Disponível em: <https://exame.com/tecnologia/brasil-e-o-4o-pais-em-numero-de-usuarios-de-internet/>. Acesso em: 23 fev. 2021.

ALVES, J. A. B. Cenário de tendências econômicas dos esportes e atividades físicas no Brasil. In: DACOSTA, L. (Org.). **Atlas do esporte no Brasil**. Rio de Janeiro: Confef, 2006. p. 857-858. Disponível em: <http://cev.org.br/arquivo/biblioteca/4013544.pdf>. Acesso em: 13 mar. 2021.

ANDRADE, F. F. de. **O método de melhorias PDCA**. 169 f. Dissertação (Mestrado em Engenharia de Construção Civil e Urbana) – Escola Politécnica da Universidade de São Paulo, São Paulo, 2003. Disponível em: <https://www.teses.usp.br/teses/disponiveis/3/3146/tde-04092003-150859/en.php>. Acesso em: 12 mar. 2021.

ANUNCIAÇÃO, F. E. **O mundo digital e sua importância no cotidiano**. 24 fev. 2015. Disponível em: <https://www.direitonet.com.br/artigos/exibir/8962/O-mundo-digital-e-sua-importancia-no-cotidiano>. Acesso em: 2 fev. 2021.

ASN – Agência Sebrae de Notícias. **Sexta edição do Fórum Sebrae Mercado Fitness terá apresentação de relatório setorial**. 10 nov.

2017. Disponível em: <http://www.rj.agenciasebrae.com.br/sites/asn/uf/RJ/sexta-edicao-do-forum-sebrae-mercado-fitness,72d6ad026673f510VgnVCM1000004c00210aRCRD>. Acesso em: 5 fev. 2021.

BAGGIO, A. F.; BAGGIO, D. K. Empreendedorismo: conceitos e definições. **Revista de Empreendedorismo, Inovação e Tecnologia**, Passo Fundo, v. 1, n. 1, p. 25-38, jan. 2014. Disponível em: <https://seer.imed.edu.br/index.php/revistasi/article/view/612>. Acesso em: 2 fev. 2021.

BAGNARA, I. C.; MROGINSKI, L. R. N.; BALSANELLO, A. P. Diferentes aspectos do mercado de trabalho em educação física, suas interfaces e formação profissional. **EFDeportes.com**, Buenos Aires, ano 15, n. 145, jun. 2010. Disponível em: <https://www.efdeportes.com/efd145/mercado-de-trabalho-em-educacao-fisica.htm>. Acesso em: 2 fev. 2021.

BARNEVA, R. P.; HITE, P. D. Information Technology in Sport Management Curricula. **Journal of Educational Technology Systems**, v. 45, n. 3, p. 326-342, 2017.

BARON, R. A.; SHANE, S. A. **Empreendedorismo**: uma visão do processo. São Paulo: Thomson Learning, 2007.

BARROS, J. T.; TEGANI, B. A. G. Marketing aplicado na gestão de produtos esportivos: estudo de caso da 71ª edição dos Jogos Abertos do Interior. In: CONGRESSO NACIONAL DE EXCELÊNCIA EM GESTÃO, 4., 2008, Niterói. Disponível em: <http://docplayer.com.br/1527337-Marketing-aplicado-na-gestao-de-produtos-esportivos-estudo-de-caso-da-71a-edicao-dos-jogos-abertos-do-interior.html>. Acesso em: 23 mar. 2021.

BASTOS, F. C. Administração esportiva: área de estudo, pesquisa e perspectivas no Brasil. **Motrivivência**, Florianópolis, ano 15, n. 20-21, p. 1-9, 2003. Disponível em: <https://periodicos.ufsc.br/index.php/motrivivencia/article/view/930/723>. Acesso em: 2 fev. 2021.

BASTOS, F. C.; MAZZEI, L. C. Gestão do esporte no Brasil. In: VANCE, P. S.; NASSIF, V. M. J.; MASTERALEXIS, L. P. **Gestão do esporte**: casos brasileiros e internacionais. Rio de Janeiro: LTC, 2015. p. 11-33.

BATESON, J. E. G.; HOFFMAN, K. D. **Marketing de serviços**. 4. ed. Porto Alegre: Bookman, 2001.

BATISTA, M. M. **Tipos de empreendedorismo**: diferenças e semelhanças. 27 jun. 2005. Disponível em: <http://www.administradores.com.br/

artigos/negocios/tipos-de-empreendedorismo-semelhancas-e-diferencas/10993/>. Acesso em: 7 fev. 2020.

BESSANT, J.; TIDD, J. **Inovação e empreendedorismo**. Porto Alegre: Artmed, 2009.

BINDER, M. P. **Discussão do modelo porteriano através de críticas, teoria dos recursos e o caso Gol**. 188 f. Dissertação (Mestrado em Administração de Empresas) – Escola de Administração de Empresas de São Paulo, Fundação Getulio Vargas, São Paulo, 2003.

BORGESE, A. Are Sports Entrepreneurs Born or Made? **The Sport Digest**, v. 15, n. 2, 2007.

BORGESE, A. Educating Sports Entrepreneurs: Matching Theory to Practice. **The Sport Journal**, v. 13, n. 3, p. 1-21, 2010. Disponível em: <https://thesportjournal.org/article/educating-sports-entrepreneurs-matching-theory-to-practice>. Acesso em: 2 fev. 2021.

BRACHT, V. **Educação física e ciência**: cenas de um casamento (in)feliz. Ijuí: Ed. da Unijuí, 1999.

BRASIL. Lei n. 8.934, de 18 de novembro de 1994. **Diário Oficial da União**, Poder Executivo, Brasília, DF, 21 nov. 1994a. Disponível em: <http://www.planalto.gov.br/ccivil_03/leis/l8934.htm>. Acesso em: 2 fev. 2021.

BRASIL. Lei n. 8.955, de 15 de dezembro de 1994. **Diário Oficial da União**, Poder Legislativo, Brasília, DF, 16 dez. 1994b. Disponível em: <http://www.planalto.gov.br/ccivil_03/leis/l8955.htm>. Acesso em: 2 fev. 2021.

BRASIL. Lei n. 8.987, de 13 de fevereiro de 1995. **Diário Oficial da União**, Poder Legislativo, Brasília, DF, 14 fev. 1995. Disponível em: <http://www.planalto.gov.br/ccivil_03/LEIS/L8987compilada.htm>. Acesso em: 17 fev. 2021.

BRASIL. Lei n. 11.079, de 30 de dezembro de 2004. **Diário Oficial da União**, Poder Executivo, Brasília, DF, 31 dez. 2004. Disponível em: <http://www.planalto.gov.br/ccivil_03/_ato2004-2006/2004/lei/l11079.htm>. Acesso em: 17 fev. 2021.

BRASIL. Lei n. 13.529, de 4 de dezembro de 2017. **Diário Oficial da União**, Poder Executivo, Brasília, DF, 5 dez. 2017. Disponível em: <http://www.planalto.gov.br/ccivil_03/_Ato2015-2018/2017/Lei/L13529.htm>. Acesso em: 17 fev. 2021.

BRASIL. Lei n. 13.966, de 26 de dezembro de 2019. **Diário Oficial da União**, Poder Legislativo, Brasília, DF, 27 dez. 2019. Disponível em: <http://www.planalto.gov.br/ccivil_03/_ato2019-2022/2019/lei/L13966.htm>. Acesso em: 7 mar. 2021.

BRUNORO, J. C.; AFIF, A. **Futebol 100% profissional**. São Paulo: Gente, 1997.

CAMPOS, T. M.; MORAES, M. B.; LIMA, E. Rede de relação e empreendedorismo na realização de corridas de rua. In: ENCONTRO DE ESTUDOS EM EMPREENDEDORISMO E GESTÃO DE PEQUENAS EMPRESAS (EGEPE), 8., 2014, Goiânia. **Anais**... Goiânia: UFG, 2014. Disponível em: <http://egepe.org.br/anais/tema04/216.pdf>. Acesso em: 2 fev. 2021.

CARDOSO, O. R.; CABALLERO, N. Administração da produção esportiva: um modelo para a busca de competitividade. **Espacios**, v. 33, n. 6, 2012. Disponível em: <https://www.revistaespacios.com/a12v33n06/12330603.html>. Acesso em: 12 mar. 2021.

CARDOSO, M. V.; SILVEIRA, M. P. A importância da adoção do sócio torcedor como estratégia de inovação para aumentar as receitas dos clubes de futebol no Brasil. **Podium: Sport, Leisure and Tourism Review**, v. 3, n. 3, p. 12-24, 2014. Disponível em: <https://periodicos.uninove.br/podium/article/view/9075/3902>. Acesso em: 2 fev. 2021.

CARNEIRO, B. A. **Gestão por resultados e gerenciamento matricial de receita**. Disponível em: <https://slideplayer.com.br/slide/10282932>. Acesso em: 8 abr. 2021.

CARRAVETTA, E. As relações econômicas do esporte com as mudanças sociais e culturais. **Movimento**, Porto Alegre, ano 3, n. 4, p. 52-55, 1996. Disponível em: <https://seer.ufrgs.br/Movimento/article/view/2208/927>. Acesso em: 2 fev. 2021.

CASAROTTO, C. **Aprenda o que é análise SWOT, ou análise FOFA, e saiba como fazer uma análise estratégica do seu negócio**. 20 dez. 2019. Disponível em: <https://rockcontent.com/blog/como-fazer-uma-analise-swot/>. Acesso em: 15 fev. 2021.

CASEMIRO, L. **10 hábitos para ser um empreendedor de sucesso na educação física**. jun. 2017. Disponível em: <http://blogeducacaofisica.com.br/empreendedor-de-sucesso/>. Acesso em: 2 fev. 2021.

CBTM – Confederação Brasileira de Tênis de Mesa. **Mapa estratégico da CBTM – 2016 2017 2018 2019 2020 2021 2022 2023 2024**. Disponível em: <http://www.cbtm.org.br/PE_1.aspx>. Acesso em: 27 jul. 2019a.

CBTM – Confederação Brasileira de Tênis de Mesa. **Plano estratégico CBTM – 2016 2017 2018 2019 2020 2021 2022 2023 2024**. Disponível em: <http://www.cbtm.org.br/PE_1.aspx>. Acesso em: 27 jul. 2019b.

CHELL, E.; NICOLOPOULOU, K.; KARATAŞ-ÖZKAN, M. Social Entrepreneurship and Enterprise: International and Innovation Perspectives. **Entrepreneurship and Regional Development**, v. 22, n. 6, p. 485-493, 2010.

CHELLADURAI, P. **Managing Organizations for Sport and Physical Activity**. 4. ed. Scottsdale: Holcomb Hathaway, 2013.

CHIAVENATO, I. Administração em um contexto globalizado dinâmico e competitivo. In: CHIAVENATO, I. **Administração nos novos tempos**: os novos horizontes em administração. 3. ed. Barueri: Manole, 2014. p. 88-114.

COELHO, T. **Transformando clubes de futebol em marcas globais**. 7 out. 2012. Disponível em: <https://administradores.com.br/artigos/transformando-clubes-de-futebol-em-marcas-globais>. Acesso em: 23 mar. 2021.

COLNAGO, C. K. **Comunicação para os pequenos negócios**: proposta de modelo de aplicação prática para posicionamento em mídias e redes sociais digitais. 393 f. Tese (Doutorado em Comunicação Social) – Programa de Pós-Graduação em Comunicação Social, São Bernardo do Campo, 2014. Disponível em: <http://tede.metodista.br/jspui/bitstream/tede/694/1/CamilaKrohlingColnago.pdf>. Acesso em: 2 fev. 2021.

CONTABNET. **Conheça todos os tipos de empresas antes de abrir a sua**. 2017. Disponível em: <https://contabnet.com.br/blog/tipos-de-empresa/>. Acesso em: 2 fev. 2021.

COSTA, T. L. **A etapa de diagnóstico no processo de elaboração da estratégia**: o caso de uma academia de judô. 86 f. Monografia (MBA em Auditoria Integral) – Setor de Ciências Sociais Aplicadas, Universidade Federal do Paraná, Curitiba, 2014. Disponível em: <https://acervodigital.ufpr.br/bitstream/handle/1884/46807/R%20-%20E%20-%20TONI%20LISBOA%20COSTA.pdf?sequence=1&isAllowed=y>. Acesso em: 2 fev. 2021.

COSTI, A. R. **O profissional de educação física e o empreendedorismo no Brasil**. 2016. Disponível em: <https://direcionalescolas.com.br/o-profissional-de-educacao-fisica-e-o-empreendedorismo-no-brasil/>. Acesso em: 2 fev. 2021.

CRAVENS, D. W.; PIERCY, N. F. **Marketing estratégico**. São Paulo: McGraw-Hill, 2007.

DACIN, P. A.; DACIN, T. M.; MATEAR, M. Social Entrepreneurship: Why We Don't Need a New Theory and How We Move forward from Here. **Academy of Management Perspectives**, v. 24, n. 3, p. 37-57, 2010. Disponível em: <https://edisciplinas.usp.br/pluginfile.php/5642816/mod_resource/content/1/A12-Social%20Entrepreneuship.pdf>. Acesso em: 2 fev. 2021.

DESBORDES, M. Empirical Analysis of the Innovation Phenomena in the Sports Equipment Industry. **Technology Analysis and Strategic Management**, v. 14, n. 4, p. 481-498, 2002.

DESPORTIVO BRASIL. **Projeto – Kirin Luneng Brasil**. Disponível em: <https://www.kirinsoccer.com.br/luneng.php?id=18>. Acesso em: 10 fev. 2021.

DESS, G. G. et al. **Administração estratégica**: a criação de vantagens competitivas. Rio de Janeiro: Alta Books, 2016.

DIAGRAMA de dispersão. **Engenharia da qualidade**, 09 maio 2016. Disponível em: <https://cqequalidade.blogspot.com/2016/05/diagrama-de-dispersao.html>. Acesso em: 01 jun. 2021.

DIAS, G. P. Empreendedorismo e educação física: reflexões à sua apreensão/implementação na formação humana. **Motrivivência**, Florianópolis, ano 22, n. 35, p. 147-165, dez. 2010. Disponível em: <https://periodicos.ufsc.br/index.php/motrivivencia/article/view/2175-8042.2010v22n35p147/18089>. Acesso em: 2 fev. 2021.

DIAS, S. **Empreendedorismo e inovação**: diferenças e semelhanças. 17 ago. 2016. Disponível em: <http://www.administradores.com.br/artigos/negocios/empreendedorismo-e-inovacao-diferencas-e-semelhancas/97415>. Acesso em: 7 fev. 2021.

DOLABELA, F. **Oficina do empreendedor**. Rio de Janeiro: Sextante, 2008.

DORNELAS, J. Conheça as habilidades dos empreendedores em série e saiba se este é seu perfil. **UOL**, São Paulo, 17 dez. 2012. Disponível em: <https://economia.uol.com.br/empreendedorismo/colunistas/2012/12/17/conheca-as-habilidades-dos-empreendedores-em-serie-e-saiba-se-este-e-seu-perfil.htm>. Acesso em: 7 fev. 2021.

DORNELAS, J. **Empreendedorismo**: transformando ideias em negócios. 5. ed. Rio de Janeiro: Empreende/LTC, 2015.

DOS SANTOS E SILVA, B. R. C. et al. O legado de ciência, tecnologia & inovação (C, T & I) dos jogos esportivos brasileiros: um relato baseado na infraestrutura das universidades empreendedoras. **Polêmica**, v. 17, n. 2, 2017. Disponível em: <https://www.e-publicacoes.uerj.br/index.php/polemica/article/view/29611/20818>. Acesso em: 7 fev. 2020.

EGESTOR. **Resumo do Livro "Estratégia competitiva" de Michael Porter**. 4 jul. 2017. Disponível em: <https://blog.egestor.com.br/estrategia-competitiva-micheal-porter/>. Acesso em: 7 fev. 2021.

ENDEAVOR. **6 ideias de negócio para novos empreendedores**. 9 mar. 2021. Disponível em: <https://endeavor.org.br/estrategia-e-gestao/ideias-negocio/>. Acesso em: 8 abr. 2021.

ESCOLA FLAMENGO. **Franquias Escola Flamengo**. Disponível em: <https://www.escolinhafla.com.br/franquias/>. Acesso em: 23 jul. 2019.

ESCOLA FURACÃO. **Como montar uma escola**. Disponível em: <https://athletico.com.br/escola-furacao/>. Acesso em: 12 mar. 2021.

ETZKOWITZ, H.; ZHOU, C. Hélice tríplice: inovação e empreendedorismo universidade-indústria-governo. **Revista Estudos Avançados**, v. 31, n. 90, p. 23-48, 2017. Disponível em <https://www.scielo.br/scielo.php?script=sci_arttext&pid=S0103-40142017000200023>. Acesso em: 8 mar. 2021.

FERNANDES, B. H. R.; BERTON, L. H. **Administração estratégica**: da competência empreendedora à avaliação de desempenho. São Paulo: Saraiva, 2005.

FIGO, A. Quanto custa viajar para correr as principais maratonas do mundo? **Exame**, 22 jul. 2017. Disponível em: <https://exame.abril.com.br/seu-dinheiro/quanto-custa-viajar-para-correr-as-principais-maratonas-do-mundo/>. Acesso em: 2 fev. 2021.

FILION, L. J.; LIMA, E. As representações empreendedoras: um tema essencial, mas ainda negligenciado. **Revista de Negócios**, Blumenau, v. 14,

n. 2, p. 89-107, abr./jun. 2009. Disponível em: <https://proxy.furb.br/ojs/index.php/rn/article/view/1175/1130>. Acesso em: 2 fev. 2021.

FITZSIMMONS, J. A.; FITZSIMMONS, M. J. **Administração de serviços**: operações, estratégia e tecnologia de informação. 2. ed. Porto Alegre: Bookman, 2000.

GEM – Global Entrepreneurship Monitor. **GEM 2019/2020 Global Report**. London: Global Entrepreneurship Research Association/London Business School, 2020.

GERENCIANET. **Tecnologia e empreendedorismo**: entenda a importância. 24 jan. 2018. Disponível em: <https://gerencianet.com.br/blog/tecnologia-e-empreendedorismo/>. Acesso em: 7 fev. 2021.

GOMES, R. B. **Empreendedorismo e educação física**: formando profissionais empreendedores. 54 f. Trabalho de Conclusão de Curso (Graduação em Educação Física) – Universidade Federal de São Paulo, Santos, 2012. Disponível em: <https://repositorio.unifesp.br/bitstream/handle/11600/53202/RODRIGO%20GOMES.pdf?sequence=1&isAllowed=y>. Acesso em: 12 mar. 2021.

GONÇALVES, M. A. Consultoria. **Revista de Administração de Empresas**, São Paulo, v. 31, n. 2, abr./jun. 1991. Disponível em: <https://rae.fgv.br/sites/rae.fgv.br/files/artigos/10.1590_S0034-75901991000200010.pdf>. Acesso em: 2 fev. 2021.

GUERRA, R. **Startups escaláveis e a experimentação com modelos de negócio**. Disponível em: <http://www.investimentosenoticias.com.br/ultimas-noticias/artigos-especiais/startups-escalaveis-e-a-experimentacao-com-modelos-de-negocio.html>. Acesso em: 7 jun. 2012.

GUETTA, A. 10 perguntas sobre franchising. In: GUETTA, et al. **Franchising**: aprenda com os especialistas. Rio de Janeiro: ABF-Rio, 2013.

HALICKI, Z. **Empreendedorismo**. Curitiba: Ministério da Educação e Tecnologia, 2012.

HARDY, S. Entrepreneurs, Organizations, and the Sport Marketplace: Subjects in Search of Historians. **Journal of Sport History**, v. 13, n. 1, p. 14-33, 1986.

HARDY, S. Entrepreneurs, Organizations, and the Sport Marketplace. In: POPE, S. W. (Ed.). **The New American Sport History**. Champaign: University of Illinois Press, 1996. p. 341-365.

HILL, C.; JONES, G. **O essencial da administração estratégica**: casos reais e aplicação prática da teoria. São Paulo: Saraiva, 2013.

HISRICH, R. D.; PETERS, M. P. **Empreendedorismo**. 5. ed. Porto Alegre: Bookman, 2004.

HUMS, M. A.; MACLEAN, J. C. International Professional Sport. In: HUMS, M. A.; MACLEAN, J. C. **Governance and Policy in Sport Organizations**. 2. ed. Scottsdale: Holcomb Hathaway, 2009. p. 327-342.

IHRSA – International Health, Racquet & Sportsclub Association. **The 2020 IHRSA Global Report**. Boston, 2020.

ISHIKAWA, K. **Controle de qualidade total**: à maneira japonesa. Rio de Janeiro: Campus, 1993.

ISHIKAWA, K. **Guide to Quality Control**. Tokio: Asian Productivity Organization, 1976.

JESS, A. C. V. Aspectos práticos e jurídicos da contratação de uma franquia. In: GUETTA, A. et al. **Franchising**: aprenda com os especialistas. Rio de Janeiro: ABF-Rio, 2013.

JULIEN, P.-A. **Empreendedorismo regional e economia do conhecimento**. São Paulo: Saraiva, 2010.

KAPLAN, R. S.; NORTON, D. P. **Organização orientada para a estratégia**: como as empresas que adotam o Balanced Scorecard prosperam no novo ambiente de negócios. Rio de Janeiro: Campus, 2000.

KASZNAR, I.; GRAÇA FILHO, A. S. **A indústria do esporte no Brasil**: economia, PIB – Produto Interno Bruto, empregos e evolução dinâmica. São Paulo: M. Books, 2012.

KEARNEY, A. T. O jogo está começando. **HSM Management**, São Paulo, v. 4, n. 39, p. 36-46, jul./ago. 2003.

KETTUNEN, E.; KARI, T. Can Sport and Wellness Technology Be My Personal Trainer? Teenagers and Digital Coaching. In: BLED ECONFERENCE: DIGITAL TRANSFORMATION: MEETING THE CHALLENGES, 31., 2018, Bled.

KLOTZLE, M. C. Alianças estratégicas: conceito e teoria. **RAC**, v. 6, n. 1, p. 85-104, jan./abr. 2002. Disponível em: <https://www.scielo.br/pdf/rac/v6n1/v6n1a06.pdf>. Acesso em: 2 fev. 2021.

KOTLER, P.; ARMSTRONG, G. **Princípios de marketing**. 15. ed. São Paulo: Pearson Education do Brasil, 2015.

KOTLER, P.; KELLER, K. L. **Administração de marketing**. 12. ed. São Paulo: Prentice Hall, 2006.

KREBS, K. G. **Análise das estratégias competitivas das empresas que oferecem cursos de idiomas**: um estudo de caso a partir da aplicação do modelo de Porter. 46 f. Monografia (Graduação em Ciências Econômicas) – Departamento de Ciências Econômicas, Universidade Federal de Santa Catarina, Florianópolis, 2005. Disponível em: <http://tcc.bu.ufsc.br/Economia295599.pdf>. Acesso em: 2 fev. 2021.

LEITE, G. **Fundamentos de Direito Empresarial**. 2013. Disponível em: <http://ambitojuridico.com.br/site/?n_link=revista_artigos_leitura&artigo_id=13463>. Acesso em: 7 fev. 2021.

LIMA, W. A.; MELO NETO, F. P. O despertar do esporte como negócio. **EFDeportes.com**, Buenos Aires, ano 18, n. 181, jun. 2013. Disponível em: <https://www.efdeportes.com/efd181/o-despertar-do-esporte-como-negocio.htm>. Acesso em: 2 fev. 2021.

LONG, J.; SANDERSON, I. The Social Benefits of Sport: Where's the Proof? In: GRATTON, C.; HENRY, I. (Ed.). **Sport in the City**. London: Routledge, 2001. p. 187-203.

LOVELOCK, C.; WRIGHT, L. **Serviços**: marketing e gestão. São Paulo: Saraiva, 2001.

LUZIO, F. F. **Fazendo a estratégia acontecer**: como criar e implementar as iniciativas da organização. 2. ed. São Paulo: Cengage Learning, 2010.

MAN, T. W. Y.; LAU, T. Entrepreneurial Competencies of SME Owner/Managers in the Hong Kong Services Sector: a Qualitative Analysis. **Journal of Enterprising Culture**, v. 8, n. 3, p. 235-254, 2000.

MARTINS, R. Fluxograma de processo. **Blog da Qualidade**, 3 jul. 2012. Disponível em: <https://blogdaqualidade.com.br/fluxograma-de-processo/> Acesso em: 16 fev. 2021.

MASCARENHAS, F. et al. Acumulação flexível, técnicas de inovação e grande indústria do fitness: o caso Curves Brasil. **Pensar a Prática**, v. 10, n. 2, p. 237-259, 2007. Disponível em: <https://www.revistas.ufg.br/fef/article/view/1070/1671>. Acesso em: 2 fev. 2021.

MAZZEI, L. C. et al. Uma análise da produção acadêmica brasileira em marketing esportivo enquanto área multidisciplinar. **Revista Brasileira de Marketing**, v. 12, n. 4, p. 183-200, 2013. Disponível em: <https://www.redalyc.org/pdf/4717/471747654009.pdf>. Acesso em: 2 fev. 2021.

MELO NETO, F. P. de. **Marketing de eventos**. 5 ed. Rio de Janeiro: Sprint, 2007.

MELO NETO, F. P. **Marketing esportivo**: o valor do esporte no século XXI. Rio de Janeiro: BestSeller, 2013.

MERCADO fitness em alta movimenta economia global. **ES Brasil**, 13 mar. 2020. Disponível em: <https://esbrasil.com.br/mercado-fitness/>. Acesso em: 23 mar. 2021.

MICHAELIS. **Moderno Dicionário da Língua Portuguesa**. Disponível em: <http://michaelis.uol.com.br/moderno/portugues/index.php>. Acesso em: 12 mar. 2021.

MINDMINERS. **Empreendedorismo**. Relatório de Resultados de Pesquisa. 2017. Disponível em: <https://rdstation-static.s3.amazonaws.com/cms/files/18283/1511895764Relatorio_empreendedorismo_paypal_1.pdf>. Acesso em: 21 fev. 2021.

MOEN, R. D.; NORMAN, C. L. Circling Back: Clearing up Myths about the Deming Cycle and Seeing How It Keeps Evolving. **Quality Progess**, p. 22-28, nov. 2010. Disponível em: <http://www.apiweb.org/circling-back.pdf>. Acesso em: 8 abr. 2021.

MOREIRA, D.; ZUINI, P. 10 atletas mostram seu lado empreendedor. **Exame**, 15 out. 2010. Disponível em: <https://exame.abril.com.br/pme/10-atletas-mostram-seu-lado-empreendedor/>. Acesso em: 2fev. 2021.

MORGAN, M. J.; SUMMERS, J. **Marketing esportivo**. São Paulo: Thomson Learning, 2008.

MULLIN, B. J.; HARDY, S.; SUTTON, W. A. **Sport Marketing**. Champaign: Human Kinetics, 2004.

NASCIMENTO, A. M. do. **As estratégias aplicadas pelo Borussia Dortmund e os estádios brasileiros**: como alavancar a média de público? 62 f. Trabalho de Conclusão de Curso (Graduação em Administração de Empresas) – Pontifícia Universidade Católica do

Rio de Janeiro, Rio de Janeiro, 2015. Disponível em: <https://www.maxwell.vrac.puc-rio.br/28905/28905.PDF> Acesso em: 2 fev. 2021.

NASSIF, V. M. J.; GHOBRIL, A. N.; AMARAL, D. J. Empreendedorismo por necessidade: o desemprego como impulsionador da criação de novos negócios no Brasil. **Pensamento & Realidade**, São Paulo, ano 12, v. 24, n. 1, p. 143-168, 2009. Disponível em: <https://revistas.pucsp.br/index.php/pensamentorealidade/article/view/7075/5116>. Acesso em: 2 fev. 2021.

NEUMEIER, M. **A empresa orientada pelo design**. Porto Alegre: Bookman, 2010.

NICOLAU, L. As 7 ferramentas de estratégia e gestão que você precisa conhecer. **Moip**, 2 dez. 2016. Disponível em: <https://wirecard.com.br/blog/as-7-ferramentas-de-estrategia-e-gestao-que-voce-precisa-conhecer/>. Acesso em: 7 fev. 2021.

NOGAMI, V. K. da C.; MACHADO, H. V. Atividade empreendedora nos países do BRIC: uma análise a partir dos relatórios GEM no período de 2000 a 2010. **Revista da Micro e Pequena Empresa**, Campo Limpo Paulista, v. 5, n.3, p. 114-128, set./dez. 2011. Disponível em: <http://www.cc.faccamp.br/ojs-2.4.8-2/index.php/RMPE/article/view/233/175>. Acesso em: 2 fev. 2021.

NUNES, M. P.; VOTRE, S. J.; SANTOS, W. O profissional em educação física no Brasil: desafios e perspectivas no mundo do trabalho. **Motriz**, Rio Claro, v. 18, n. 2, p. 280-290, abr./jun. 2012. Disponível em: <https://www.scielo.br/pdf/motriz/v18n2/v18n2a08.pdf>. Acesso em: 2 fev. 2021.

NUTH, D. **Uma análise do empreendedorismo no Brasil**. 17 abr. 2017. Disponível em: <http://www.administradores.com.br/artigos/empreendedorismo/uma-analise-do-empreendedorismo-no-brasil/108022/>. Acesso em: 12 mar. 2021.

ODA, L. S. **Empreendedorismo e inovação**: a moeda para o sucesso nos negócios. 10 out. 2019. Disponível em: <https://www.marcasvitoriosas.com.br/Noticia/Empreendedorismo-e-inovacao:-a-moeda-para-o-sucesso-nos-negocios/267>. Acesso em: 5 fev. 2021.

OLIVEIRA, D. P. R. **Manual de consultoria empresarial**: conceitos, metodologias, práticas. 7. ed. São Paulo: Atlas, 2007

OLIVEIRA, J. E. C. de. O campo de atuação do profissional de educação física e do esporte. **EFDeportes.com**, Buenos Aires, ano 16, n. 161, de 2011. Disponível em: <https://www.efdeportes.com/efd161/o-campo-de-atuacao-de-educacao-fisica.htm>. Acesso em: 1 mar. 2021.

PARKS, J. B.; ZANGER, B. K. **Sport & Fitness Management**: Career Strategies and Professional Content. Illinois: Human Kinetics Books, 1990.

PEREDO, A.; CHRISMAN, J. Toward a Theory of Community-Based Enterprise. **Academy of Management Review**, v. 31, n. 2, p. 309-328, 2006.

PEREIRA, M. F. **Planejamento estratégico**: teorias, modelos e processos. São Paulo: Atlas, 2010.

PETROVIC, L. T.; MILOVANOVIC, D.; DESBORDES, M. Emerging Technologies and Sports Events Innovative Information and Communication Solutions. **Sport, Business and Management**, v. 5, n. 2, p. 175-190, 2015.

PILLEGGI, M. V. As principais características de um empreendedor de sucesso. **PEGN – Pequenas Empresas & Grandes Negócios**, 23 jul. 2014. Disponível em: <https://revistapegn.globo.com/Noticias/noticia/2014/07/principais-caracteristicas-de-um-empreendedor-de-sucesso.html>. Acesso em: 7 fev. 2021.

PITTS, B. G.; FIELDING, L. W.; MILLER, L. K. Industry Segmentation Theory and the Sport Industry: Developing a Sport Industry Segment Model. **Sport Marketing Quarterly**, v. 3, n. 1, p. 15-24, 1994. Disponível em: <https://scholarworks.gsu.edu/cgi/viewcontent.cgi?article=1023&context=kin_health_facpub>. Acesso em: 2 fev. 2021.

PITTS, B. G.; STOTLAR, D. K. **Fundamentals of Sport Marketing**. 2. ed. Morgantown: Fitness Information Technology, 2002a.

PITTS, B. G.; STOTLAR, D. K. **Fundamentos de marketing esportivo**. São Paulo: Phorte, 2002b.

PLURI CONSULTORIA. **PLURI Especial**: 3º Ranking Mundial de Público nos Estádios – 2013/14. São Paulo, 2014. Disponível em: <http://new.plu

riconsultoria.com.br/wp-content/uploads/2014/11/PLURI-especial-ranking-mundial-de-publico-nos-estadios-2014-completo.pdf>. Acesso em: 7 fev. 2021.

PMI – Project Management Institute. **O que é gerenciamento de projetos**. Disponível em: <https://brasil.pmi.org/brazil/AboutUS/WhatIsProjectManagement.aspx>. Acesso em: 16 fev. 2021.

PMI – Project Management Institute. **Um guia do conhecimento em gerenciamento de projetos (Guia PMBOK)**. 6. ed. Newtown Square, 2017.

PONTES, L. C. R. **Análise da estratégia do setor supermercadista do estado do Pará**: uma aplicação do modelo de cinco forças competitivas de Michael Porter. 139 f. Dissertação (Mestrado em Economia) – Instituto de Ciências Sociais Aplicadas, Universidade Federal do Pará, Belém, 2009.

PORTAL DA EDUCAÇÃO FÍSICA. **As vantagens do trabalho cooperado para profissionais e academias**. Disponível em: <https://www.educacaofisica.com.br/fitness2/gestao-academias/as-vantagens-do-trabalho-cooperado-para-profissionais-e-academias/>. Acesso em: 30 set. 2018.

PORTER, M. E. **Competição = On Competition**: estratégias competitivas essenciais. Rio de Janeiro: Campus, 1999.

PORTER, M. E. **Estratégia competitiva**: técnicas para análise de indústrias e da concorrência. 2. ed. Rio de Janeiro: Elsevier, 2004.

PORTER, M. E. **Estratégia competitiva**: técnicas para análise de indústrias e da concorrência. 7. ed. Rio de Janeiro: Campus, 1986.

PORTER, M. E. **Vantagem competitiva**: criando e sustentando um desempenho superior. São Paulo: Campus, 1989.

POSSARLE, R. **Ferramentas da qualidade**. São Paulo: Senai, 2014.

PREVIDELLI, J.; SELA, M. V. **Empreendedorismo e educação empreendedora**. Maringá: Unicorpore, 2006.

PRONI, M. W. A economia do esporte em tempos de Copa do Mundo. **Revista Eletrônica de Jornalismo Esportivo**, 10 abr. 2014. Disponível em: <http://comciencia.scielo.br/scielo.php?script=sci_arttext&pid=S1519-76542014000300009&lng=es&nrm=iso>. Acesso em: 7 fev. 2021.

RATTEN, V. Developing a Theory of Sport-Based Entrepreneurship. **Journal of Management & Organization**, v. 16, n. 4, p. 557-565, 2010.

RATTEN, V. Sports Entrepreneurship: Challenges and Directions for Future Research. **International Journal of Entrepreneurial Venturing**, v. 4, n. 1, p. 65-77, 2012.

RATTEN, V. Sport Innovation: the Role of Social Entrepreneurship and Creativity in Fostering Sport Related Business Activities. In: RESEARCH COLLOQUIUM ON SOCIETAL ENTREPRENEURSHIP AND INNOVATION AT RMIT, 2014.

RATTEN, V. Sport-Based Entrepreneurship: towards a New Theory of Entrepreneurship and Sport Management. **International Entrepreneurship and Management Journal**, v. 7, n. 1, p. 57-69, 2011.

RATTEN, V.; FERREIRA, J. J. Sport Entrepreneurship and the Emergence of Opportunities: towards a Future Research Agenda. In: RATTEN, V.; FERREIRA, J. J. (Ed.). **Sport Entrepreneurship and Innovation**. Oxon: Routledge, 2017. p. 217-235.

RATTEN, V.; JONES, P. Future Research Directions for Sport Education: toward an Entrepreneurial Learning Approach. **Education and Training**, v. 60, n. 5, p. 490-499, 2018.

REIS, C. J. O.; CABRAL, S. Parcerias público-privadas (PPP) em megaeventos esportivos: um estudo comparativo da provisão de arenas esportivas para a Copa do Mundo Fifa Brasil 2014. **Revista de Administração Pública**, Rio de Janeiro, v. 51, n. 4, p. 551-579, jul./ago. 2017. Disponível em: <https://www.scielo.br/pdf/rap/v51n4/1982-3134-rap-51-04-00551.pdf>. Acesso em: 2 fev. 2021.

REZENDE, J. R. **Organização e administração no esporte**. Rio de Janeiro: Sprint, 2000.

ROCCO JÚNIOR, A. J. **Marketing e gestão do esporte**. São Paulo: Atlas, 2012.

ROCHA, C. M.; BASTOS, F. C. Gestão do esporte: definindo a área. **Revista Brasileira de Educação Física e Esporte**, v. 25, p. 91-103, 2011. Disponível em: <https://www.scielo.br/pdf/rbefe/v25nspe/10.pdf>. Acesso em: 2 fev. 2021.

ROCHE, F. P. **Gestão desportiva**: planejamento estratégico nas organizações desportivas. 2. ed. Porto Alegre: Artmed, 2002.

RODRÍGUEZ, R. E. M. et al. **Gestíon deportiva**: aplicación de instrumentos para valorar la calidad del servicio. Monterrey: Universidad Autónoma de Nuevo León, 2008.

SABBAG, P. Y. **Gerenciamento de projetos e empreendedorismo**. 2. ed. São Paulo: Saraiva, 2017.

SAIBA como fazer negócios nas redes sociais. **PEGN – Pequenas Empresas & Grandes Negócios**, São Paulo, 30 maio 2018. Disponível em: <https://revistapegn.globo.com/Administracao-de-empresas/noticia/2018/05/saiba-como-fazer-negocios-nas-redes-sociais.html>. Acesso em: 7 fev. 2021.

SANTOS, F. Startups enxergam no esporte oportunidade de negócio. **Startupi**, 21 ago. 2016. Disponível em: <https://startupi.com.br/2016/08/startups-enxergam-no-esporte-oportunidade-de-negocio/>. Acesso em: 2fev. 2021.

SANTOS, L. Por que investir em startups pode ser um bom negócio para atletas? **Meio & Mensagem**, 30 maio 2018. Disponível em: <http://www.proxxima.com.br/home/proxxima/how-to/2018/05/30/por-que-investir-em-startups-pode-ser-um-bom-negocio-para-atletas.html>. Acesso em: 2 fev. 2021.

SARMENTO, J. P. **Uma visão "muito particular" da gestão desportiva**. Porto: Faculdade de Ciências do Desporto e da Educação Física da Universidade do Porto, 2004.

SCHUMPETER, J. A. **Capitalism, Socialism and Democracy**. London/New York: Routledge, 2003.

SEBRAE – Serviço Brasileiro de Apoio às Micro e Pequenas Empresas. **Como montar um escritório de consultoria**. Disponível em: <https://www.sebrae.com.br/sites/PortalSebrae/ideias/como-montar-um-escritorio-de-consultoria,4c187a51b9105410VgnVCM1000003b74010aRCRD>. Acesso em: 20 fev. 2021a.

SEBRAE – Serviço Brasileiro de Apoio às Micro e Pequenas Empresas. **Direcionamento Estratégico 2013-2022 do Sistema SEBRAE**. 2012. Disponível em: <http://www.sebrae.com.br/Sebrae/Portal%20Sebrae/Anexos/Direciona mento%20Estrategico%202022.pdf>. Acesso em: 15 dez. 2018.

SEBRAE – Serviço Brasileiro de Apoio às Micro e Pequenas Empresas. **Incubadora e aceleradora**: qual a diferença entre elas. Disponível em: <https://www.sebrae.com.br/sites/PortalSebrae/artigos/entenda-a-diferenca-entre-incubadora-e-aceleradora,761913074c0a3410VgnVCM1000003b74010aRCRD>. Acesso em: 20 fev. 2021b.

SEBRAE – Serviço Brasileiro de Apoio às Micro e Pequenas Empresas. **Leis e regras governamentais**. Disponível em: <http://www.sebrae.com.br/sites/PortalSebrae/tipoconteudo/leis_e_normas?codTema=5>. Acesso em: 1 set. 2018a.

SEBRAE – Serviço Brasileiro de Apoio às Micro e Pequenas Empresas. **O que é ser empreendedor**. 23 jan. 2019. Disponível em: <http://www.sebrae.com.br/sites/PortalSebrae/bis/o-que-e-ser-empreendedor,ad17080a3e107410VgnVCM1000003b74010aRCRD>. Acesso em: 20 fev. 2021.

SEBRAE – Serviço Brasileiro de Apoio às Micro e Pequenas Empresas. **Pequenas empresas**. Disponível em: <http://m.sebrae.com.br/sites/PortalSebrae/estudos_pesquisas/empresa-de-pequeno-portedetalhe8,8e5713074c0a3410VgnVCM1000003b74010aRCRD>. Acesso em: 15 set. 2018b.

SEBRAE – Serviço Brasileiro de Apoio às Micro e Pequenas Empresas. **Perfil das mulheres empreendedoras**: Estado de São Paulo. mar. 2013. Disponível em: <https://m.sebrae.com.br/Sebrae/Portal Sebrae/UFs/SP/Pesquisas/perfil_mulheres_empreendedoras.pdf>. Acesso em: 7 fev. 2021.

SEBRAE-MG – Serviço Brasileiro de Apoio às Micro e Pequenas Empresas de Minas Gerais. **Tecnologia e empreendedorismo**. 2017. Disponível em: <http://www.sebrae.com.br/sites/PortalSebrae/ufs/mg/noticias/tecnologia-e-empreendedorismo,6bce4c2549a9d510VgnVCM1000004c00210aRCRD?utm_source=akna&utm_medium=email&utm_campaign=Sebrae+Not%EDcias+-+Edi%E7%E3o+419+-+Externo>. Acesso em: 15 out. 2018.

SEBRAE-SP – Serviço Brasileiro de Apoio às Micro e Pequenas Empresas de São Paulo. **Empreendedorismo digital**. São Paulo, 2009.

SENAC – Serviço Nacional de Aprendizagem Comercial. **Gestão pela Qualidade Total**: Módulo 3. 2014. Disponível em: <http://ww2.sena

cead.com.br/conteudos/gqt/imprime_bloco.php?mod=3>. Acesso em: 13 out. 2016.

SENTANIN, L. H. V.; BARBOZA, R. J. Conceitos de empreendedorismo. **Revista Científica Eletrônica de Administração**, ano 5, n. 9, p. 1-9, dez. 2005. Disponível em: <http://faef.revista.inf.br/imagens_arquivos/arquivos_destaque/CvfACUcZOtmMWBx_2013-4-26-12-25-36.pdf>. Acesso em: 2 fev. 2021.

SILVA, M. S.; SOUSA, M. S. O papel das assessorias esportivas no crescimento das corridas de rua no Brasil. **Fiep Bulletin**, v. 83, p. 1-8, 2013. Disponível em: <http://www.fiepbulletin.net/index.php/fiepbulletin/article/view/2952/5756>. Acesso em: 2 fev. 2021.

SILVA, V. N. L. **A importância do empreendedorismo no desenvolvimento do esporte**. 2009. 42 f. Monografia (Bacharelado em Educação Física) – Universidade de São Paulo, São Paulo, 2009.

SILVA, W. R. Estratégia competitiva: uma ampliação do modelo de Porter. **Revista de Administração de Empresas**, São Paulo, v. 28, n. 2, p. 33-41, abr./jun. 1988. Disponível em: <https://rae.fgv.br/sites/rae.fgv.br/files/artigos/10.1590_S0034-75901988000200005.pdf>. Acesso em: 2 fev. 2021.

SILVEIRA, T. S.; PASSOS, D. F. O.; MARTINS, I. **REMIPE – Revista de Micro e Pequenas Empresas e Empreendedorismo da Fatec Osasco**, Osasco, v. 3, n. 2, jul-dez. 2017. Disponível em: <http://remipe.fatecosasco.edu.br/index.php/remipe/article/view/1/10>. Acesso em: 2 fev. 2021.

SINDILOJAS BH. **Saiba como as inovações mudam o comportamento do mercado e impactam a gestão dos negócios**. 3 ago. 2017. Disponível em: <https://sindilojasbh.com.br/site/saiba-como-as-inovacoes-mudam-o-comportamento-do-mercado-e-impactam-a-gestao-dos-negocios/>. Acesso em: 5 fev. 2021.

SIQUEIRA, M. A. **Marketing esportivo**: uma visão estratégica e atual. São Paulo: Saraiva, 2014.

SITEWARE. **Como utilizar o Facebook, Instagram e LinkedIn como redes sociais para negócios**. 28 out. 2014. Disponível em: <https://www.siteware.com.br/comunicacao/redes-sociais-para-negocios/>. Acesso em: 2 fev. 2021.

SLACK, T.; PARENT, M. **Understanding Sport Organizations**: the Application of Organization Theory. Champaign: Human Kinetics, 2006.

SOUZA, E. C. L. D.; FRACASSO, E. M.; LOPEZ JÚNIOR, G. S. L. Empreendedorismo e atitude empreendedora: conceitos e construção de escalas. In: EGEPE, 5., 2008, São Paulo. **Anais...** São Paulo: Egepe, 2008.

SPILLING, O. R. The Entrepreneurial System: on Entrepreneurship in the Context of a Mega-event. **Journal of Business Research**, v. 36, n. 1, p. 91-103, 1996.

SPITZ, C. PIB do esporte cresce mais do que o do país. **O Globo**, 25 maio 2012. Disponível em: <https://oglobo.globo.com/economia/pib-do-esporte-cresce-mais-do-que-do-pais-5028799>. Acesso em: 7 fev. 2021.

SPORT CLUB DO RECIFE. **Campanhas sociais são apresentadas ao Consulado dos EUA**. 18 maio 2018. Disponível em: <http://www.sportrecife.com.br/noticias/leao-recebe-visita-de-representantes-do-consulado-americano-interessados-nas-campanhas-sociais/>. Acesso em: 2 fev. 2021.

STOTLAR, D.; DUALIB, C. **Como desenvolver planos de marketing esportivo de sucesso**. São Paulo: Ideia e Ação, 2005.

TENDÊNCIAS: saiba quais tecnologias vão brilhar em 2021. **Senior Blog**, 13 jan. 2021. Disponível em: <https://www.senior.com.br/blog/tendencias-tecnologia-2021>. Acesso em: 01 jun. 2021.

TENENTE, L. **Do esporte para a empresa**: as dicas dos atletas empreendedores. 2013. Disponível em: <http://revistapegn.globo.com/Revista/Common/0,,EMI325030-17162,00-DO+ESPORTE+PARA+A+EMPRESA+AS+DICAS+DOS+ATLETAS+EMPREENDEDORES.html>. Acesso em: 7 fev. 2021.

TJØNNDAL, A. Sport Innovation: Developing a Typology. **European Journal for Sport and Society**, v. 14, n. 4, p. 291-310, 2018.

TRANSFORMAÇÃO digital: tudo que você precisa saber. **AlgarTech**. Disponível em: <https://algartech.com/pt/blog/transformacao-digital-tudo-que-voce-precisa-sabe/>. Acesso em: 01 jun. 2021.

TURRI, W. F. **Determinantes da intenção de uso de serviços pessoais**: um estudo em assessorias esportivas e salões de beleza. 259 f.

Dissertação (Mestrado em Administração de Empresas) – Fundação Getulio Vargas, São Paulo, 2009.

UNISPORT BRASIL. **Tudo que você precisa saber sobre empreendedorismo no esporte**. 26 dez. 2017. Disponível em: <https://blog.unisportbrasil.com.br/tudo-que-voce-precisa-saber-sobre-empreendedorismo-no-esporte/>. Acesso em: 7 fev. 2021.

UOL. **Conheça 10 atletas que também são empreendedores**. 1º jul. 2020. Disponível em: <https://meunegocio.uol.com.br/blog/conheca-10-atletas-que-tambem-sao-empreendedores/#rmcl>. Acesso em: 21 fev. 2021

UOL. **De cada dez empresas, seis fecham antes de completar 5 anos, aponta IBGE**. São Paulo, 14 set. 2016. Disponível em: <https://economia.uol.com.br/empreendedorismo/noticias/redacao/2016/09/14/de-cada-dez-empresas-seis-fecham-antes-de-completar-5-anos-aponta-ibge.htm>. Acesso em: 7 fev. 2021.

VANCE, P. S.; FÁVERO, L. P. L.; LUPPE, M. R. Franquia empresarial: um estudo das características do relacionamento entre franqueadores e franqueados no Brasil. **Revista de Administração**, São Paulo, v. 43, n. 1, p. 59-71, jan./mar. 2008. Disponível em: <http://www.revistas.usp.br/rausp/article/view/44467/48087>. Acesso em: 2 fev. 2021.

VEYRAT, P. **23 significados de símbolos do fluxograma de processos**. 10 fev. 2016. Disponível em: <https://www.venki.com.br/blog/significados-simbolos-fluxograma-de-processos/> Acesso em: 2 fev. 2021.

VEYRAT, P. **Conheça os principais exemplos de fatores críticos de sucesso nas empresas**. 5 fev. 2015. Disponível em: <http://www.venki.com.br/blog/exemplos-fatores-criticos-de-sucesso/>. Acesso em: 2 fev. 2021.

WALKER, S.; TEHRANI, M. Strategic Management in International Sport. In: LI, M.; MACINTOSH, E. W.; BRAVO, G. A. (Ed.). **International Sport Management**. Champaign: Human Kinetics, 2012. p. 31-52.

WEISS, A. **A bíblia da consultoria**: métodos e técnicas para montar e expandir um negócio de consultoria. São Paulo: Autêntica Business, 2018.

WILPERT, R. A. **O futebol como agente de inclusão e interação**: um estudo de caso sobre as escolinhas de futebol de Florianópolis – SC. 131 f. Dissertação (Mestrado em Engenharia de Produção) – Universidade Federal de Santa Catarina, Florianópolis, 2005.

Bibliografia comentada

BESSANT, J.; TIDD, J. **Inovação e empreendedorismo**. Porto Alegre: Artmed, 2009. v. 1.

Nessa obra, os autores abordam o tema do empreendedorismo com foco no aspecto da inovação. O conceito de inovação é apresentado e, no decorrer do livro, Bessant e Tidd desenvolvem essa temática sob a ótica de sua importância, considerando a inovação como processo, os tipos de inovação, a exploração de diferentes aspectos e o gerenciamento da inovação. Em toda a obra, a ênfase é dada para o tratamento da inovação como processo central dos negócios, pois as organizações que consistentemente têm sucesso na gestão da inovação se saem melhor do que as outras, sobretudo em parâmetros como crescimento, desempenho financeiro e emprego. Os autores também enfatizam as vantagens sociais do empreendedorismo com inovação.

DORNELAS, J. **Empreendedorismo**: transformando ideias em negócios. 6. ed. São Paulo: Empreende/Atlas, 2016.

Nessa obra, José Dornelas apresenta elementos para a criação e o desenvolvimento de uma empresa de sucesso, desde a ideia inicial até a gestão do novo negócio. O processo empreendedor é analisado em função das particularidades do empreendedorismo no Brasil. Há capítulos específicos que tratam do perfil do empreendedor de sucesso, da análise de oportunidades e da elaboração de um plano de negócios. Ainda, o livro apresenta estudos de casos de empreendedores brasileiros de sucesso em diferentes setores, entre os quais estão alguns relacionados ao esporte. A obra propõe uma interação com os leitores, fornecendo respostas a perguntas presentes ao final de cada capítulo e enfocando os dilemas dos estudos de casos, além de orientações práticas de empreendedores de sucesso.

KNIGHT, P. **A marca da vitória**: a autobiografia do criador da Nike. São Paulo: Sextante, 2016.

Esse não é um livro teórico sobre empreendedorismo esportivo. Porém, através da trajetória autobiográfica de Phil Knight, o criador da Nike, a obra apresenta uma série de conceitos relacionados ao empreendedorismo aplicados à atividade física e ao esporte. Knight demonstra como a Nike acreditou em estratégias empresariais e de gestão para construir uma das marcas mais importantes e conhecidas do universo do esporte. O autor relata, ainda, a história da empresa desde o início, quando era um jovem de 24 anos e havia viajado pelo mundo com uma mochila nas costas. Knight conta tudo o que enfrentou para tornar a marca uma das mais emblemáticas, inovadoras e rentáveis do mundo. Phil Knight apresenta na obra, em verdadeira ação empreendedora, as etapas de criação de uma empresa de sucesso no esporte, desde a criação dos modelos inovadores de calçados para a prática esportiva até o início da contratação de grandes ídolos do esporte para divulgarem os produtos da marca. Chama a atenção, na narrativa do autor, a construção da equipe de profissionais, todos com vocação para a inovação e para uma nova forma de pensar a atividade física e o esporte, os quais contribuíram para o desenvolvimento da "cultura Nike", modificando os alicerces da indústria do esporte na sua essência. Uma grande aula de ousadia, inovação e empreendedorismo.

RATTEN, V. Developing a Theory of Sport-Based Entrepreneurship. **Journal of Management & Organization**, v. 16, n. 4, p. 557-565, 2010.

Nesse artigo de referência em estudos sobre o tema, o empreendedorismo é considerado uma parte integrante do esporte. A autora desenvolve uma teoria do empreendedorismo do esporte que incorpora diferentes subcategorias de empreendedorismo, como o social, o tecnológica e o internacional. Especificamente, o artigo conecta o empreendedorismo e a literatura de gestão do esporte, propondo uma teoria que pode ser utilizada como um quadro teórico para futuras pesquisas. Além disso, o texto fornece uma visão única para praticantes de esportes e planejadores de políticas públicas que queiram concentrar-se em formas de empreender e gerenciar organizações baseadas no esporte.

RATTEN, V. Sport-Based Entrepreneurship: towards a New Theory of Entrepreneurship and Sport Management. **International Entrepreneurship and Management Journal**, v. 7, n. 1, p. 57-69, 2011. Disponível em: <https://link.springer.com/article/10.1007/s11365-010-0138-z>. Acesso em: 13 mar. 2021.

Nesse artigo, Vanessa Ratten parte do princípio de que o esporte é um processo empreendedor, pois a inovação e a mudança são elementos-chave. Sob essa ótica, a autora desenvolve uma teoria do empreendedorismo na gestão do esporte, investigando a relação entre ambos. O crescente desenvolvimento da disciplina de *marketing* esportivo fornece uma base para entender como o empreendedorismo ocorre por meio de atividades de inovação, proatividade e tomada de risco. Na sequência, o texto discute a conexão entre os campos de empreendedorismo e gestão do esporte e, em seguida, argumenta que é preciso haver mais integração entre os dois campos de estudo e a teoria do empreendedorismo tradicional. Uma teoria do empreendedorismo baseada no esporte é desenvolvida, e diferentes tipos de empreendedorismo que ocorrem na gestão esportiva são examinados pela autora, que também aborda sugestões para futuras pesquisas e implicações para os profissionais.

SABBAG, P. Y. **Gerenciamento de projetos e empreendedorismo**. 2. ed. São Paulo: Saraiva, 2017.

Nessa obra, o autor apresenta práticas de gestão, tendo como referência as normas do Project Management Institute (PMI), e formas de empreendedorismo em diferentes situações (vida pessoal, negócio próprio ou, mesmo, atuação em uma organização). Paulo Sabbag revela e contextualiza as competências, os projetos e a metodologia PMI para a gestão de projetos. Além disso, os processos de gestão são descritos ao longo do ciclo de vida de um projeto: processos de iniciação, planejamento, execução, monitoramento/controle e encerramento. Ao final do livro, o autor propõe reflexões sobre a ética do gerenciador de projetos, tema pouco difundido, mas essencial na busca de profissionalismo em projetos e tendências futuras para o gerenciamento de projetos no Brasil.

Respostas

Capítulo 1

Atividades de autoavaliação

1. c
2. c
3. a
4. e
5. d

Capítulo 2

Atividades de autoavaliação

1. d
2. b
3. c
4. a
5. e

Capítulo 3

Atividades de autoavaliação

1. e
2. c
3. b
4. a
5. b

Capítulo 4

Atividades de autoavaliação

1. c
2. a
3. c
4. b
5. d

Capítulo 5

Atividades de autoavaliação

1. b
2. b
3. c
4. b
5. a

Capítulo 6

Atividades de autoavaliação

1. e
2. d
3. b
4. c
5. d

Sobre os autores

Ary José Rocco Júnior
Pós-doutor em Ciências da Comunicação pela Escola de Comunicações e Artes da Universidade de São Paulo (ECA/USP). Professor em regime de dedicação exclusiva (RDIDP) da Escola de Educação Física e Esporte da Universidade de São Paulo (EEFE/USP). Líder e fundador do Grupo de Estudos e Pesquisa em Marketing e Comunicação no Esporte (Gepecom) da EEFE/USP. Pesquisador Associado (Associate Research Fellow) do Grupo de Estudo em Eventos e Megaeventos da Escola de Educação Física e Desportos da Universidade Federal do Rio de Janeiro (UFRJ), registrado no Conselho Nacional de Desenvolvimento Científico e Tecnológico (CNPq). Coordenou o Projeto de Pesquisa "Os novos estádios e arenas e o comportamento do consumidor esportivo: o padrão FIFA de qualidade e o impacto no torcedor brasileiro", financiado pelo CNPq. Também foi responsável pelo Projeto de Pesquisa "A falação esportiva e a novela diária do jornalismo: a espetacularização da cobertura do esporte na mídia impressa brasileira durante a Copa do Mundo 2014", financiado pela Fundação de Amparo à Pesquisa do Estado de São Paulo (Fapesp). Foi, durante três anos, pró-reitor de graduação e coordenador dos cursos de Comunicação Social (PP/RP) do Centro Universitário Fecap. É presidente da Associação Brasileira de Gestão do Esporte (Abragesp), diretor da Asociación Latinoamericana de Gerencia

Deportiva (Algede) e representante regional da World Association for Sport Management (WASM). É parecerista de diversas publicações científicas e colunista de Futebol Argentino e de Negócios do Esporte do programa *Jovem Pan no Mundo da Bola*, da Rádio Jovem Pan AM (620 MHz). Tem graduação em Administração Pública pela Fundação Getulio Vargas (FGV-SP) e em Jornalismo pela Faculdade Cásper Líbero, mestrado em Administração pela Pontifícia Universidade Católica de São Paulo (PUCPR) e doutorado em Comunicação e Semiótica pela mesma instituição. É autor dos livros *O gol por um clique: uma incursão ao universo da cultura do torcedor de futebol no Ciberespaço* (Novas Edições Acadêmicas, 2015) e *Marketing e gestão do esporte* (Atlas, 2012). Tem experiência nas áreas de comunicação e gestão do esporte, atuando principalmente com os seguintes temas: prática do jornalismo, futebol e cultura, *marketing* esportivo, gestão estratégica da comunicação e comunicação.

Dilson José de Quadros Martins
Nascido em Curitiba (PR) no ano de 1965, é doutorando e mestre em Educação Física pela Universidade Federal do Paraná (UFPR), especializado em Administração Pública pela Fundação Getulio Vargas (FGV-RJ), em Administração Desportiva pela Universidade Gama Filho (RJ) e em Didática do Ensino Superior pela Pontifícia Universidade Católica do Paraná (PUCPR).

Graduado em Educação Física pela PUCPR, ingressou no quadro de servidores públicos do Estado do Paraná em 1986, tendo assumido no âmbito do governo estadual quase todas as funções pertinentes ao planejamento e à gestão de competições esportivas (Jogos Colegiais/Escolares, Jogos da Juventude e Jogos Abertos do Paraná), além de programas esportivos e de lazer voltados para grandes grupos populacionais nas férias de verão.

Também no governo do Paraná, foi coordenador de Inovação e Desenvolvimento Esportivo (2012-2014), período em que supervisionou a implantação e execução dos programas Paraná Saudável: Prevenção e Controle do Sobrepeso/Obesidade em Escolares do Paraná e Talento Olímpico do Paraná (TOP), tendo integrado a equipe da Assessoria de Ação Estratégica, quando participou dos estudos sobre a política de esportes do Paraná. Atualmente, é coordenador do Programa Estadual de Fomento e Incentivo ao Esporte (Proesporte).

Com experiência em administração desportiva, administração pública, planejamento e gestão de políticas governamentais para o esporte e o lazer, planejamento estratégico e *marketing* aplicados ao esporte e ao lazer, coordenou a implantação e a gestão do Projeto Navegar (1999) e do Programa Segundo Tempo, ambos do governo federal/Ministério do Esporte.

Atuou no Comitê Olímpico do Brasil (COB) como supervisor de eventos, permanecendo como colaborador convidado em diversas edições das Olimpíadas Escolares, das Olimpíadas Universitárias e dos Jogos Escolares da Juventude.

Convidado pelo Ministério do Esporte, integrou a equipe de Sistematização de Propostas da III Conferência Nacional do Esporte – Etapa Nacional, no ano de 2010, com vistas à elaboração do Plano Decenal de Esporte e Lazer, como coordenador de sistematização da linha estratégica esporte, lazer e educação.

Exerceu docência em cursos, palestras e outras atividades acadêmicas promovidas por diversas organizações e instituições de ensino superior no Estado do Paraná. É autor do capítulo "Políticas de esporte e as escolhas governamentais", que integra o livro *Ensaios em sociologia do esporte* (Factash, 2011), e autor do livro *Planejamento de eventos esportivos e recreativos* (InterSaberes, 2018).

Flávia da Cunha Bastos
Nascida em São Paulo (SP) no ano de 1957, é licenciada e mestre em Educação Física pela Escola de Educação Física e Esporte da Universidade de São Paulo (EEFE/USP) e doutora em Educação

pela Faculdade de Educação da USP, na área de concentração Estado, Sociedade e Educação.

Atualmente, é livre-docente e professora associada do Departamento de Esporte da EEFE/USP. Atua como professora desde 2001, nos cursos de graduação em Educação Física e Esporte da EEFE/USP, ministrando as disciplinas Dimensões Econômicas e Administrativas da Educação Física e Esporte, no núcleo comum, e Legislação e Política no Esporte, no curso de Bacharelado em Esporte. É orientadora e docente do Programa de Pós-Graduação em Ciências (mestrado e doutorado) da EEFE/USP, tendo formado seis mestres e uma doutora.

É associada fundadora, ex-presidente e membro da Comissão Científica da Associação Brasileira de Gestão do Esporte (Abragesp) e da Asociación Latinoamericana de Gerencia Deportiva (Algede), tendo organizado diversos congressos brasileiros, desde 2005, e o Congresso Latinoamericano, em 2015, bem como da Aliança Intercontinental de Gestão do Desporto (AIGD). Atuou como membro do Conselho Editorial da *Revista Intercontinental de Gestão Desportiva* (RIGD) e é revisora de diversos periódicos especializados na área.

Tem experiência como gestora em clubes, academias, prefeituras municipais e de assessoria e em capacitação em órgãos públicos de gestão do esporte no país.

É criadora e pesquisadora líder do Grupo de Estudos e Pesquisa em Gestão do Esporte (Gepae-EEFE/USP), registrado no Conselho Nacional de Desenvolvimento Científico e Tecnológico (CNPq), desde 2003 e coordenadora do Laboratório de Gestão, Políticas, Marketing e Comunicação em Esporte e Educação Física (Lagecom). Tem artigos, capítulos e livros publicados no país e em periódicos e editoras internacionais.

Ricardo Gonçalves
Tem graduação em Educação Física pela Universidade Norte do Paraná (Unopar), especialização em Fisiologia do Exercício pela Universidade Veiga de Almeida (UVA), mestrado em Educação Física pela Universidade Federal do Paraná (UFPR) e MBA em Gestão de Projetos pelo Serviço Nacional de Aprendizagem Industrial (Senai). Tem créditos de doutorado em Políticas Públicas de Esporte e Lazer na Universidade Estadual de Maringá (UEM). Foi secretário municipal de Esporte da Prefeitura de Arapongas e atualmente é docente no Centro Universitário Filadélfia (Unifil). É técnico esportivo e consultor/assessor de projetos, atuando principalmente com os seguintes temas: gestão, projetos, incentivos, políticas públicas, esporte, esporte de aventura, lazer, organização, ética, futebol, futsal e voleibol.

Ricardo João Sonoda-Nunes
Doutor (2012) em Sociologia pela Universidade Federal do Paraná (UFPR), é graduado (1999) e mestre (2006) em Educação Física pela mesma instituição. Atualmente é professor da UFPR e pesquisador do Centro de Pesquisas em Esporte, Lazer e Sociedade e do Grupo Processos Civilizadores (Universidade Estadual de Londrina - UEL), ambos cadastrados no Conselho Nacional de Desenvolvimento Científico e Tecnológico (CNPq). Coordenador de Assessoria e Apoio às Entidades Esportivas do Instituto de Pesquisa Inteligência Esportiva (UFPR/Ministério da Cidadania/Brasil). Coordena o Centro Paraná da Rede CEDES. Foi presidente da Asociación Latinoamericana de Gerencia Deportiva (Algede), entre 2017 e 2019, e diretor de marketing da Asociación Latinoamericana de Estudios Socioculturales del Deporte (Alesde), de 2008 a 2018. É membro da Associação Brasileira de Gestão do Esporte (Abragesp), do Colégio Brasileiro de Ciências do Esporte (CBCE), da International Sociology of Sport Association (Issa) e da International Martial Arts and Combat Sports Scientific Society (Imacsss).

Os papéis utilizados neste livro, certificados por instituições ambientais competentes, são recicláveis, provenientes de fontes renováveis e, portanto, um meio responsável e natural de informação e conhecimento.

FSC
www.fsc.org
MISTO
Papel | Apoiando o manejo florestal responsável
FSC® C103535

Impressão: Reproset
Julho/2023